ナポレオン・ヒル

巨富を築く思考法

児島修◎訳　青木仁志◎監訳

THINK AND GROW RICH

NAPOLEON HILL

ACHIEVEMENT PUBLISHING

巨富を築く思考法

THINK AND GROW RICH

その業績によってこの成功哲学の有効性を証明した、五〇〇人以上の成功者を対象にした二五年に及ぶ研究に基づくアンドリュー・カーネギーのお金持ちになる有名な公式を、「豊かさへの一三ステップ」を通して初公開する。

あなたが最も望んでいるものは何か?

お金、名声、権力、満足感、人格、心の平穏、幸福?

監訳者のことば

人生には、たった一つの出会いがすべてを変える瞬間があります。

十代の頃、私は希望に満ちた未来を描く余裕もなく、社会に出ました。十七歳で鉄工所の工員として働き始め、やがて独立を果たしたものの、大きな挫折を経験し、気づけば多額の負債を抱え、絶望に押しつぶされそうになっていました。目の前に広がるのは暗闇ばかり。そんな時、私の人生を大きく変えた一冊の本『Think and Grow Rich』と出会ったのです。

私はこの本に書かれている「成功哲学」を信じ、実践しました。その結果、世界一四二カ国に展開する国際的教育企業でトップセールス、トップセールスマネジャーとなり、二九歳でブライアン・トレーシーという国際的なコンサルタントの日本の総代理店にマネジャーとして入社。トップコンサルタントとしてキャリアを積み、営業統括本部長、さらには取締役へと昇進しました。そして三二歳で人材開発コンサルティング会社を起業し、今日に至るまで成長を続けることができました。

現在、アチーブメントグループのCEOとして、また米国ナポレオン・ヒル財団の特別顧問として、多くの人々に成功哲学を広める役割を担っています。

たった一冊の本との出会いが、人生を根本から変えることがあるのです。

もし私が『Think and Grow Rich』に出会っていなければ、その後の人生はまったく異なるものになっていたでしょう。

本書は、成功を望むすべての人にとって、人生を変える力を持っています。私は自らの体験を通じて、その効果を確信しています。成功に必要なのは、学歴でも家柄でもありません。必要なのは、「燃えるような願望」です。自分の人生をどう生きるかを真剣に考え、目標を明確にし、その達成のために行動し続けることで、人はどこまでも成長できるのです。

『Think and Grow Rich』は、アメリカ建国の精神ともいえる「積極的思考」を体現した一冊です。ナポレオン・ヒル博士が歳月をかけ五〇〇人以上の成功者を研究し、その共通点を体系化した本書は、単なる成功理論ではなく、具体的な「行動指針」が示されています。

世界的な大不況が広まった時代に刊行された本書は実に多くの人を勇気づけました。私自身も、この本の教えに従いながら行動を積み重ねた結果、社員五名・資本金五〇〇万円から、企業価値二〇〇億円を超える会社を築くことができました。

現在、日本は三〇年にわたるデフレ経済の影響を受け、経済の停滞が続いています。

今こそ『Think and Grow Rich』のポジティブな思考を広め、日本をより豊かにする必要があると強く感じた私は、二〇二四年に渡米し、ナポレオン・ヒル財団のドン・グリーン理事長と会談を重ね、日本におけるヒル博士の著作物の独占的パートナーシップを獲得しました。

本書の新訳にあたり、私は「原書に忠実であること」を最優先に考えました。従来の訳書の中には、翻訳者独自の解釈や編集意図が加えられているものもありましたが、本書ではナポレオン・ヒル博士のメッセージを可能な限りそのまま伝えることを目指しました。

また、読者の皆さまがより実践しやすいように、成功哲学を具体的な行動に落とし込んだ「実践マニュアル」も付け加えています。これは、本書の教えを日々の生活に生かし、確実に成功へと近づいていくためのものです。

私がかつてそうであったように、今まさに人生の転機を迎えている方や、成功を強く願うすべての人に、本書を手に取っていただきたい。そして、本書の教えを実践することで、「自らの思考と行動が未来を切り開く」ことを、ぜひ実感していただきたいのです。

成功とは、特別な人だけに与えられるものではありません。あなたが心から望み、正しい行動を続けるならば、必ず成功を手に入れることができます。

青木仁志

序文

本書で説明する「豊かさへの一三ステップ」は、明確な人生の目標を追い求める人々に、至極簡潔で信頼できる成功哲学を提供するものである。本書から最大の効果を引き出すために、次のことに留意していただきたい。まず、これは読者に娯楽を与えるための本ではない。また、一週間や一カ月では、本書の内容を完全に理解し、身につけることはできない。

全米にその名を知られるコンサルティング・エンジニアで、トーマス・エジソンの長年の同僚でもあるミラー・リース・ハチソン博士は、本書を熟読したあとでこう語っている。

「これは小説ではない。アメリカを代表する成功者数百人の経験から直接的に得た、個人的な達成に関する教科書である。この本は、学び、吸収し、熟考すべき本だ。一晩に読むのは一章程度にして、印象に残った部分には下線を引き、何度も繰り返し読もう。ただ読むだけではなく、内容を自分のものにすること。全米の高校で教科書として採用し、内容の理解度をテストして、合格しなければ卒業できないようにしてもいいくらいだ。この成功哲学は、学校で教える科目の代わりにはならないかもしれない。だが、習得した知識を整理して応用すれば、効率的に時間を使って有用な仕事ができるようになり、十分な報酬を得ることに結びつくだろう」

ニューヨーク市立大学の学部長ジョン・R・ターナー博士は、本書を読み次のように述べた。

「この成功哲学の効果を示す最良の例が、著者の息子であるブレアである。そのドラマチックな物語は、第二章『願望』に記されている」

ターナー博士は、正常な聴力を持たずに生まれた著者の息子が、本書の成功哲学を応用することで、聴覚障害者になることを免れただけでなく、ハンディを貴重な資産に変えたことに言及しているのだ。

本書の最も有益な利用法

ターナー博士が言及した第二章のエピソードを読めば、あなたはこれから、物質的な富に変えることも、心の平穏や理解、精神的な調和を得ることも、場合によっては著者の息子のように肉体的なハンディを克服する成功哲学を手にしようとしていることに気づくだろう。

著者は、何百人もの成功者を分析した結果、その全員に、「会議」によってアイデアを交換する習慣があることを発見した。解決すべき問題があるとき、彼らは何人かで集まって自由に語り合い、アイデアを出し合い、目的を達成するための計画を見つけ出そうとするのである。

本書を読む際には、本書に記された「マスターマインド」の原則を応用して、読書会を開くといいだろう。マスターマインドとは、友好的で調和のとれた複数のメンバーから成る協力関係のことだ。週一回程度の頻度で定例会を開き、毎回、ある章を対象にして、全員で自由に議論をする。読書会の数日前までに、その回のテーマとなる章をよく読み、自分の考えをまとめておく。まず誰かが当該の章を朗読し（読解力があり、感情を込めた朗読ができる人が担当するとよい）、そのあとでディスカッションをする。浮かんだアイデアを、メモに書き留める。

そうすれば、何百人もの成功者の経験からまとめられた最高の知識が手に入るのに加えて、自分の心の中にある新たな知識の源を掘り起こし、その場にいる全員からも価値ある知識を得ることができる。

根気よくこのような方法で読書を続ければ、著者によるまえがきで言及されているように、アンドリュー・カーネギーが莫大な富を手に入れたのと同じ秘密の方程式を発見し、活用できるようになるだろう。

アメリカの偉大なリーダーたちからの賛辞

本書は、二五年の歳月をかけて執筆された。これはナポレオン・ヒルの最新作（本文中の表現は執筆年代・執筆された状況を考慮し、当時のまま掲載しています。）であり、彼の有名な成功哲学に基づいている。ヒルのこれまでの作品と著作は、金融界、教育界、政界の偉大なリーダーたちから賞賛されている*。

*以下、一三ページの「出版社からのことば」までの文言はナポレオン・ヒルの前著である『Law of success（『成功の

法則』／未邦訳）』について言及されたものです。

連邦最高裁判所　ワシントンＤＣ

ヒル様

私は今、あなたの以前の著書である『成功の法則』（一九二八年）を読み終える機会を得ました。そして、この成功哲学を体系化するうえであなたが行った素晴らしい仕事に感謝の意を表します。

アメリカの政治家は誰でも、あなたの教えの素になっている一七の原則を吸収し、実践すれば大きな恩恵を得るでしょう。この本の内容は、あらゆる立場のリーダーが理解すべき、極めて優れたものです。

今回、この素晴らしい、良識的な成功哲学を編成するにあたり、少しでも協力できたことを嬉しく思います。

元アメリカ大統領、元アメリカ最高裁判所長官
ウィリアム・ハワード・タフト

「成功哲学の一七の基本原則を実践することで、我々はチェーン店経営を大成功させました。自社ビルのウールワース・ビルは、これらの原則の効果を示す記念碑だと呼んでも過言ではありません」

フランク・ウィンフィールド・ウールワース（五セントショップ、一〇セントショップ「ウールワース」の創業者）

「あなたの『成功の法則』を読むことができて、大変感謝しています。もし私が五〇年前にこの成功哲学を持っていたら、これまで成し遂げてきたことのすべてを半分以下の時間で実現できたでしょう。世界の人々があなたの著作の素晴らしさに気づき、恩恵を得ることを願っています」

ロバート・ダラー（蒸気船王）

「『成功の法則』の成功哲学をマスターすることは、失敗に対して保険をかけることに等しい」

サミュエル・ゴンパース（アメリカの労働指導者）

「あなたの粘り強さに敬意を表します。執筆に膨大な時間と労力を投じたからこそ、読者にとって大きな価値のある本ができたのです。この本で明確に説明されている『マスターマインド』の原理に、深い感銘を受けました」

ウッドロー・ウィルソン（元アメリカ大統領）

「私は三〇年以上、あなたの一七の成功の基本をビジネスの現場で実践してきました。だからこそ、その有効性をよく知っています」

ジョン・ワナメイカー（商業界のプリンス）

「『成功の法則』は、世の中に大きな価値をもたらしています。あなたの著作がもたらした価値は、お金だけでは測れません」

ジョージ・イーストマン（世界最大のカメラメーカー、コダック社の創業者）

「私の成功はすべて、あなたの『成功の法則』の一七の原則を実践したおかげです。あなたの生徒であることを光栄に思っています」

ウィリアム・リグレー・ジュニア（全米的企業ウィリアム・リグレー・ジュニア・カンパニー社の創業者）

出版社からのことば

本書は、**思考とアイデア、体系的な計画**以外は何も持たずにゼロからスタートして巨万の富を得た、五〇〇人以上の成功者の体験に基づいている。

ここには、過去半世紀におけるアメリカを代表する成功者の実際の業績からまとめられた、豊かになるための成功哲学のすべてがある。成功するために、何を、どのようにすべきかが具体的に説明されているのだ。

本書は、**自分の能力や仕事をどのように売り込むべきか**についての完全な手順を紹介する。これまであなたを大金から遠ざけていたものが何かを明らかにする、自己分析の完璧なシステムも提供する。

鉄鋼王アンドリュー・カーネギーと、彼の周りの人たちを億万長者にした成功の秘密についても見ていこう。

おそらくあなたにとって、本書に書かれていることすべてが必要というわけではないだろう。それは、本書のベースになった五〇〇人の成功者にとっても同じだ。しかし、目標に向かって進むためには、**何らかのアイデアや計画、提案**は必要だろう。本書のどこかに、それらを見つけられるはずだ。

本書が世に出るきっかけになったのは、巨万の富を築いて引退した鉄鋼王アンドリュー・カーネギーから著者への提案だった。カーネギーは、他の五〇〇人の富豪たちと同様、自らが富を築いたその驚くべき秘密を明かしてくれた。

本書には、経済的自立を実現するために欠かせない、豊かになるための一三の原理原則が記載されている。本書の執筆のために費やした二五年以上の調査を再現しようとすれば、一〇万ドル以上の費用がかかるだろう。

しかも、情報を提供してくれた成功者五〇〇人のうちすでに半数以上が亡くなっているため、どれだけ費用や時間をかけても本書と同じ内容のものはつくれないのである。

豊かさは必ずしもお金で測れるとは限らない。たしかに、お金や物質的な豊かさは、心身の自由にとって欠かせない。だが、すべての豊かさの中で最も価値があるものは、生涯の友情、円満な家族、仕事仲間との共感と理解、精神的な価値だけで測れる心の平穏といったものと考える人もいる。

この成功哲学を読み、理解し、実践しようとする人は、これらの価値ある物質的、精神的な財産を引き寄せ、享受する準備が整うだろう。これらは、こうした心構えのない人のもとには訪れないものなのである。

この成功哲学を実践することで、人生に大きな変化が起こるだろう。あなたは調和や理解といった精神的な豊かさと、物質的な富の両方を手に入れられるようになるのだ。

著者まえがき

本書の各章には、私が長年にわたり注意深く分析してきた五〇〇人以上の成功者が財産を築いた秘密が記されている。

私の目をこの秘密に向けてくれたのは、鉄鋼王アンドリュー・カーネギーである。それは、四半世紀以上も前のことだった。この賢く、魅力的な年老いたスコットランド人は、未熟な若者だった私に、この秘密を教えてくれた。彼は話し終えると、椅子に深く腰掛け、目を輝かせながら、自分が今話したばかりのことを私が十分に理解できたかどうかを確かめようとした。

私がその考えを理解したと見ると、カーネギーは「この秘密を世に伝えるために、本を書いてみないか」と尋ねてきた。執筆には二〇年以上かかるだろうが、この秘密を知れば、それなしでは人生を失敗するかもしれない大勢の人たちを救えるはずだ、と。私は「ぜひやらせてください」と答えた。そして、カーネギーの協力を得て、今、その約束を果たしたのである。

この本には、さまざまな人生を歩む数千もの人々によって実際に試され、その効果が証明された成功の秘密が収められている。カーネギーは、富を築く方法を自分で考え出す時間のない人たちに、自身に莫大な財産をもたらしたこの魔法の公式を届けるために、私にその大役を託したのである。カーネギーは、この成功の公式はアメリカ中の学校で教えるべきものであり、もしそれが実現すれば教育制度に革命が起き、学校教育全体の期間を半減できると信じていた。

カーネギーは、チャールズ・M・シュワブらの若者たちとの経験から、現代の学校教育で教えられていることは、生計を立てたり、富を蓄えたりするうえでは役に立たないと考えていた。学校教育をまともに受けていない若者たちを自らのビジネスに引き入れ、成功哲学を指導して優れたリーダーを育てたことも、その考えを裏付けるものになった。カーネギーに指導された若者たちはみな、富を築いている。

第三章「信念」では、大企業USスチールの設立に関わったある若者の驚きの物語を紹介しているが、それはカーネギーの成功哲学の有効性を証明するものである。その若者とは、前述したチャールズ・シュワブである。彼は、この成功哲学を実践したことで大きなチャンスを手に入れ、実に六億ドルもの巨万の富を築いたのである。

この有名なカーネギーの物語を通して、本書を読むことで得られるもの、すなわち「**心に何かを強く望めば、それは叶えられる**」という真実を、よくイメージできるようになるだろう。

私が本書の執筆のために二〇年もかけて調査をする前から、この成功哲学は無数の人々によって伝えられ、実践されてきた。これは財を成すことにも、家庭の調和を保つことにも役立つ。ある牧師は、この秘密の成功哲学によって年間七万五〇〇〇ドル以上の収入を得ている。

シンシナティの仕立屋アーサー・ナッシュは、この成功哲学を実践して倒産寸前の自らの店を見事に再建し、大金を手にした。彼が他界した今も、店は繁盛している。この出来事はとても独創的だったので、当時の新聞や雑誌はこぞってそれを記事にした。それによって、この成功哲学の計り知れない価値は世の中に広まったのである。

テキサス州ダラスのスチュアート・オースティン・ウィアーも、この記事を読んで触発され、すぐに建設技師の仕事を辞めて法律を学び始めた。果たしてその結果は？　本書では彼の物語についても詳しく説明する。

私は大学を卒業したばかりのジェニングス・ランドルフにこの秘密を教えた。彼はそれをうまく活かして国会議員になり、現在、三期目を務めている。

また私は、当時無名の小さな大学だったラ・サール・エクステンション大学の広告担当を務めていた頃に、同校の学長ジェシー・グラント・チャプラインにこの成功哲学を教えた。彼はその後、同校をアメリカ有数の公開講座を持つ学校に成長させている。

この成功の秘密は、本書の中で一〇〇回以上も言及されている。だが、直接的な説明をしていない箇所もある。なぜなら私は、それを見つける準備ができた人に自分自身で気づいてもらうほうが、強い印象を残せると考えているからだ。カーネギーも、私にこの秘密を教えてくれたとき、それに具体的な名称はつけなかった。

この成功哲学を実践する準備ができている人なら、各章で一回以上はこの秘密が隠されていることに気づくだろう。準備ができているかどうかを判断する方法も、具体的には説明しない。自分自身でそれに気づくことが大切だからだ。

本書の執筆中、当時大学卒業を控えていた私の息子が、第二章の原稿を読み、自力でこの秘密を見つけ出した。息子はこの秘密を活用したことで、すぐに会社で責任ある地位に就き、初任給の平均を上回る給料を得た。彼の物語も第二章で紹介する。それを読めば、あなたが本書の冒頭を読むことで抱いたかもしれない、何か大袈裟なことが書かれてあるのではないかという懸念は払拭されるだろう。

私の息子がカーネギーの成功の秘密を発見して活用したこの物語は、精神的に落ち込んでいる、困難に直面している、挫折を味わっている、病気や身体的な苦しみに苛まれている、といった人たちにとって、砂漠のオアシスのような希望になるかもしれない。

この成功哲学は、第一次世界大戦中にはウッドロー・ウィルソン大統領によって軍隊の研修に採用され、前線に赴く兵士に大きな勇気を与えた。彼は、この秘密は戦争資金の調達においても大きな原動力になったと語っている。

今から二〇年以上前、マヌエル・ケソン（当時のフィリピン諸島駐在長官）は、この秘密に触発されて国民の自由を獲得することを目指し、それを実現させて、自由国家としての同国での初の大統領になった。

この秘密の面白いところは、一度それを習得すると、誰でも自然と成功に導かれ、二度と破滅的な人生を送らなくなることだ。もしそのことに疑問を感じるなら、誰でもいいので、この成功哲学に従った人の人生について調べてみてほしい。

人生では、**努力をしなければ求めているものは手に入らない**。

本書で説明する成功哲学も、それを得るための努力がいる。ただし、見返りとして得られるものの大きさに比べれば、そのために必要な努力はわずかでしかない。

またこの秘密は、それを自ら意図的に求めない限りは手に入らない。つまり、〝この秘密を受け取る心構え〟ができていなければ、得られないものなのだ。だから、誰かに与えたり、お金で買ったりすることはできない。

この秘密は、それを受け入れる心の準備ができているのであれば、誰にとっても等しく役立つ。

学歴はまったく関係ない。私が生まれるずっと前に、トーマス・エジソンはこの秘密を知り、それを賢く活用して、わずか三カ月しか学校教育を受けていなかったにもかかわらず、世界有数の発明家になったのである。

この秘密をエジソンから伝えられた共同事業者のエドウィン・バーンズは、当時の年収一万二〇〇〇ドルから大成功を収めて巨万の財産を築き上げ、若いうちに引退した。彼の物語は第一章の冒頭にある。

本書を読めば、富を築くことは決して夢物語ではなく、人は望むような人生を送れることがわかるはずだ。お金や名声、報償、幸福は、それを得る覚悟と決意のある人なら、誰でも手に入れられるのだ。

どうすればその方法がわかるのか？　答えは、本書の中にある。答えがどこに見つかるかは、あなた次第だ。それは最初の章かもしれないし、最後のページかもしれない。

カーネギーの依頼を受けてから二〇年間というもの、私はこの成功哲学を実践して莫大な財産を築いた何百人もの成功者の人生を分析してきた。

代表的な人物の名前を以下に挙げておこう。

ヘンリー・フォード〔フォード・モーター創業者。一八六三～一九四七〕
セオドア・ルーズベルト〔政治家。第二六代アメリカ合衆国大統領。一八五八～一九一九〕
ウィリアム・リグレー・ジュニア〔実業家。ウィリアム・リグレー・ジュニア・カンパニー創業者。一八六一～一九三二〕
ジョン・W・デイヴィス〔政治家・外交官。一八七三～一九五五〕
ジョン・ワナメイカー〔実業家。ジョン・ワナメイカー社の創立者。一八三八～一九二二〕
エルバート・ハバード〔著作家。一八五六～一九一五〕
ジェームズ・J・ヒル〔鉄道経営者。一八三八～一九一六〕
ウィルバー・ライト〔動力飛行機の発明家。一八六七～一九一二〕
ジョージ・S・パーカー〔ゲームデザイナー、実業家。一八六六～一九五二〕
ウィリアム・ジェニングス・ブライアン〔政治家・弁護士。一八六〇～一九二五〕

エルスワース・ミルトン・スタットラー〔ホテル経営者。一八六三〜一九二八〕
ヘンリー・L・ドハティ〔資本家、石油起業家。一八七〇〜一九三九〕
ディビッド・スター・ジョーダン〔スタンフォード大学創設者。一八五一〜一九三一〕
サイラス・H・K・カーティス〔出版業者。一八五〇〜一九三三〕
ジョージ・イーストマン〔実業家。イーストマン・コダック創業者。一八五四〜一九三二〕
J・オグデン・アーマー〔実業家。食肉加工業。一八六三〜一九二七〕
チャールズ・M・シュワブ〔実業家。USスチール初代社長。一八六二〜一九三九〕
アーサー・ブリスベン〔新聞編集者。一八六四〜一九三六〕
ハリス・F・ウィリアムズ〔弁護士。生没年不詳〕
ウッドロー・ウィルソン〔政治家・政治学者。一八五六〜一九二四〕
フランク・ガンザウルス〔牧師・教育者。一八五六〜一九二一〕
ウィリアム・ハワード・タフト〔第二七代アメリカ合衆国大統領。一八五七〜一九三〇〕
ダニエル・ウィラード〔鉄道事業者。一八六一〜一九四二〕
ルーサー・バーバンク〔植物学者。一八四九〜一九二六〕
キング・キャンプ・ジレット〔実業家。安全剃刀の発明家。一八五五〜一九三二〕
エドワード・W・ボック〔編集者。一八六三〜一九三〇〕
ラルフ・A・ウィークス〔経歴、生没年不詳〕

フランク・A・マンゼイ〔新聞編集者。一八五四〜一九二五〕
ダニエル・T・ライト〔判事。一八六四〜一九四三〕
エルバート・H・ゲイリー〔弁護士、実業家。一八四六〜一九二七〕
ジョン・D・ロックフェラー〔実業家。スタンダード・オイル社創業者。一八三九〜一九三七〕
アレクサンダー・グラハム・ベル〔発明家、科学者。一八四七〜一九二二〕
トーマス・A・エジソン〔発明家、起業家。一八四七〜一九三一〕
フランク・A・ヴァンダーリップ〔銀行家。一八六四〜一九三七〕
ジョン・H・パターソン〔実業家。ナショナル・キャッシュ・レジスター・カンパニー創業者。一八四四〜一九二二〕
フランク・W・ウールワース〔起業家。F・W・ウールワース社創業者。一八五二〜一九一九〕
ジュリアス・ローゼンウォルド〔洋服仕立屋、製造業者。一八六二〜一九三二〕
ロバート・ダラー〔実業家。一八四四〜一九三二〕
スチュアート・オースティン・ウィアー〔弁護士。生没年不詳〕
エドワード・A・フィリーン〔実業家。フィリーン（デパート）創業者。一八六〇〜一九三七〕
フランク・クレイン〔聖職者、作家。一八六一〜一九二八〕
エドウィン・C・バーンズ〔実業家。エジソンの共同事業者。生没年不詳〕
ジョージ・M・アレクサンダー〔経歴、生没年不詳〕

ジェニングス・ランドルフ〔政治家。一九〇二～一九九八〕
ジェシー・グラント・チャプライン〔教育者。一八七〇～一九三七〕
アーサー・ナッシュ〔実業家、作家。一八七〇～一九二七〕
クラレンス・ダロウ〔弁護士。一八五七～一九三八〕

これらの人物は、〝カーネギーの秘密を理解し、実践する人は成功できる〟ということを経済的にも他の面でも証明した、膨大な数の著名なアメリカ人のごく一部にすぎない。

私の知る限り、この成功哲学を実践したにもかかわらず、自らの選んだ職業で目立った成功を収めなかった人はいない。また、この秘密を知らずに大きな名声を得たり、巨万の富を築いたりした人も知らない。

その点からすると、この成功哲学は、自分の人生を切り開くために必要な知識としては、一般に「教育」と呼ばれるものから得られるものよりも重要であると言えるだろう。

では、そもそも教育とは何か？　この問いについては、あとで詳しく説明しよう。

学校教育に関して言えば、これらの成功者の中には、まともな教育を受けていない者も多い。

ジョン・ワナメイカーはかつて私にこう語った。

「私はたいした教育を得ていない。その代わりに、蒸気機関車が走りながら水を補給するように、実践を通して知識を身につけてきた」

ヘンリー・フォードは、大学はもちろん、高校も出ていない。

私は学校教育の価値を軽んじようとしているのではない。たとえ十分な学校教育を受けていなくても、本書が説明する成功法則を習得して実践すれば、成功でき、富を築け、自分の思い通りの人生を生きられるようになるということが言いたいのだ。

受け入れる準備ができていれば、本書を読み進めていくうちに、ページの中から、この成功の「秘密」があなたの目の前に飛び出してくるだろう。あなたには、それがわかるはずだ。現れるのが最初の章なのか、最後の章なのかはわからない。いずれにしても、この秘密が現れたらしばらく立ち止まって考えてみてほしい。それは、あなたの人生で最も重要な転換点になるはずだからだ。

では、さっそく第一章に進もう。

この章では、私の親愛なる友人の物語を紹介する。彼はこの秘密の成功哲学の存在に気づき、それを応用して事業で成功をつかんだ。

本書ではこうした物語をいくつも紹介していくが、それは誰もが経験するような人生の大切な問題を扱っていることに留意してほしい。すなわち、生計を立て、希望や勇気、満足感、心の平安を見つけ、富を築き、心身の自由を得ようとする努力から生じる問題だ。

また、本書には一切フィクションがなく、すべて事実に基づいていることにも注意していただきたい。

本書の目的は、成功をつかみ取るための心の準備ができているすべての人に、〝**何をすべきか**〟**だけでなく、**〝**どう行うか**〟を含めて、偉大な普遍的真理を伝えることだ。また、**行動を促すための刺激**も提供する。

最初の章に進む前に、準備のための最後の言葉として、カーネギーの秘密を理解するためのヒントになりうる簡単な提案をさせてほしい。

それは、**あらゆる達成、あらゆる富は、アイデアから始まる**ということだ。

この秘密を受け入れる準備ができているなら、あなたはすでにこの秘密の半分を得ていることになる。あとは、秘密が目の前に現れたときに、それをつかまえるだけだ。

ナポレオン・ヒル

巨富を築く思考法 THINK AND GROW RICH 目次

第一章

はじめに

「思考の力」で、トーマス・エジソンの共同事業者になった男

思考には、現実を動かす力がある。明確な目的や、粘り強さ、富や豊かさに変えようとする**燃えるような願望**と一体となったとき、思考はとてつもなく強力なものになるのである。

今から三〇年ほど前、エドウィン・C・バーンズという人物が、この「思考は現実化する」という紛れもない真実に気づいた。その発見は、単なる思いつきではなかった。

それは、〝偉大な発明王エジソンとビジネスがしたい〟という、バーンズの燃えるような願望から始まった。

バーンズの願望には、〝明確である〟というはっきりとした特徴があった。彼は、部下としてではなく、対等な関係でエジソンとビジネスがしたかった。

バーンズがその願望をいかにして現実にしたのかをよく観察すれば、それは本書でこれから紹介する豊かさへの一三ステップについての理解を深めるのに役立つものになるだろう。

初めてこの願望を心に抱いたとき、バーンズにはそれを行動につなげる術がなかった。

目の前には、壁が二つ立ちはだかっていた。

まず、エジソンとは面識がなかった。

そして、エジソンの住むニュージャージー州オレンジに行くための汽車賃がなかった。

普通、こうした状況に置かれていたら、人は行動を取ろうとしなくなるものだ。だが、強烈な願望を持っていたバーンズは違った。

彼は、何としても自分の望みを叶えるべく、「手荷物」になって移動するという奥の手を使った（つまり、貨物列車にもぐり込んで目的地に向かった）。

研究所に到着したバーンズは、発明王に向かって、「あなたとビジネスをするためにやってきました」と告げた。数年後、エジソンはこのときのことをこう回想している。

「目の前にいた彼は、浮浪者のように見えた。だがその表情には、何としても自分の望みを叶えようとする強い決意が感じられた。私は長年の経験から、人が心から何かを望み、目の前のチャンスに人生のすべてを賭けてそれを手に入れようとするとき、必ず成功をつかみ取れるということを学んでいた。私はバーンズにチャンスを与えた。彼が、望みを実現するまで、てこでも動かない覚悟でいるのがわかったからだ。そして彼はその後、私の判断が間違いではなかったことを証明してくれた」

採用の決め手になったのは、若きバーンズがエジソンに語った言葉ではなかった。重要だったのは、バーンズが心の中に抱いていた熱い思いだった。

エジソン自身の言葉が、それを物語っている。エジソンは、ただ自分のもとを訪れたという理由だけで、何の後ろ盾もない人間を雇ったりはしなかったはずだ。エジソンは、バーンズの中に強い願望があるのを見抜いたからこそ、この若者にチャンスを与えたのだ。

もし、この説明を読んだだけで、そこに秘められた意味の計り知れないほどの意味を誰もが理解できるのなら、本書の残りの部分を書く意味はない。だが、実際にはそれは無理な注文だ。

本書の存在意義は、思考には現実を動かす力があるという真実を、さまざまな側面から伝えていくことにある。ぜひこのまま読み進めていただきたい。

バーンズは、すぐにエジソンの共同事業者になれたわけではなかった。まずはエジソンのオフィスで、わずかな賃金で働く機会を得ただけだ。

それはエジソンにとってはたいして重要な仕事ではなかったが、バーンズにとっては極めて重要だった。なぜならそれは、将来の共同事業者の目の前で、自分の価値をアピールする絶好の機会だったからだ。

数カ月が経過した。バーンズの目標を実現に近づけるような出来事は何も起こらなかった。けれども、バーンズの心の中では重要なことが起きていた。エジソンの共同事業者になりたいという願望を、さらに強めていたのだ。

心理学では、「人が何かを強く決意していると、それは表情や態度に表れる」と考えられている。このときのバーンズも、エジソンの共同事業者になる準備を整え、追い求めているものを手に入れるまで絶対に諦めないと決意していた。

バーンズは、「こんなことをして何になるんだ？　諦めてセールスの仕事でも探すか」などとは考えなかった。「ここに来たのはエジソンの共同事業者になるためだ。残りの人生を賭けて、それを成し遂げる」と、常に自分に言い聞かせていた。彼は本気だった。

明確な目的を持ち、わき目もふらずにその実現だけを考えていれば、人はとてつもなく大きなことを成し遂げられる。

当時のバーンズは意識していなかったかもしれない。だが、彼があらゆる困難を乗り越え、願望を実現するための道を歩み続けられたのは、その固い決意のおかげであり、その実現のためにはどんなことにも耐え忍ぶという姿勢のおかげだった。

待ち望んでいたチャンスは、意外な形で現れた。これは珍しいことではない。チャンスには、背後からこっそりと忍び足でやってきたり、ときには不幸な出来事や一時的な挫折という仮の姿で現れたりするという困った習性がある。人がチャンスの存在になかなか気づけないのはそのためでもある。

エジソンは、当時「エジソン式蓄音機」（のちの「エディフォン」）と呼ばれる新型のビジネス用蓄音機を完成させたところだった。だが研究所の販売担当者たちは、この蓄音機の販売に乗り気ではなかった。この製品を売るには、かなりの手間や労力がかかると思っていたからだ。

しかしバーンズは、好機が到来したと感じた。そう、バーンズとエジソン以外は誰も興味を示さなかった風変わりな機器に隠れて、チャンスが静かに忍び込んできたのだ。

この蓄音機を売る自信があったバーンズは、エジソンに直談判してチャンスをもらうと、実際に次々と売ってみせた。

目覚ましい成績を目の当たりにしたエジソンは、バーンズと、この蓄音機の全米での流通販売契約を結んだ。この提携から、「エジソンがつくり、バーンズが売る」という有名なキャッチフレーズさえ生まれた。

この業務提携は、三〇年以上にわたって大成功を収めた。バーンズは莫大な資産を手にしたが、それ以上に価値のあることを成し遂げた。思考には現実を動かす力があると、自ら証明してみせたことだ。

バーンズの願望が、彼にどれくらいの富をもたらしたのかはわからない。おそらく二〇〇万ドル、三〇〇万ドルといったところだろう。

だが金額がいくらであれ、彼はそれよりもはるかに価値のある資産を手にした。それは、「思考は目に見えず、手で触れることもできないが、確固とした原則を応用すれば、実体のある現実に変えられる」というたしかな知識を得たことだ。

バーンズは、発明王エジソンの共同事業者になるという夢を心に描いた。富を手に入れたいと強く願った。初めは何もなかった。あったのは、**自分の望みを明確にする能力と、それを実現するまでは決して諦めないという覚悟**だけだった。

彼にはお金がなく、たいした教育も受けていなかった。誰からも、相手にされていなかった。しかし、行動力と信念、成功への意欲があった。

こうした目に見えない力によって、〝人類史上最高の発明家の共同事業者になる〟という大きな夢を叶えたのだ。

次に、別の事例を紹介しよう。あとたった一メートルのところで目標を追い求めるのをやめてしまったために、大金持ちになるチャンスを逃してしまった男の話だ。

あと一メートル先の金鉱脈

人が失敗をする大きな理由は、ちょっとした挫折ですぐに諦めてしまうことだ。誰でも、この間違いを犯したことがあるはずだ。

アメリカのゴールドラッシュの時代、R・U・ダービーという人物の伯父が、「ゴールドフィーバー」の熱狂に煽られ、一攫千金を狙って西部に向かった。思考すれば金持ちになれる、ではなく、採掘すれば金持ちになれる、と考えていたわけだ。伯父は、これまで採掘されたよりもはるかに大きな金《きん》が、人間の思考から生み出されてきたという事実など聞いたこともなかった。

現地に着き、適当な場所を確保すると、さっそくつるはしとシャベルを持って採掘を始めた。作業は過酷だったが、金への欲望はまったく衰えなかった。

数週間、作業を続けた結果、その苦労は報われた。彼は光り輝く鉱脈を発見したのだ。当然、金鉱石を地表に運び出すための機械が必要になる。彼は金鉱をこっそりと覆い隠すと、急いでメリーランド州ウィリアムズバーグの自宅に戻った。親戚や隣人たちに「金鉱を掘り当てた」と伝え、借金をして機械を買い、現地に向けて出発すると、再びダービーと一緒に鉱山に向かった。

そしてついに、採掘した金鉱石を初めて貨車に乗せ、精錬所に出荷した。その結果、それがコロラド州でもとりわけ豊かな鉱脈であることがわかった。あと何度か出荷すれば、設備投資のために抱えた借金も返せる。あとは、莫大な利益が転がり込んでくるだけだ。

ダービーと伯父の希望はさらに膨らんだ。

だがそのとき、思いがけないことが起きた。鉱脈が消えてしまったのだ。はるばる西部までやってきて、長いあいだ採掘を続け、ようやくというところだったのに、そこには金鉱石が残っていなかったのである。二人は必死になってもう一度鉱脈を探そうと採掘を続けたが、何も見つからなかった。

結局、彼らは諦めることにした。

採掘用の機械を廃棄物処理業者にわずか数百ドルで売ると、がっくりと肩を落として汽車に乗り、故郷に帰った。

回収した廃品を何も考えずに処分する業者も多いが、この業者は違った。まず、ダービーと伯父が立ち去った採掘場を専門家に評価してもらった。

専門家は、ダービーたちが途中で採掘を諦めてしまったのは、「断層」のことをよく知らなかったからだと述べた。彼の計算によれば、ダービーたちが掘削をやめた地点からわずか一メートルのところに金鉱脈があるはずだという。廃棄物処理業者が採掘を再開したところ、まさにその一メートル先に金鉱脈が見つかったのである。

この業者は、諦めずに専門家の助言を求めたからこそ、数百万ドルの価値のある金鉱石を掘り出せたのだ。

若きダービーは、自分たちのことを信頼していた親戚や近所の人たちから採掘用機械の購入費のために借りた金を、何年もかけてすべて返済した。

それから数十年が経過し、ダービーはこのときの借金額の何倍ものお金を取り戻した。それができた理由は、「強い願望は、お金に変わる」という事実に気づいたからだ。この発見は、彼が生命保険の外交員になってから起こった。

ダービーは、あと少しの努力を怠ったために莫大な富を取り逃した苦い経験を、決して忘れなかった。そして、「金鉱で失敗したのは、あと一メートルのところで掘るのを諦めたからだ。保険の仕事では、相手に〝いらない〟と言われても絶対にすごすごと引き下がったりはしない」とひたすらに自分に言い聞かせることで、成功をつかんだ。

当時、年間一〇〇万ドル以上の売り上げのある生命保険の販売担当者は、全米で五〇人もいなかった。ダービーはそのうちの一人だった。彼の粘り強さは、金鉱で学んだ、〝物事を簡単に諦めてはいけない〟という教訓の賜物である。

どんな人でも、成功をつかみ取るまでのあいだに、挫折や失敗を味わうものだ。壁にぶつかったとき、私たちが容易に選ぶ道、理に適っていると思いがちな道は、「やめること」である。

実際、ほとんどの人が物事を途中で諦めてしまう。

私が話を聞いた、五〇〇〇人以上の成功者たちも、〝最大の成功は、失敗のほんの少し先にある〟と語っている。

失敗は、皮肉で狡猾な詐欺師のように振る舞うことがある。あとわずかで成功に手が届きそうなときに、ここぞとばかりにつまずかせようとしてくるのだ。

「執念の五〇セント」の教訓

ダービーは、鉱山での大失敗という苦い経験をし、それを今後の人生に活かそうと決めてからほどなくして、ある幸運に恵まれた。

それは、「相手の言う〝ノー〟は、必ずしもその通りの意味ではない場合がある」という事実に気づいたことだ。

ある日の午後、ダービーは昔ながらの製粉所で伯父が小麦を挽くのを手伝っていた。伯父は大きな農場を経営しており、そこには黒人の小作人が大勢住んでいた。

しばらくすると、製粉所のドアがそっと開き、黒人の小さな女の子が入ってきて、ドアの近くに立ち止まった。農場で暮らす小作人の子どもだ。

伯父は顔を上げてその女の子を見ると、ぶっきらぼうに言った。

「何か用か?」

子どもはおびえながら答えた。

「ママに、〝五〇セントもらってきて〟、って言われたんです」

「そんな金はないぞ」伯父は言い返した。「さあ、家に帰るんだ」

「はい」彼女は答えたが、その場から動かなかった。

伯父は作業を続けた。忙しく手を動かしていたので、女の子がその場から立ち去らなかったことに気づかなかった。

再び顔を上げ、女の子がまだそこにいるのに気づくと、彼女に向かって叫んだ。

「家に帰れと言っただろう! さもないとお仕置きするぞ」

女の子は「はい」と言った。けれども、まだそこから動こうとはしない。

伯父は、粉挽き機に注ごうとしていた小麦の袋を床に降ろすと、そばにあった細長い樽板を手に取り、険しい顔をして女の子のほうに向かって歩き出した。

ダービーは息を呑んだ。

これから悲惨な光景を目にするかもしれない。伯父はとても気性が激しい。それに、黒人の子どもはこんなふうに白人に逆らうべきではないとされている。

女の子はとっさに一歩前に踏み出し、近づいてくる伯父の目を見つめながら、甲高い声で叫んだ。

「ママには五〇セントが必要なの！」

伯父は足を止めると、彼女の顔を見た。そしてゆっくりと樽板を床に置き、ポケットから五〇セントを取り出して、彼女に渡した。

女の子はお金を受け取ると、たった今、自分が粘り勝ちしたばかりの相手から目をそらさずに、ゆっくりとドアのほうに後ずさりした。

彼女がいなくなると、伯父は箱の上に腰掛け、呆然としてしばらく窓の外を見ていた――あの小さな女の子に、まんまとしてやられたことが、不思議でならないといった様子で。

ダービーも驚いていた。それまで、黒人の子どもが大人の白人をこんなふうにやりこめたのを見たことはなかった。

なぜ彼女はあんなことができたのだろうか？

なぜ最初は怖い顔をしていた伯父は、突然、子羊のように従順になったのか？

あの子はどんな不思議な力を使って伯父を打ち負かしたのだろう？

疑問が次々と頭を駆け巡った。しかしダービーは、数年後に私に話をするまでその答えを見つけられなかった。

奇遇にも、ダービーがその不思議な体験を私に語ってくれた場所は、伯父が小さな女の子にやりこめられた、あの古い製粉所だった。

そして奇遇にも、私が四半世紀近くを費やして研究してきたのは、世の中を知らない無力な子どもが、世知に長けた大人の男に打ち勝つことを可能にする、その不思議な力の秘密を解くことだった。

かび臭い製粉所の中で、ダービーは私にその不思議な体験談を語ったあと、最後にこう尋ねた。

「この出来事は、どう解釈すればいいのでしょう？　あの子はどんな不思議な力を使うことで、あんなふうに伯父をやりこめることができたのでしょうか？」

この質問に対する私の答えは、この本でこれから説明する「豊かさへの一三ステップ」の中に、完全な形で記されている。あの小さな子どもが偶然発揮したのと同じ力を、誰もが理解し、応用できるようになるための方法が、手順に従って詳細に書かれている。

本書を注意深く読み進めていけば、どんな不思議な力があの女の子を窮地から救ったのかが、よくわかるだろう。次の第二章でも、この力を垣間見ることができるはずだ。

他にも、本書の中には、あなたが〝私も、この圧倒的な力を自分の人生に活かせるはずだ〟と確信を抱くような瞬間が、あちこちに潜んでいる。

その気づきが起こるのは、最初の章を読んでいるときかもしれないし、それ以降の章を読んでいるときかもしれない。それはアイデアのひらめきという形で訪れるかもしれないし、計画や目的という形で訪れるかもしれない。

いずれにしても、あなたは自分の過去の失敗や挫折の経験に立ち返り、そこから教訓を学ぶことになるだろう。その教訓には、失敗や挫折で失ったものをすべて取り戻せるほど大きな価値がある。

私が、小さな黒人の子どもが無意識に使っていたこの不思議な力について説明すると、ダービーは生命保険の外交員としての三〇年の経験を振り返り、その仕事で成功できたのは、この子どもから学んだ教訓に負うところが少なからずあると率直に認めた。

「客から断られる度に、私はあの古い製粉所で見た、彼女のギラギラと輝く反抗的な大きな瞳を思い出し、〝絶対に契約を取る〟と自分に言い聞かせました。私が勝ち取った契約の多くは、相手に『ノー』と言われても引き下がらず、粘り強く交渉して手に入れたものです」

また彼は、金鉱脈まであと一メートルのところで諦めてしまった経験を思い起こし、こう語った。

「あの失敗は、結果的に私に幸運をもたらしてくれました。どんなに困難な状況でも前に進み続けることが大切だと、教えてくれたからです。この教訓があったからこそ、私は成功できたのです」

この金鉱と製粉所での二つの出来事は、生命保険の外交員だった彼にとって大いに参考になったに違いない。ダービーが毎年一〇〇万ドル以上の生命保険を売ることができたのは、この二つの経験のおかげなのである。

人生とは不思議なものであり、思いがけない巡り合わせが起こることもある。成功も失敗も、そのきっかけは単純な経験に根ざしているものだ。

ダービーが経験したのも、特別に珍しい出来事ではない。だがそこには、彼の運命への答えがあった。だからこそ、それらは彼にとって人生そのものと同じくらい重要だった。ダービーがこの二つの印象的な出来事から多くを得られたのは、その経験を分析し、教訓を導き出したからである。

しかし、成功につながる教訓を得るために、失敗を振り返る時間も意欲もない人はどうすればいいのだろうか？　失敗をチャンスの足がかりに変える方法は、どこで、どのように学べばいいのか？

こうした疑問に答えるために書かれたのが、この本である。

その答えは、これからこの本で順番に見ていく「豊かさへの一三ステップ」という形で説明する。

ただし、あなたが人生の不思議さに対して抱く疑問に対する答えは、自分の心の中にあるかもしれないことも忘れないようにしていただきたい。それは、この本を読んでいるあいだに、ふとしたはずみで、アイデアや計画、目的という形であなたの心に浮かんでくるだろう。

成功は、たった一つの優れたアイデアがあれば実現できる。この本で説明する一三原則には、有益なアイデアを生み出すための、最も効果的で、実践的な方法が含まれている。

一三原則の説明に進む前に、大切なことをお伝えしておきたい。

それは、「富が手に入り始めるときは、いったいそれまでどこに隠れていたのかと思うほどに、とてつもない速さと量でやってくることがある」ということだ。

これは意外な言葉に聞こえるかもしれない。〝一生懸命、長く働いた人のみが豊かになれる〟といった世間一般の考えに照らし合わせれば、なおさらだ。

思考を現実に変えるための行動を始めると、富がまずは明確な目的を持った心の状態から始まることがわかるだろう。富を引き寄せる心の状態を手に入れる方法は、誰にとっても価値のあるものだ。

私がこれまでの研究に二五年を費やし、二万五〇〇〇人以上を分析してきたのは、「裕福な人たちは、どのようにして富を手に入れたのか」を知りたかったからだ。

この研究がなければ、本書は書けなかった。

一九二九年に始まった大恐慌のことを思い出してみよう。

この史上最大の大不況は、フランクリン・ルーズベルトの大統領就任後も、数年間継続した。その後、恐慌は次第に姿を消していった。劇場内の照明が徐々に暗闇を明るくしていくように、人々の恐怖も消えていき、やがて〝恐慌は終わった〟という確信に変わった。

この成功哲学の一三原則を理解し、実践し始めるとすぐに、あなたの経済状態は向上し、あらゆる行動が富に結びつくようになる。

それは不可能なことなのだろうか？　まったくそんなことはない。

私たち人類の欠点は、「不可能」という言葉に慣れ切っていることだ。だからすぐに「こんな原則はどうせ役に立たない」「そんなことはどうせ実現できない」と考えてしまう。

しかしこの本は、誰かを成功に導いた原則を求め、それに人生のすべてを賭けたいと思っている人のために書かれている。

何年も前、私は立派な辞書を買った。そしてまず、「不可能」という言葉を探し、その部分をハサミで切り取った。あなたも、同じことをしてみてはいかがだろうか。

成功は、それを望む人のもとに訪れる。

失敗は、〝うまくいかないかもしれない〟と無意識に考えている人のところにやってくる。

この本の目的は、「意識の方向を、失敗から成功に変える方法」を学びたいと思っているすべての人を助けることだ。

自分のものさしで他人や物事を測ろうとするのは、多くの人が抱える弱点である。思考によって現実を変え、豊かになることなどは不可能だと考える人もいるだろう。普段、貧困や欠乏、不幸、失敗、挫折といったことばかり考えていたら、そう思うのも無理はない。

こうした不幸な人たちを見ていると、アメリカに留学していた、ある著名な中国人のことを思い出す。彼はシカゴ大学に通っていた。ある日、同大学のウィリアム・レイニー・ハーパー学長はキャンパスでこの若い東洋人に出会い、アメリカ人の一番の外見上の特徴は何だと思うかと尋ねた。

「それはあなたたちの目です。斜めに傾いているのですから」とその中国人は叫んだ〔訳注：当時の欧米には、「東洋人の目は吊り上がっている」というステレオタイプな偏見が強かった。ここでは、東洋人から見れば、欧米人の目もまた変わって見えるということが皮肉的に述べられている〕。

それでも私たちアメリカ人は、中国人に対して同じことを言えるだろうか？

私たちは、理解できないことを信じようとしない。自分の考える限界が、誰にとっても限界だと信じ込んでいる。だから、自分の目と同じではない他人の目を、「斜めに傾いている」と思ってしまうのだ。

人々は、自動車王ヘンリー・フォードが成し遂げた偉業を見て、その富や幸運、才能に羨望のまなざしを向ける。フォードの成功の秘密を知っているのは、一〇万人に一人程度だろう。だがそのような人は、謙虚さや、それがあまりにも単純であるがゆえに話すことがためらわれるといった理由で、その秘密を公にしようとはしないことが多い。その秘密は、一つのエピソードだけで完璧に説明できる。例を紹介しよう。

数年前、フォードは今では有名になったV型八気筒エンジンの開発を決意した。

八気筒全体がブロックとしてまとめて鋳造されたエンジンを製造するために、まずはエンジニアチームに設計図の作成を指示した。エンジニアたちは設計図を描いたものの、八気筒エンジンを一つのブロックとして鋳造するのは不可能だと主張した。

「とにかくつくってみるんだ」とフォードは言った。

「無理です！」とエンジニアたちは答えた。

「どんなに時間がかかってもいい。成功するまで挑戦してみてくれ」フォードは譲らなかった。

エンジニアチームはエンジンの開発を始めた。フォードのもとで働いている以上、他に選択肢はない。

半年が過ぎたが、何も起こらなかった。さらに半年が経過したが、進展は見られなかった。ありとあらゆる手を尽くしたが、突破口は見当たらなかった。

年末にフォードが進捗を尋ねたところ、エンジニアチームは何も成果を上げられていないと正直に答えた。

「開発を続けてくれ」とフォードは言った。「このエンジンがどうしても欲しいんだ。君たちなら必ず実現できる」

チームは開発を続けた。するとあるとき、まるで魔法でも起きたかのように、秘密が発見された。

フォードの決意が、成功を呼びよせたのだ。

細かな部分は正確ではないかもしれないが、このエピソードはおおまかに説明するとそういうことだ。

フォードが巨万の富を築いた方法からは、思考を現実化するための秘密を学べる。それは、ごく単純なものだ。

ヘンリー・フォードが成功したのは、成功の原則を理解し、それを実践したからだ。

その一つが「願望」、すなわち、自分の望みが何かを知ることだ。

フォードについては、このあともさまざまなエピソードを紹介する。彼の驚異的な成功の秘密がどこにあったのかを探りながら、読み進めてほしい。フォードを大富豪にした成功の原則が何かを理解できれば、あなたの職業が何であれ、彼に匹敵する大きな仕事を成し遂げられる力を得たのも同然だ。

あなたは自分の運命の支配者であり、自分の魂の指揮官である

詩人のウィリアム・アーネスト・ヘンリーは、「私は我が運命の支配者であり、我が魂の指揮官である」という予言的な一節を書いている。

だが本書の観点からすれば、ヘンリーは「私たちは自分の運命の支配者であり、自分の魂の指揮官である。なぜなら、自分の思考をコントロールする力があるからだ」と書くべきだった。

またヘンリーは、「私たちが存在しているこの小さな地球が浮かぶ宇宙は、人間の思考を物質に変換する力を持つ、驚異的に高い振動率を持つエネルギーで満たされている」とも書くべ

きだった。

もしこの詩人が、この偉大な真実を語ってくれていたのなら、私たちはなぜ自分が運命の支配者であり、魂の指揮官であるのかをよく理解できたはずだ。

ヘンリーは書くべきだった。

この力は破壊的な思考と建設的な思考を区別せず、「なんとしても豊かになりたい」と思う人を豊かにするのと同じくらいの速さで、「どうせ自分は貧しいままだ」と思う人を貧しくすることを。

私たちが心に抱く思考は脳を「磁石」に変え、その思考と似ている力や人、状況を無意識のうちに引き寄せることを。

富を築くには、富への強い「願望」によって脳を磁石に変え、お金のことを常に意識し、具体的な計画に従って行動できるようにならなければならないことを。

けれども、哲学者ではなく詩人であったヘンリーは、この偉大な真実を詩にすることで満足した。そして、この詩に込められた哲学的な意味を解釈するのは後世の人々に任せた。

この真実は少しずつ明らかになっている——本書で説明する成功の原則に、私たちの経済的な運命を左右する秘密があることも。

これで、次章から「豊かさへの一三ステップ」を一つずつ見ていく準備が整った。ぜひ、先人観のない柔軟な心で読み進めてほしい。

この一三原則は、誰か一人の人間がつくったものではない。

これは、実際に莫大な富を築いた、五〇〇人以上もの成功者たちの人生経験を基にしたものである。その中には、貧しい家庭で育った者、ほとんど教育を受けなかった者、何の影響力もなかった者もいたが、彼らはこの原則に従うことで成功を手にした。あなたもこの原則を活用することで、その大きな恩恵を受けられるだろう。

ページをめくっていくうちに、これらの原則の実践が、難しくはないこともわかるはずだ。

次の第二章には、この原則の力で人生を激変させた、二人の人物が登場する。この章には、あなたの経済的な運命をも簡単に変えうる事実が記されている。

この二人と私のあいだには、切っても切れない関係がある。一人は四半世紀前からの親友で、もう一人は私の息子だ。この二人が成し遂げた並外れた成功は、本人たちも認めているように、次章で説明する成功原理がもたらした大きな力によるものである。

約一五年前、私はウェストバージニア州にあるセイラム大学の卒業式で祝辞を述べた。

その際、次章で説明する成功原則の価値を学生たちに熱心に伝えた。出席者の学生の一人がそれに感銘を受け、この原則を自らの人生で実践した。

その若者はのちに国会議員になり、政府の閣僚を務めるまでになった。本書の執筆中、彼から手紙をもらった。そこには、次章で説明する成功原則についての彼の意見が明快に述べられていた。

次章の紹介として、その手紙をここに掲載しよう。これはあなたが本書からどんなメリットを引き出せるかについての良いイメージにもなるはずだ。

ナポレオン・ヒル様

私は国会議員の仕事を通じて、人々が抱えるさまざまな問題を目の当たりにしてきました。そこで、大勢の人たちの役に立つはずの提案をあなたにしたいと思い、この手紙を書くことにした次第です。

申し訳ないのですが、あなたがこの提案を実現しようとする場合、何年間もの労力や責任が求められることになるでしょう。それでも、私はあえて提案します。なぜなら、あなたが意義ある活動に取り組むことに重きを置く人間であるのを知っているからです。

一九二二年、あなたはセイラム大学の卒業式で祝辞を述べました。当時、会場でそれを聴いていた卒業生の一人だった私は、そのスピーチに感銘を受け、ある考えを抱くようになりました。

私が今、政治家としてこの州の人々に奉仕する仕事をするようになったのも、私が将来どんな成功を収めることになるにしても、それはこの考えのおかげです。

私の提案とは、セイラム大学でのスピーチの内容を基にして、あなたに一冊の本を書いてほしいということです。そうすれば、あなたが長年続けてきた、アメリカを世界一豊かな国にすることに貢献してきた数々の成功者に関する研究の成果を、国中の人々に届けられるようになります。

私は、あなたがそのスピーチで語った、ヘンリー・フォードがわずかな教育しか受けず、資金もなく、力を貸してくれる友人もいなかった境遇から、いかにして大成功を収めたかについての素晴らしい話を、つい昨日のことのように覚えています。私はあなたがスピーチを終える前から、どんな困難にぶつかっても、必ず自分で人生の道を切り開こうと決心していました。

これからまた、大勢の若者が学校教育を終えて社会に飛び立ちます。その誰もが、あのとき私があなたから受けたような実践的な励ましのメッセージを求めているはずです。

彼らは自分がどこに向かえばいいのか、何をすればいいのか、何から始めればいいのかを知りたがっています。あなたなら、彼らに伝えられます。なぜなら、あなたは無数の人々の問題解決に役立ってきたからです。

もしあなたがこの意義ある取り組みをしてくださるのなら、その本に「個人分析チャート」を掲載することを提案します。そうすれば、大昔にあなたが私に教えてくれたように、読者は自己評価を通して、自らの成功を妨げているものが何かを知ることができるでしょう。

読者は自分の短所と長所を公平かつ完全な形で把握できます。これは、彼らが人生で成功するか失敗するかを分けるものになるはずです。それがもたらす価値は計り知れません。

今、アメリカでは、多くの人たちが不況からの再起を図ろうとしています。私の経験からも、こうした熱意ある人たちは、あなたに自分たちの問題を話し、解決策を提案してもらう機会を待ち望んでいるはずです。

あなたは、すべてを一からやり直す必要性に迫られている人たちが抱えている問題が何かを知っています。

現在のアメリカには、アイデアをお金に変える方法を知りたがっている人、資金なしでゼロから人生をやり直さなければならない人、損失を取り戻さなければならない人たちが山のようにいます。あなたなら、彼らを助けられるはずです。

もし本が出版されるのなら、私はあなたのサイン入りの初版本を手に入れるつもりです。

ご多幸をお祈りします。

心からの感謝を

ジェニングス・ランドルフ

第一章 はじめに《この章のまとめ》

◎みすぼらしい身なりをして、お金もなかったエドウィン・バーンズが成功したように、目標や燃えるような願望があれば、人生を切り開くことができる。

◎目標や願望に向かって正しく努力すれば、成功は近づく。それなのに、あと一歩のところで諦めてしまう人は多い。

◎目標や願望を持つことが、あらゆる達成の第一歩である。目標や願望があれば、子どもでも大の大人を打ち負かせる。目標に向かってポジティブに考える習慣を身につければ、不可能と思われることも実現できる。

◎ヘンリー・フォードがそうであったように、信念を持って行動を続ければ、不可能を可能にできる。

◎願望や目標を強く信じることで、成功は引き寄せられる。

第二章

願望

あらゆる達成の出発点――〈豊かさへの第一ステップ〉

三〇年以上前、ニュージャージー州オレンジに到着した貨物列車から降りてきたとき、エドウィン・C・バーンズの姿は浮浪者のようだったかもしれない。だが、その考えは王者のものだった。

トーマス・エジソンのオフィスに向かう途中、バーンズの頭の中はフル回転していた。エジソンの前に立つ自分の姿が見えた。偉大な発明家のパートナーになりたいという自らの燃えるような願望を叶えるべく、「チャンスが欲しい」とエジソンに訴える自分の声が聞こえた。

バーンズの願望は単なる希望や願いではなかった。それは他のすべてを超越した、激しく脈打つような、揺るぎない願望だった。

この願望は、にわかに湧いたものではない。それは長いあいだ、バーンズの心を虜にしていた。最初は単なる願いにすぎなかったかもしれない。けれどもエジソンの前に立ったバーンズの心の中にあったものは、ずっと心に抱き続けてきた熱い願望だった。

それから数年後、バーンズは、エジソンに初めて会ったのと同じそのオフィスで、再びこの発明家の前に立っていた。この時、その願望は現実のものになっていた。

そう、彼はエジソンの共同事業者になったのだ。バーンズの人生最大の夢は現実になった。

今日、バーンズの人生を知る人は、その幸運を羨むだろう。だが彼らは、ただバーンズの輝かしい経歴に目を奪われているだけで、その成功の秘密を調べようとはしない。

バーンズが成功したのは、明確な目標を立て、その実現に向けて全身全霊を懸けて取り組んだからだ。すぐにエジソンの共同事業者になれたわけではなかった。彼は「大きな目標に近づくきっかけになるのであれば、どんな雑用も厭わない」という気持ちで、一歩を踏み出した。

求めていたチャンスが訪れるまでに、五年の月日が流れた。その間、一筋の光明も見出せず、願望が実現する気配はなかった。他人の目には、バーンズはエジソンの会社の歯車の一つにしか見えなかったはずだ。だがバーンズだけはそうは思っていなかった。**エジソンの会社に雇われたその日から、共同事業者になったつもりで働いていた**からだ。

これが**明確な願望の力**だ。バーンズが目標を叶えたのは、何としてでもエジソンの共同事業者になりたいと願っていたからだ。バーンズは、目的を達成するための計画を立てた。そして、**背後にある橋を燃やし、背水の陣を敷いた**。人生を左右する執念になるまで願望を持ち続け、それはとうとう現実になった。

ニュージャージー州オレンジへと旅立ったとき、バーンズは「エジソンに下働きとして雇ってもらおう」とは思わず、「エジソンに会い、一緒にビジネスをするために来たと伝えよう」と自分に言い聞かせていた。

「ここで数カ月働き、見込みがなかったら別のところで仕事を見つけよう」とは考えず、「初めは、言われたことは何でもやろう。でもいずれ、必ずパートナーになろう」と心に誓っていた。

「エジソンの会社でうまくいかなかったときに備えて、別のチャンスに目を光らせておこう」

と計算したりはせず、「この世で絶対に手に入れたいと思うものはただ一つ、トーマス・エジソンの共同事業者になることだ。背水の陣を敷いて、望むものを手に入れるために自分の人生を賭ける」と深く信じていた。

彼は退路を断った。「伸るか反るか」の状況に自分を追い込んだ。

バーンズの成功の秘訣は、それに尽きる。

昔、ある優れた将軍が、大きな戦いを前にして大胆な決断を下した。将軍は、自軍の兵士たちを船に乗せると、数で勝る強大な敵が待ちかまえる敵国に向かった。浜辺に到着し、兵士と武器を降ろすと、将軍は船を燃やすよう命令した。

そして戦闘が始まる前、兵士たちに向かってこう叫んだ。

「船が燃えているのが見えるだろう。つまり、我々は勝たない限り、生きて国には戻れない。選択の余地はない。勝つか、死ぬかだ！」

兵士たちは死に物狂いで戦い、見事に勝利した。

自分の船を燃やし、退路を断つことを厭わない思いがあれば、どのような目標でも達成が近づくはずだ。それによって、成功に欠かせない「勝利への燃えるような願望」を維持し続けられるからだ。

シカゴ大火〔訳注：一八七一年にイリノイ州シカゴで発生した大火災〕の翌朝、商人たちが通りに佇み、店舗の焼け跡から立ち上る煙を呆然とした思いで眺めながら、話し合いをしていた。

この土地で店を立て直すか、それともシカゴを離れ、もっと有望な別の街で再出発するか――。

そして最終的に、一人を除いてシカゴを去るという決断をした。

唯一、シカゴに留まることを決めたその商人は、自分の店があった場所を指差して言った。

「私はこの場所に、世界一の店をつくる。たとえ何度火事に襲われてもだ」

これは今から五〇年以上前のことだ。店は立て直された。それは、燃えるような願望という心の状態の力を称える記念碑になっている。この人物こそ、ほかならぬマーシャル・フィールド〔訳注：自らの名前を冠したシカゴの有名な百貨店「マーシャル・フィールド」の創業者〕だった。商人仲間たちは、火事で苦境に立たされ、将来の先行きが見えなくなったとき、シカゴを離れ、もっと商売をしやすそうな場所に行った。フィールドも、仲間と同じことが簡単にできたはずだ。だが、彼は踏み留まった。

フィールドと他の商人たちとの違いは、エドウィン・C・バーンズとエジソンの会社で働いていた他の何千人もの若者たちとの違いと同じである。

それは、成功者と失敗者を分ける違いだ。

金銭の価値がわかる年齢に達すれば、誰もが金持ちになりたいと考えるものだ。だが、ただ欲しがるだけでは富は得られない。強迫的なまでに富を望み、それを手に入れるための明確な方法を計画し、失敗に負けない粘り強さでそれを実行することで、初めて富は得られる。

富への願望を現実化するためには、次の「願望実現のための六ステップ」に従う必要がある。

①　望むもの（お金の場合は金額）を明確にすること。「お金がたくさん欲しい」では不十分である。具体的な金額を決めること（次章で説明するように、これには心理学的な理由がある）。

②　望みのものを得る引き換えに、何を提供するかを決めること（価値あるものを差し出さずに富は得られない）。

③　望むものをいつまでに得るか、明確な期限を決めること。

④　願望実現のための明確な計画を立て、（たとえ準備が整っていなくても）すぐに実行を始めること。

⑤　「望むもの」「提供するもの」「期限」「実現のための計画」を記した、簡潔な文章を作成すること。

⑥　毎日二回、就寝前と起床時に、この文章を声に出して読むこと。**音読しながら、すでに望みのものを手にしている自分の姿をありありと想像し、それを実感すること。**

この六つのステップは重要だ。特に、六番目のステップは必ず実践してほしい。

「まだ富を手にしていないのに、お金を手にしている自分の姿を想像するなんてできない」と思うかもしれない。

そのときに役に立つのが、**燃えるような願望**だ。お金が欲しいという強い願望を抱けば、それが可能だという信念を持てるようになる。必ず富は手に入るのだと、自分を納得させるのだ。

このように、強い願望を抱くことで、「お金のことを常に意識する」状態になれば、巨万の富は、あなたに近づく。これは、すでにお金を持っていると思えるくらい、お金への願望が心にみなぎっている状態のことである。

人間心理の原則を学んだことのない人にとって、こうしたアドバイスは非現実的に思えるかもしれない。

この六つのステップの有効性を疑う人には、これがアンドリュー・カーネギーから得たものであることをお伝えしたい。彼は製鉄所で一介の労働者として働き始めたが、これらの原則に従うことで、一億ドルをはるかに超える財産を築いたのである。

さらに、この六つのステップは、かのトーマス・エジソンによって吟味され、富を築くためだけではなく、あらゆる目標達成にも欠かせないものであるというお墨付きが与えられたものでもある。

これらのステップには、重労働も、極端な自己犠牲も必要ない。ばかげたことをしなくてもいいし、頭を空っぽにしてただひたすら何かをすることを求められもしない。学歴も不要だ。

ただし、この六つのステップを成功させるには、幸運だけでは富は得られないことを理解できるだけの想像力が必要だ。

巨万の富を築いた人たちはみな、お金を手に入れる前に、大きな夢を描き、強い願望を抱き、それを実現するための計画を立てている。

つまり、お金の願望を燃やし、必ずそれが手に入ると心底信じられない限り、富は決して手に入らないのだ。

また、有史以来、どんな時代でも、偉大なリーダーたちはみな押しなべて夢想家であったことも知っておいてほしい。たとえばキリスト教が今日も世界中で大きな影響力を保っているのは、その創始者が並外れた夢想家であり、精神的、霊的な視点で、これから現実に起こりうることを見通すビジョンや想像力を持っていたからである。

大きな富を手にした自分の姿を想像できなければ、銀行口座の残高は増えないのだ。

アメリカの歴史上、今ほど行動的な夢想家にとって大きなチャンスはない。世界恐慌が起きてから数年が経過し、誰もが厳しい経済状態を味わい、これから立ち上がろうとしている。

これから新たな競争が始まる。勝者は、今後一〇年で莫大な財産を築けるだろう。競争のルールは変わった。恐怖が成長や発展を妨げていた恐慌下では、大衆が成功できるチャンスはわずかしかなかった。だが、今やその状況は変わり、誰もが成功をつかみ取れる時代が到来したのだ。

この新たな時代では、アイデアや方法、リーダー、発明、教育、マーケティング手法、書籍、文学、ラジオ、映画など、何であれ新しいものが求められている。新しいもの、より良いものを求めるこうした状況下で成功するために、欠かせない資質が一つある。

それは明確な目的、つまり自分が何を求めているかを知っていることであり、それを手に入れたいという強い願望を持っていることだ。

この大不況によって、一つの時代が終わり、新しい時代が誕生した。変化した世界で求められるのは、夢を形にできる夢想家だ。こうした行動力のある夢想家たちは、これまでも、そしてこれからも、時代の創造者であり続けるだろう。

富を築くことを望む者は、世界の成功者たちが、目に見えない無限の可能性を活用して、その「思考の力」を高層ビルや都市、工場、飛行機、自動車など、私たちの生活を快適なものにするあらゆる便利なものに変えてきたことを忘れないようにすべきだ。

寛容さと柔軟な心は、今日の夢想家に欠かせない。新しいアイデアを恐れる者は、成功をつかめない。

今ほど、開拓者に有利な時代はない。幌馬車の時代とは違い、開拓すべき荒々しい西部のような未開の土地はない。それでも私たちの目の前には、新たに改革し、方向転換すべき広大な商業や金融、産業の世界が広がっている。

この世界で成功したいのなら、周りに影響されて夢想家を軽蔑するようなことがあってはならない。

この変貌した世界で大きな勝負に出るためには、過去の偉大な開拓者たちの精神を受け継ぐべきだ。彼らの夢が文明に価値をもたらし、彼らの精神が「誰にでも自分の能力を高め、成功をつかむチャンスがある」というアメリカの生命線となる考えを形づくってきたのだから。

コロンブスは未知の世界を夢想し、そのような世界がどこかに存在することに人生を賭け、それを発見した。

偉大な天文学者コペルニクスは、従来とはまったく違う宇宙の可能性を夢見て、それが事実であることを明らかにした。それまでの天動説ではなく、地動説を唱えたコペルニクスの正しさが証明されたのちは、誰も彼を「非現実的」と非難したりはしなくなった。

今ではコペルニクスは、誰からも崇拝されるようになった。彼の人生は、「成功すれば謝罪する必要はなくなり、失敗すれば言い訳は通用しない」という現実の厳しさを証明している。「自分は正しいことをやろうとしている」と信じられるのなら、それを実行しよう。夢を公言し、形にしよう。一時的な挫折を味わっても、周りに何を言われても気にしないように。なぜなら彼らは、**失敗が成功の種子になる**ことを知らないからだ。

ヘンリー・フォードは貧しく、たいした教育も受けていなかったが、〝馬のない馬車〟を夢見て、好機を待つことなく、できることから実現に取り組み始めた。今では、彼の夢の証しは世界中に広がっている。フォードは恐れずに夢を追い求めたからこそ、誰よりも多くの自動車を世に送りだすことができたのだ。

トーマス・エジソンは、電気で点灯するランプを夢見て、一万回以上の失敗にもめげずについにそれを実現した。行動的な夢想家は、決して諦めないのである。

ジョージ・ウィーランはタバコのチェーンストアの設立を夢見て、アメリカ最大のタバコ・チェーン店、ユナイテッド・シガー・ストアーズをつくり上げた。

エイブラハム・リンカーンは黒人奴隷の解放を夢見てその実現に取り組み、南北統一によってそれが現実になるのを晩年に見届けた。

ライト兄弟は空を飛ぶ機械を夢見た。今、世界各地の空を見上げれば、彼らがその夢を実現した証拠を目にできる。

グリエルモ・マルコーニは、目に見えない電磁波の力を利用するシステムを夢見た。その夢が無駄でなかった証しは、世界中の無線やラジオの中に見ることができる。

この夢は、貧しき者の質素な家と富める者の家を隣り同士のように近くし、世界中の人々を隣人にした。大統領が、全国民に向けて、即座にメッセージを伝えられるようになった。

マルコーニが、電線などの物理的な通信手段を使わずに空中でメッセージを送信できる原理を発見したと発表したとき、正気を疑われ、心配した友人たちに病院に連れて行かれたという。だが現代の夢想家には、そんな心配は無用だ。

世界は新たな発見に慣れている。新しいアイデアをもたらす夢想家は、歓迎されるようになっている。

偉業は、単なる夢から始まる。

大きな樫の木は、ドングリの中で眠っている。鳥は卵の中で待ち、魂の高みで目覚めた天使が動き出す。**夢とは、現実の苗木である。**

夢見る者たちよ、目を覚まし、立ち上がり、自己主張せよ。

星の巡りは最高だ。不況のおかげで、待ち望んできたチャンスが到来した。厳しさに耐えたことで、私たちは謙虚さや寛容さ、柔軟な心を学んだ。

世界は今、過去の夢想家には縁のなかったチャンスに満ちている。

何者かになりたい、何かを成し遂げたい、という燃えるような願望こそが、夢想家の出発点だ。夢は野心の欠如や、無関心、怠惰からは生まれない。

今の世の中では、大きな夢を描いても、笑いものにされたり、世間知らずだと言われたりはしない。それを確かめたいなら、テネシー州に行って、夢想家の大統領フランクリン・ルーズベルトが、この国の巨大な水力を利用して、テネシー川流域開発公社を通して建設した数々のダムを見ればいい。一昔前なら、こうした夢を実現しようとすれば、狂気の沙汰だと思われたことだろう。

不況下で、失望し、挫折を味わい、心が押しつぶされそうな経験をした人もいるだろう。だが、勇気を出そう。こうした経験は、精神を鍛えるのに役立ったはずだ。それはかけがえのない財産になる。

成功者はみな、若い頃に挫折を味わい、目的地にたどり着くまでに苦難を乗り越えてきた。彼らの人生の転機は苦境の最中に訪れ、その経験を通じて「もう一人の自分」に出会うことが、成功の推進力になったのだ。

作家のジョン・バニヤンが、イギリス文学屈指の傑作とされる『天路歴程』を執筆したのは、その宗教観のために厳罰に処せられ、投獄されたあとのことだ。

作家のO・ヘンリーは、オハイオ州コロンバスで不運に見舞われ独房に閉じ込められたのちに、自らの中に眠る天賦の才能に気づいた。辛い獄中生活を通して否応なく「もう一人の自分」と出会い、想像力を働かせることを余儀なくされたことをきっかけに、自らが惨めな犯罪者や追放者ではなく、偉大な作家であることを発見した。

人生とは不思議で何が起こるかわからないものだが、それを象徴するのが、この宇宙を司る神秘的な「無限の知性」だ。この知性の導きによって、人はさまざまな艱難辛苦を味わったのちに、自らの頭脳や想像力を使って優れたアイデアを生み出せるようになるのだ。

世界最高の発明家・科学者であるエジソンは、若い頃に貧しい生活を送り、電信技師をしていた時代に放浪生活を送ったこともある。そして、数え切れないほどの失敗を繰り返したのち、ついに自分の内に眠る才能を発見した。

作家のチャールズ・ディケンズは、一二歳のときに靴墨工場で働き始め、瓶にラベルを貼る作業などをしていた。世界的な作家になるきっかけは、初恋に破れて心に痛手を負ったことだ。

失意の経験は傑作『デイヴィッド・コパフィールド』を生み、その後、読者の心を豊かにする数々の作品につながった。

　失恋は男を酒に溺れさせ、女を破滅に駆り立てるものだが、そうなってしまうのは、ディケンズのようにこの強烈な感情を建設的な夢に変える術を学ばないからだろう。

　社会福祉家のヘレン・ケラーは生後まもなくして病気により聴力と視力を失い、話すこともできなくなるという三重苦に見舞われた。このような苦難を抱えたにもかかわらず、彼女は偉人として歴史にその名を刻んでいる。その生涯は、どんな試練も諦めなければ乗り越えられることの証しである。

　詩人のロバート・バーンズは読み書きも満足にできない田舎の少年として育ち、貧しさに喘ぎ、大人になってからは酒浸りになった。だが、自らの思いを美しく表現した詩によって、人々の心からトゲを抜き、そこに美しいバラを植えたのだった。

　教育者のブッカー・T・ワシントンは奴隷として生まれ、人種と肌の色のためにハンディを背負わされた。だが忍耐強く、柔軟な心を持ち、夢を抱くことを忘れなかったため、人種を超えてあらゆる人々に大きな影響を残すような生涯を歩んだ。

　作曲家のベートーベンは聴覚を、詩人のミルトンは視覚を人生半ばで失ったが、二人の名前は永遠に人類史に刻まれるだろう。それは彼らが夢を抱き、それを確固とした形あるものに変えたからだ。

次章に進む前に、心に希望や信念、勇気、忍耐の火を灯そう。このような心の状態と、ここまでに説明した原則の活きた知識があれば、準備が整ったとき、必要なものはすべて手に入るようになる。エマーソンはこう述べている。

「自分にとって本当に助けや慰めとなる書物やことわざ、慣用句は、いつの日か長く曲がりくねった道を通ってあなたのもとに帰って来るだろう。単なる気まぐれではなく、心の底から魂の触れ合いを求めている友人は、いつの日か必ずあなたを抱き締めるだろう」

何かを願うことと、それを摘み取るための準備ができていることは別物だ。それを手に入れられると心から信じられるようになるまでは、準備は整っていない。それは単なる希望や願いではなく、信念でなければならない。このような信念を抱くには、心を開いておくことが不可欠だ。心を閉ざしていたら、信念や勇気は生まれない。

覚えておいてほしい。惨めさや貧しさを受け入れ、諦めるように生きる人生よりも、高みを目指し、豊かさや成功を求める人生のほうが簡単だ。ある偉大な詩人は、この普遍的な真実を次のような詩で表している。

私は人生を安売りした
人生はそれ以上払ってくれない
私が乏しい蓄えを数えて

夕方に物乞いをしても
人生は雇い主と同じ
こちらが求めた額だけ払ってくれる
だが一度賃金を決めたら
ずっとその仕事を続けなければならない

私は下働きの給料で働いた
そしてようやく気づいた
人生はこちらが求めたどんな額でも
喜んで払ってくれるのだと

願望は天の定めをも超える

この章の締めくくりにふさわしい事例として、私が知る中でもとりわけ並外れた人物を紹介したい。私たちの出会いは二四年前、彼が生まれて数分後のことだった。彼には生まれつき耳らしきものがなかった。医師に尋ねると、この子は一生耳が聞こえず、口がきけないだろうと明かした。

私は医師に異議を唱えた。そうする権利があった。なぜなら、私はその子の父親だったからだ。同時に、心の中で、ある決意をした。息子は必ず耳が聞こえるようになり、話すに違いない、そう固く信じたのだ。天は私に耳の聞こえない子どもを授けた。だが、私はただ黙ってその現実を受け入れるつもりはなかった。

きっと、いつか息子の耳が聞こえ、話せるようになるはずだと思えた。何か方法があるはずだし、それを見つけられるはずだ。

不滅の詩人、エマーソンの言葉が浮かんできた。

「あらゆる出来事は、私たちに大切なことを教えてくれている。ただそれに従えばいい。一人ひとりに導きがある。謙虚にそれに耳を傾ければ、正しい言葉を聞けるだろう」

正しい言葉とは？　そう、**願望**だ！　私は何よりも、息子の耳が聞こえるようになることを願った。その願望を、一瞬たりとも忘れなかった。

何年も前、私は「人間の限界は、自分が心の中につくり出したものだけである」と書いたことがある。だがこのときは初めて、その考えを疑ってしまった。

目の前のベッドには、聴覚器官を持たずに生まれてきた赤子が横たわっている。たとえ将来、耳が聞こえたり話したりできるようになるとしても、大きなハンディを背負って生まれてきたのは間違いない。これは、この子どもが自分の心の中につくり出した限界ではなかった。

私に何ができるだろう？　私は、耳を介さずに脳に音を伝える方法を見つけたいという自分の強い願望を、この子にも持ってほしいと思った。

子どもに物心がついたらすぐに、私と同じように、耳が聞こえるようになりたいという熱い願望を持ってもらいたかった。そうすれば、きっと天はそれを実現するための何らかの方法を与えてくれるだろう。

こうした考えは自然と心の中に湧き上がってきた。けれども、そのことは誰にも話さなかった。私は毎日、息子の耳が聞こえるようになるまでは決して諦めないという決意を新たにした。

息子が成長し、周りの物事に関心を持つようになると、その表情や仕草から、わずかながら聴力があることがわかった。

普通に話し始める年齢に達しても、息子は話そうとはしなかった。それでも、ある種の音がかすかに聞こえているようだった。私にとってはそれで十分だった。少しでも聞こえるのなら、聴力は高められるはずだ。そんなとき、希望を抱かせる出来事が起こった。それはまったく予想外のところからやってきた。

私は自宅用に、蓄音機の「ビクトローラ」を買った。初めて音楽を聴いた息子はうっとりとして、蓄音機を独り占めするようになり、何枚かのレコードを繰り返し聞いていた。

中でもお気に入りは、『遥かなティペラリー』だった。あるとき、彼は蓄音機の前に立ち、ケースの端に歯を当てて、その曲を二時間近くも繰り返し再生していた。妻と私が息子のこの習癖の意味を理解したのは、それから何年もあとのことだった。当時の私たちは、音の「骨伝導」の原理について聞いたことがなかったからだ。

息子が蓄音機に夢中になってからまもなく、私は大きな発見をした。息子の乳様突起、つまり本来なら耳があった場所の裏側にある突起に私が唇を当てて話すと、彼がその言葉を聞き取れることに気づいたのだ。

これで私は、息子の聴覚と発話能力の発達を助けたいという強い願望を現実に変えるための手段を手に入れた。その頃、息子は言葉を少しずつ話そうとし始めていた。見通しは決して明るくはなかったが、信念に裏打ちされた願望に不可能という言葉は無縁だった。

息子は私の声をはっきりと聞き取っていた。私はすぐに、彼に「聞きたい、話したい」という欲求を持たせようとした。

まずは、寝る前の絵本の読み聞かせが好きな息子のために、自立心や想像力、聞くことへの強い欲求が育まれるような物語を創作し始めた。

中でも私が特に力を入れたのは、耳が聞こえないことはハンディではなく、大きな価値のあるものだという考えを息子に持ってもらうことを意図して創った物語だった。

私が知る成功哲学はどれも、**逆境は、苦しみと同じだけのメリットをもたらしてくれる**と述べていた。にもかかわらず、私は息子の障害がどんな長所をもたらしてくれるのか、まったくわからなかった。

それでも、私はこの考えを、寝る前に息子に読み聞かせる物語にエッセンスとして加え、彼が自分のハンディを何らかの有用な目的に役立てる方法を見つけられるときが来ることを期待していた。

常識的に考えれば、正常な聴覚器官を持たずに生まれてきた息子が聴覚を獲得するのは難しいだろう。だが信念に裏打ちされた願望を持ち続けたことが、私を奮い立たせたのだった。

今振り返ると、息子の私への信頼が、驚くべき結果に大きく関係していたことがよくわかる。息子は私の言葉に疑問を抱かなかった。私は次男であるこの息子に、お前には長男にはない利点があり、それはさまざまな形で恩恵を与えてくれるだろうと伝えていた。

たとえば、教師たちは、耳の不自由な息子のために特別な注意を払い、人一倍優しく接してくれるだろう。実際、その通りだった。妻も教師たちに、息子のことを気にかけてもらうようお願いしていた。

私は息子に、もう少し大きくなって新聞の売り子ができるようになったら（長男はすでにその仕事をしていた）、いいことがあるはずだとも言った。ハンディを背負っていても、聡明で勤勉な少年だとわかるので、大人たちはきっと息子から新聞を買ってくれるはずだと思ったからだ。

息子の聴力が徐々に発達しているのがわかった。しかも、彼は障害のことを特に気にしているそぶりはなかった。七歳になった頃、妻と私が彼の心に働きかけてきたことが実を結び始めた。
息子は数カ月前から新聞を売る仕事がしたいと言っていたが、妻はそれを許可しなかった。耳が聞こえないのに、一人で外出するのは危ないと心配したのだ。

とうとう彼は自ら行動を起こした。私たち夫婦が家を不在にしていたある日の午後、台所の窓から家の外に出ると、商売を始めたのだ。

近所の靴屋から借りた元手の六セントで新聞を仕入れて路上で売り、その売り上げでさらに新聞を仕入れるということを夜遅くまで繰り返した。靴屋に六セントを返すと、四二セントの利益が残った。その夜、妻と私が帰宅すると、彼はベッドの中で手にしっかりとそのお金を握りしめながら眠っていた。

妻は息子の手を広げて硬貨を見ると、涙を流した。だが私はにっこりと笑っていた。子どもの心に自分を信じる気持ちを植えつけようとしてきたこれまでの努力が、実ったと思ったからだ。

妻は初めてお金を稼いだ息子を、街で危険を冒しながらお金を稼いだ聴覚障害のあるいたいけな少年として見ていた。けれども私の目には、息子は勇気と野心と自立心のある小さな商売人と映った。

彼は自らの意志でビジネスを始めて成功したことで、自信を倍増させていた。私は嬉しかった。息子には、これからの人生を逞しく生きていけるだけの機知に富んだ資質があると思えた。

その後の彼を見ていると、まさにその通りだった。長男は、欲しいものがあると床に仰向けになり、足をバタバタさせて駄々をこね、泣き喚いた。だが、この「聴覚障害のある少年」は、何かが欲しくなると、工夫して自力でお金を稼ぎ、それを買うのだった。現在に至るまで、ずっとそうだ。

息子は私に、ハンディキャップはそれを障壁と見なしたり、言い訳に使ったりしない限り、価値ある目標に向かうための踏み石に変えられることを教えてくれた。

耳の聞こえない少年は、小学校、中学校、高校、大学と、教師の声がよく聞こえない状態で過ごした。教師に近くで大声を出してもらわなければ、何を言っているかを理解できなかった。

聾学校には通わせなかった。妻と私は、息子を一般の学校に通わせ、手話ではなく言葉でコミュニケーションさせることを選んだ。学校関係者とは、何度も熱い議論を交わさなければならなかった。

高校生のときに補聴器を試してみたが、まったく役に立たなかった。息子が六歳のとき、シカゴのJ・ゴードン・ウィルソン医師によって頭部の片側に手術を受けた際、生得的な聴覚機能に異常があることを指摘された。だから、妻と私は息子に補聴器が役立たないのはやむを得ないのではないかとも考えた。

大学生活最後の週（その手術から一八年後）に、息子の人生に最大の転機が訪れた。たまたま試用品の補聴器を手に入れていた彼は、どうせ効果はないと思い込んでいたため、なかなか試そうとしなかった。

ようやく補聴器を手に取って無造作に装着し、スイッチを入れた。すると、なんということだろう。魔法がかかったみたいに、これまでの人生でずっと抱いてきた正常な聴力への願望が現実になったのだ。

生まれて初めて、正常な聴力を持つ人と同じくらいに音がよく聞こえた。キリスト教の教えにもあるように、「神の御業は不思議な形で現れ、奇跡を起こす」のである。

補聴器によって激変した世界に歓喜した息子は、電話機に駆け寄り、母親に電話をかけた。母親の声がはっきりと聞こえた。翌日、生まれて初めて、授業で教授たちの声をはっきりと聞いた。それまでは、教授たちが近くで大声を出しているときにしか何を言っているのかがわからなかった。

ラジオの音も聞こえた。映画のセリフや音も聞き取れた。生まれて初めて、大声で話さなくても他人と自由に会話ができた。彼は新しい世界を手に入れた。私たち親子はハンディをただ受け入れることを拒み、強い願望を抱き続けることで、その壁を乗り越えたのだ。

願望は実現しつつあった。だが、まだ完全な勝利を得たわけではなかった。息子は、自らのハンディキャップを強みに変えるための具体的な方法を見つけなければならなかった。

成し遂げたことの大きさをうまく実感できないまま、新しく発見した音の世界の喜びに酔いしれながら、息子は補聴器の製造業者にお礼の手紙を書き、自分が経験したことを熱心に綴った。

　その文面から並々ならぬ思いが伝わったのだろう。その会社は息子をニューヨークの自社に招待してくれた。現地に到着した息子は、工場内を案内され、主任技師に、補聴器をつけたことでどれほど世界が変わったかについて話した。そのとき、あるアイデアが頭に浮かんだ。このひらめきが、彼の苦しみを宝物に変え、その後、大勢の人たちに豊かさと幸せをもたらすことにつながったのだった。

　そのひらめきとは、自分が体験した〝世界が変わるような体験〟を伝えれば、補聴器の恩恵を受けずに生活している何百万人もの聴覚障害者の役に立てるかもしれない、というものだった。その瞬間、息子は残りの人生を聴覚障害者のために捧げる決心をした。

　それから丸一カ月間、彼は集中的な調査によって、補聴器メーカーのマーケティングシステムを徹底的に分析し、自らの「世界が変わるような体験」を伝えるために、世界中の聴覚障害者とコミュニケーションを取る方法を考案した。

　次に、この調査結果に基づいて、自分の夢を実現するための二カ年計画を作成し、それを件の補聴器メーカーに提出した。すると、すぐに同社に従業員として採用され、自らの夢を実現するための役職を与えられたのである。

　この会社で働き始めたとき、息子は自らの力で行動によってどれほど多くの聴覚障害者に希望と救済をもたらすことになるかを知る由もなかった。

息子は補聴器メーカーでの仕事を始めてまもなく、この会社が主催する、聴覚障害者に聞くことと話すことを教えるための講習会に私を招待してくれた。

私はこうした講習会について何も知らず、どれくらい効果があるのか懐疑的だったが、何か有益なことが得られるかもしれないと期待して参加した。そこで実演を目の当たりにし、息子に聴力を得ることへの強い願望を抱かせるために私が長いあいだ取り組んできたことについての新たな気づきを得た。そこでは、自分が二〇年以上も前に息子に対して使ったのと同じ方法で、聴覚障害者たちが聞くことや話すことを教えられていたのだ。

私と息子（彼の名前はブレアという）は不思議な巡り合わせによって、聴覚障害を持って生まれてくる子どもたちを支援するよう運命づけられていたと言えるだろう。

私たちほど、聴覚障害を乗り越えて、一般の生活ができる程度に聴力を取り戻したという事例を直接的に体験してきた人間もいない。自分たちにもできたのだから、きっと他の人たちにもできるはずだと心から思えた。

もし妻と私が、息子に聴力を与えてあげたいという強い願望を抱いていなかったら、ブレアは生涯耳が聞こえないままだっただろう。

彼の誕生に立ち会った医師からは、この子は一生聞くことも話すこともできないかもしれないと告げられていた。数週間前、この分野の著名な専門家であるアーヴィング・ボーヒーズ医師が、ブレアの耳を詳しく診察した。ボーヒーズ医師は、息子が現在どれほどよく聞き、話せるかを知って驚き、診察の結果、「理論上、彼はまったく聞くことができないはずです」と述べた。レントゲン写真を見ると、耳があるはずの部分から脳の位置まで、頭蓋骨には開口部がない。にもかかわらず、息子の耳は聞こえているのだ。

私が息子に、「他の人と同じように聞き、話せるようになりたい」という願望を抱かせようとしたことで、彼の脳と外界とのあいだにある沈黙の溝を埋める不思議な力が働いたのだ。それがどんなメカニズムで起きたかは、トップクラスの医学の専門家でも解明できなかった。

この奇跡が起きた理由を憶測で語るのは、天への冒涜になるだろう。その一方で、この不思議な体験で自分が担ったささやかな役割について、知る限りのことを世間に伝えなければ、それは許されない行為になるだろう。〝揺るぎない信念で願望を支えれば、不可能はない〟と信じていると世の中に向けて語ることは、私の義務であり、特権だ。

燃えるような願望を持てば、そこに神秘的な力が作用して、現実化していく。

ブレアは聴力を欲し、それを手に入れた。

生まれつき障害を抱えていた彼が、漠然とした願いしか持たずに生きていれば、路頭に迷うことになっていたかもしれない。だが彼にとってこの障害は、何百万人もの聴覚障害者の役に立つサービスを提供するための手段となり、十分な報酬を伴う、意義ある生涯の仕事を得るための手段になったのだ。

私は幼い息子の心に、小さな「罪のない嘘」をつくような感覚で、〝そのハンディキャップは大きな財産となり、いつか活かせるようになる〟という考えを植えつけようとした。

結果的に、これは紛れもない真実であることが証明された。信念と燃えるような願望があれば、実現できないものはない。しかも、この信念と願望は誰でも自由に持てるものなのである。

これまで私はさまざまな問題を抱えた人々と接してきた。だが、願望の力をこれほど見事に示したケースは経験したことがない。

作家は、表面的、あるいは極めて初歩的な知識に基づいてあるテーマについて文章を書くという間違いを犯すことがある。けれども私は、息子の苦労を通して、願望の力の大きさを知る直接的な機会に恵まれた。

この経験は天の導きだったのかもしれない。強い願望を抱くと何が起こるかを、息子の人生ほどはっきりと示すものもない。強い願望は、天の意志にさえも屈しない。その大きな力が、私たちの人生を左右するのも当然だ。

人間の心の力は、実に不思議で計り知れないものだ。人間の心はさまざまな状況や人、物質に作用して、願望を現実に変える。私たちはその仕組みを理解していない。いつの日か、科学がこの秘密を解明するだろう。

私は息子の心に、「他の人と同じように聞き、話したい」という願望を抱かせるように働きかけた。その願望は、現実のものになった。私は息子の心に、「自分のハンディを強みに変えたい」という願望を抱かせるように働きかけた。その願望も実現した。この驚異的な結果は、次の三つの行動がもたらしたものだ。

①「聴力を得たい」という願望を、信念を込めて息子に伝えた。

②長年にわたり、粘り強く、あらゆる方法で息子に自分の願望を伝えた。

③息子は私を信じてくれた。

本章の執筆中、シューマン＝ハインクの訃報が届いた。その短い記事から、彼女が歌手として類まれな成功を収めた理由が読み取れた。そこには願望の力が大きく関わっている。この記事の内容を紹介しよう。

シューマン＝ハインクは、無名時代にウィーン国立歌劇場でオーディションを受けた。だが、ディレクターは歌わせてもくれなかった。彼は、みすぼらしい身なりで緊張している少女を一目見たあと、素っ気なく言った。「君のような何の特徴もない子が、オペラで成功できると思っているのか？　夢を見るのは諦めたほうがいい。ミシンでも買って働くんだ。君は歌手にはなれないよ」

これはそう昔の話ではない。ウィーン国立歌劇場のディレクターはオペラについては詳しかったのだろう。だが、燃えるような願望の力についていては何も知らなかった。もし知っていたら、将来の大スターとなる天才に歌うチャンスすら与えず足蹴にするという間違いは犯さなかったはずだ。

数年前、私の仕事仲間の友人が病に倒れた。病状は次第に悪化し、ついに入院して手術を受けることになった。手術室に運び込まれる直前の彼は、大手術を無事に乗り切れるだろうかとこちらが不安になるくらいに痩せ衰えていた。

執刀医は、助かる見込みはかなり低いと言った。しかし、それはあくまでも医師の意見であり、患者の意見ではなかった。友人は車椅子で運ばれる直前、私に向かって、

「心配はいらない。数日後には退院するから」とささやいた。

付き添いの看護師は気の毒そうに私を見ていた。だが、彼は手術を無事に乗り切った。後日、医師は語った。

「彼の生きたいという願望が命を救ったのです。死を拒む強い気持ちがなければ、決して生還できなかったでしょう」

私は、信念に支えられた願望の力を信じている。この力によって、恵まれない境遇にありながら、成功や豊かさを手にした人を大勢見てきたからだ。この力によって、死を免れた人たち。さまざまな形で挫折を味わいながら、再起を果たした人たち。正常な耳を持たずに生まれてきたが、幸せで成功した人生を送っている息子――。

この願望の力をどうすれば活用できるのか、その答えを、次章以降でも引き続き見ていこう。

このメッセージは、アメリカ史上最も長く、壊滅的な大不況の終わりに、世界に向けて発信されるものである。

それはこの恐慌で傷つき、財産や職を失い、再起のために人生計画を立て直そうとする大勢の人々の目に留まるだろう。私は彼らに、あらゆる達成は、明確な目標に向け燃えるような願望から始まらなければならないと伝えたい。

天は、決して明かされることのない方法で、私たちの強烈な願望の中に「何か」を注ぎ入れる。そこには、不可能を可能にし、敗北を受け入れない神秘的で強力な原理が働いているのである。

第二章　願望《この章のまとめ》

◎願望が勝利に向けて大きな力を集中させるとき、勝利は確実になる。

◎この章で示した「願望実現のための六ステップ」は、願望や目標を黄金に変える方法である。アンドリュー・カーネギーも、この方法で巨万の富を手に入れた。

◎願望や目標は、一時的な失敗を成功に変える。焼け跡から世界一のデパートを再建したのも願望の力だった。

◎聴覚障害のある少年の耳が聞こえるようになり、「チャンスがない」と言われた少女が偉大なオペラ歌手になり、医師に見放された病人が回復したのも、すべて願望や目標の力である。

第三章

信念

願望の達成を思い描き、信じる——〈豊かさへの第二ステップ〉

信念は心の科学者である。信念が思考の振動と混ざり合うと、潜在意識がすぐにそれを察知して精神的なエネルギーに変え、宇宙を司る「無限の知性」へと伝達する。たとえば私たちが祈りを捧げるとき、この作用が働いている。

ポジティブな感情の中でも最も強力なのは、信念、愛、セックスだ。この三つが混ざり合うと、思考に「色」がつき、潜在意識に瞬時に届いて、無限の知性からの反応を得るための唯一の形態である精神的なエネルギーに変換される。

信念と愛は精神的なものだが、セックスは肉体的、生物学的なものである。この三つの感情が混ざり合うと、人間の有限の思考と、宇宙の無限の知性とが、つながるようになるのだ。

信念を育むには

願望を物質やお金に変えるうえで自己暗示がいかに大きな役割を果たしているかは、次の文章を読むことで理解しやすくなるだろう。

「信念とは、自己暗示の原理に基づき、潜在意識へのポジティブかつ反復的な指示によって促され、創られる心の状態である」

たとえば、あなたが本書を読んでいる目的を考えてみよう。それは、願望という無形の思考を、お金という物質に変える能力を身につけることだ。

本章に記された自己暗示と潜在意識に関する指示に従えば、あなたは「求めているものを手に入れられる」と自分が信じていることを潜在意識に伝えられる。潜在意識はその考えに基づいて作用を起こし、それを「信念」という形であなたに返してくれる。そこから、望むものを手に入れるための確かな計画が生まれるのだ。

信念がまだ存在しない状態で、信念を育む方法を説明するのは難しい。それは、まだ色というものを見たことがない人に赤色とはどんなものかを説明するようなものだ。

信念は、本書で説明する一三の原則を習得したのち、思い通りに育めるようになる。なぜなら、信念はこれらの原則を実践することで、自ずと生じてくる心の状態だからだ。

信念を育むには、潜在意識に繰り返し肯定的な言葉を語りかける必要がある。

このことをよく理解するために、人が犯罪者になっていく過程について考えてみよう。犯罪学者によれば、人は初めて犯罪に手を染めるとき、尻込みする。だがしばらく犯罪を続けていると、それに慣れてくる。さらに時間が経つと、犯罪者でいることが当たり前になる。最終的には、いかにも犯罪者といった振る舞いをするようになる。

これは、潜在意識に繰り返し思考を伝えていくと、受け入れられ、行動に移され、やがて現実化されていくことを示している。

ここで、**情緒化され（感情を与えられ）、信念と混ざり合った思考は、すぐに現実化し始める**ことについてもう一度考えてみよう。

感情、つまり思考の「気分」の部分は、思考に活力や生命、行動を与える。

信念や愛、セックスなどの感情が思考と混ざると、個々の感情がもたらすよりも大きな作用が思考に働くようになる。

信念だけでなく、肯定的、否定的な感情と混ざった思考の衝動も潜在意識に到達し、影響を及ぼす。

すなわち潜在意識は、肯定的、建設的な思考に反応するのと同じくらい簡単に、マイナスの思考にも反応するのだ。これが、大勢の人々が不幸や不運に引き込まれてしまう理由である。自分にはどうにもできない不思議な力のせいで、貧困や失敗に「運命づけられている」と信じている人は多い。

だが実際には、彼らは自ら「不幸」を自らつくり出しているのである。つまり、否定的な信念が潜在意識に作用して、現実化しているのだ。

願望は物質やお金に変えられることを、それが必ず実現するという信念とともに潜在意識に伝えることの大切さを忘れないようにしよう。

潜在意識を動かすのに、信念は欠かせない。私が息子の潜在意識に働きかけたときのように、自己暗示の力を使えば、潜在意識をうまく「騙す」ことができる。

この騙しに真実味を持たせるには、潜在意識に呼びかけるときに、**モノやお金を、すでに手に入れているかのような素振りをする**ことだ。

潜在意識は、命令が確信や信念とともに伝えられると、それを速やかに現実化しようとする。これが、潜在意識と自己暗示の力を活用するための基本である。

そのことを念頭に置いて試行錯誤を繰り返していけば、潜在意識に伝えるメッセージにうまく信念を混ぜられるようになるだろう。何事も訓練が大切だ。ただ頭で理解するだけでは十分ではない。

もし、犯罪に関わり続けることでますます犯罪者らしくなっていくのが本当なら（これは事実である）、〝信念がある〟と潜在意識に示し続けることで信念を育めるのも本当だ。

心は、一番大きな影響を受けているものに占拠される。この真実を理解すれば、なぜポジティブな感情を積極的に持ち、ネガティブな感情を抑えることが大切なのかがわかるだろう。

ポジティブな感情が満ちた心は、信念にとって居心地の良い場所になる。このような心の状態でいると、潜在意識が受け入れ、すぐに行動に結びつけるような指示を意のままに出せるようになる。

信念とは自己暗示によって誘発される心の状態である

古来、宗教家は、悩み苦しむ人たちに向かってさまざまな教条に対する信念を持つようにと説いてきたが、信念を持つための具体的な方法は十分に示してこなかった。「信念とは心の状態であり、自己暗示によって誘発できる」ことも知られていない。

これから、信念を育むための原理を、誰にでもわかる平易な言葉で説明しよう。

自分自身に信念を持つ方法、無限の信念を持つ方法だ。

始める前に、次のことをもう一度思い出そう。


信念は、思考に生命や力、行動を与える、永遠の万能薬である（この言葉は、二回、三回、四回と繰り返し音読する価値がある）。

信念は、富を築くための出発点である。

信念は、「奇跡」や、科学の法則では解き明かせないあらゆる謎の基盤である。

信念は、失敗の唯一の解毒剤である。

信念は、祈りと組み合わせることで、宇宙を司る「無限の知性」と交信できる「化学物質」である。

信念は、人間の有限の心が生み出す日常的な思考を、精神的なエネルギーに変えてくれる。

信念は、「無限の知性」を私たち人間が利用するための唯一の媒介物である。


これらの文章は、すべて証明可能なものである。

その証明はごく簡単なものだが、そのためにはまず、自己暗示の原理を理解する必要がある。

これから、自己暗示がどんなものであり、それによって何が達成できるのかを詳しく見ていこう。

何度も同じことを繰り返し自分に語りかけていると、何であれ最後にはそれを信じるようになる。これは、よく知られた事実だ。

たとえ嘘であっても、何度も繰り返していれば、本当だと思えてくる。それが真実だと確信するようになるのだ。

私たちを動かしているのは、心の中にある思考である。人の行動や振る舞いを指示し、コントロールしているのは、私たちが心に抱き、共感し、感情を込めている思考にほかならないのだ。

ここで、とても重要なことをお伝えしよう。

それは、**感情と結びついた思考は、似たような思考を惹きつける「磁石」になる**ということだ。

感情によって「磁気化」された思考は、豊かな土壌に蒔かれた一粒の種子にたとえられる。それは芽を出し、花を咲かせ、実を結ぶことを繰り返し、同じ種類の植物の種子を際限なく増やしていく。

宇宙には、強大な波動の力が満ちている。

波動には破壊的なものと建設的なものの両方があり、さまざまな特徴や個性を持つオーケストラの音楽や人間の声をラジオの音波が正確に運ぶのと同じように、繁栄や健康、成功、幸福、そして恐怖や貧困、病気、失敗を運んでいる。

私たちの心は常に、自らを支配するものと調和する波動を引き寄せている。つまり、心を占めている思考やアイデア、計画、目的は、似たような振動と共鳴し、それを自らの力に加えていく。それはやがて私たちの心を支配し、行動に向かわせる動機になるのである。

では、アイデアや計画、目的の「種子」を心に植えつけるにはどうすればいいのだろうか。

その方法は簡単だ。どんなアイデアや計画、目的であれ、繰り返せば心に定着させられる。

ゆえに、大事な目標を書き出し、それを声に出して読み上げることが大切なのだ。それが記憶に刻まれ、その音の波動が潜在意識に到達するまで、毎日、音読を繰り返すことだ。

私たちは日々、身の回りで生じた思考の振動を受け取っている。それが、私たち自身を形づくっている。

だからこそ、不幸を嘆くのではなく、前向きな気持ちを抱くことが重要になる。

こう考えると、私たちの最大の弱点が自信のなさであることがわかるだろう。

だがこのハンディキャップは、自己暗示の力を借りることで克服できる。臆病さは、勇気に変えられるのだ。

そのための方法は単純だ。ポジティブな思考を言葉に書き留め、それが潜在意識に定着するまで、何度も繰り返し記憶に刻み込むのだ。

以下に、自信を高めるための五つの公式を紹介しよう。

・自信を育むための公式

①　私には、人生の目標を達成する能力がある。だからその達成に向けて、粘り強く努力し続けることをここに誓う。

②　私は、心に強い願望を抱けば、それが行動につながり、最終的には現実化すると確信している。だから毎日三〇分間、なりたい自分の姿を鮮明に心に描き、具体的に想像しよう。

③　私は、自己暗示の偉大な力によって、心の中の燃えるような願望が、いずれ実現するのを知っている。だから毎日一〇分間、自信を高めるために費やそう。

④　私は、人生の明確な目標を言葉として書き出した。これらを達成するのに十分な自信を得るまで、決して諦めることなく努力を続けよう。

⑤　私は、どんな富や地位も、真実や正義の上に築かれなければ長続きしないことを理解している。だから、全員を幸せにしない交流には一切関わらないようにしよう。私は、自分が使いたい力と、他人の協力を引き寄せることによって成功を成し遂げよう。人のために尽くすことで、他人からも手を差しのべてもらえるような人間になろう。あらゆる人への愛を育むことで、憎しみや妬み、わがままや皮肉を消し去ろう。人に迷惑をかけ、嫌な気持ちにさ

せる者は、決して成功できない。だから、自分や他人を信頼することで、周りからも信頼されるようになろう。

私はこの誓いに署名し、それを記憶に刻むことで、自分の思考や行動に影響を与え、いつの日か自立した成功者になれるという信念を持って、これを一日一回、声に出して読み上げよう。

この公式の背後には、まだ人類が解明しきれていない、大自然の法則が働いている。この法則は長年にわたって、科学者たちを困惑させてきた。心理学はこの法則を「自己暗示」と名付けたが、それ以上のことは説明していない。

この法則をどんな名称で呼ぶかは重要ではない。重要なのは、それが建設的な方法で用いられた場合には大きな繁栄や成功をもたらすが、破滅的な方法で用いられると甚大なデメリットを生じさせるということだ。

挫折や失敗を繰り返し、貧困や絶望を抱えて人生を終える人は、知らないうちに、自己暗示の力を間違った方向で用いている。

なぜなら、ポジティブなものであれネガティブなものであれ、思考は現実化するからだ。

潜在意識（心の中にある、思考を現実に変える「化学実験室」のような場所）は、建設的な思考と破滅的な思考を区別できない。潜在意識は、与えられた思考を機械的に処理するだけである。その結果、勇気や信念が現実化するのと同様に、恐怖や不安も現実化されるのだ。

医学史には、「自己暗示による自殺」の事例が多く残っている。人は、否定的な自己暗示によって自ら命を絶つことが少なくない。

アメリカ中西部のある都市で、ジョセフ・グラントという銀行員の男性が、役員の了承なく銀行から大量のお金を借り入れ、そのお金をギャンブルで失った。

ある日、銀行に調査員が来て、口座を確認し始めた。グラントは逃げるように銀行を去ると、ホテルの部屋に閉じこもった。三日後に居場所を突き止められたとき、彼はベッドに横たわり、泣きながら呻いていた。

「もう死んだ方がましだ。こんな不名誉には耐えられない！」

まもなく、彼は息を引き取った。医師たちは、この事件は「精神的な自殺」であると宣告した。

電気が建設的に使われれば産業の原動力となり、誤って使われれば危険なものになるように、自己暗示の力も、使い方次第で平和や繁栄をもたらすものにもなれば、不幸や失敗を引き起こし、私たちを死の谷に突き落とすものにもなる。

恐怖や疑念、不信感で心を満たしていると、自己暗示によってそれが潜在意識に伝わり、現実のものになってしまうのだ。

これは、**2＋2＝4であるのと同じくらい真実だ。**

自己暗示の力は、ある船を東に、別の船を西に運ぶ風のように、思考の帆が広がる向きに応じて、あなたを持ち上げたり、下に引きずり下ろしたりする。
この自己暗示の力を使えば、誰でも想像を絶するような大きな何かを達成できるようになる。そのことをよく表している詩を紹介しよう。

打ちのめされると思えば、本当に打ちのめされる
絶対に打ちのめされないと思っていれば、打ちのめされない
いくら勝ちたくても、心の底で勝てないと思っていては、勝利はつかめない

負けると思ったら本当に負ける
世の中をよく見てみればいい
成功が、志から始まることがわかるはずだ
すべては心の持ちようなのだ

劣っていると思えば、実際にそうなる
高みに上るには、強い気持ちがいる
自信がなければ、闘いには勝てない

強い者、速い者が勝つとは限らない
結局勝つのは、**勝てると思っている者**なのだ

最後の言葉を観察すれば、この詩人が言いたかったことの意味がよくわかるはずだ。あなたの肉体（おそらく脳細胞）の中には、偉業を達成するための種子が眠っている。それを呼び覚まして花を咲かせれば、想像もしていなかったような高みに到達できるのだ。バイオリンの名手が弦から美しい音楽を奏でるように、あなたは脳の中に眠っている才能を呼び覚まして、望む目標へと自らを押し上げることができる。

第一六代アメリカ合衆国大統領のエイブラハム・リンカーンは、四〇歳を過ぎるまで何をやっても失敗ばかりしていた。あるとき、素晴らしい体験をしたことがきっかけで、心と脳の中に眠っていた才能を呼び覚まし、偉大な人物として歴史に名を残すようになった。それまでは、まったく無名の存在だった。その体験とは、彼が心から愛した唯一の女性、アン・ラトリッジを通してもたらされた、悲しみと愛情が入り混じったものだった。

愛情が信念に似ていることはよく知られている。それは、愛には信念と同じように人間を変える力があるからだ。私は本書の執筆のために何百人もの成功者の人生や業績を分析したが、

ほぼ全員に愛する人の支えがあることがわかった。愛情は私たちの心と脳に、高度で微細な波動を引き寄せる磁場をつくり出す。

信念の力の大きさを知るために、この力を用いた人たちの業績を見てみよう。その筆頭に挙げられるのは、イエス・キリストだ。現代社会で、キリスト教ほど人々に大きな影響を及ぼしているものもない。誰がどう反論しようとも、キリスト教の根本が信念であることは疑いようがないだろう。

キリストの教えや功績は「奇跡」と解釈されることが多いが、その本質は信念にほかならない。もし「奇跡」と呼ばれる現象があるとすれば、それは信念によってのみ生み出されるものである。にもかかわらず、これほど信念が大切なことが、十分に理解されているとは言い難い。

信念の力の大きさは、インドの偉人、マハトマ・ガンジーによっても実証されている。ガンジーほど、信念が持つ驚異の力を体現した人物もいない。彼は、同時代の誰よりも信念の可能性を示した。ガンジーには、従来の権力者が手にしているような、資金や軍艦、兵士といった道具は何もなかった。お金も家も服もなかった。けれども、彼には「力」があった。では、ガンジーはその力をどのようにして手に入れたのだろうか?

ガンジーは信念の原理を理解し、それを二億人の国民の心に植えつけることによって、この力を生み出したのだ。

ガンジーは、地上最強の軍事力が、兵士や武器を使っても決して手に入れられなかった大きな力を、信念の影響力によって獲得したのだ。彼は二億人の心を一つにして一致団結させるという、偉業を成し遂げたのである。

信念以外に、このようなことを実現できる力はあるだろうか？

ビジネスの世界も、遅かれ早かれこの信念の可能性に気づくことだろう。

ここ数年の不況下で、信頼の欠如がビジネスにどう影響するかを、誰もが十分に目の当たりにしてきた。

恐慌が世界に教えたこの大きな教訓は、今後に活かされるだろう。誰もが、巨大な恐怖が産業やビジネスを麻痺させることを目撃した。

これから、ガンジーが世界に示した「信念の力」をお手本にして人々の心を動かそうとするビジネス界や産業界のリーダーが登場するだろう。今、製鉄所や炭鉱、自動車工場、アメリカの小都市で働いている無名の人々が、こうしたリーダーになっていくはずだ。

ビジネス界は、改革の時を迎えている。力と恐怖で経済を牛耳ろうとした過去の方法は、信念と協力の原則によって取って代わられるだろう。

労働者は、日給以上のものを受け取るようになる。事業に資本を提供する者と同じように、配当を受け取るだろう。ただしその前に、その配当を受け取る正当な権利を得るために、雇用主にもっと大きな価値を与えなければならない。世の中に迷惑をかけてまで、雇用主と争い、交渉することもやめなければならない。

何よりも重要なのは、リーダーがガンジーの原則を理解し、採用することだ。ガンジーの「信念の力」を活かすことで、リーダーは初めて、協力の精神に溢れた、最大の力を発揮する組織をつくり、持続できるのである。

私たちが生きている、この新しく驚異的な工業化の時代は、人間から魂を奪ってきた。リーダーたちは、冷たい機械の部品のように人間を扱ってきた。それはある意味で、全体の利益を犠牲にしてまで自らの権利ばかりを主張してきた従業員側にも責任がある。

私たちがこれから大切にすべきは、幸福や充実感である。それが実現されたとき、企業の生産性は格段に高まるだろう。そのためにも、ビジネスでは各自が個人の利益を追求するだけではなく、全員が信念を持って心を一つにすることが大切なのだ。

事業や産業の運営では信念と協力が必要である。実業家は、自分が利益を得ることよりも、まずは相手に与えることに目を向けるべきだ。そうすることによって、むしろ富を得やすくなる。

これは、成功の黄金律である。こうした事例を分析するのは、実に興味深く、有益なことだ。その好例を紹介しよう。それは当時のアメリカ最大の製鉄会社、USスチール設立の発端となる出来事が起きた一九〇〇年にさかのぼる。

これから、六つの基本的な事実を示しておく。これらを意識しながらエピソードを読み進めることで、思考がいかにして巨大な財産に変わったのかがよくわかるはずだ。

第一に、ＵＳスチールという巨大企業は、チャールズ・Ｍ・シュワブという実業家が、想像力を駆使して生み出したアイデアから誕生した。

第二に、彼は信念とアイデアを組み合わせた。

第三に、彼は自らのアイデアを物理的、経済的な現実に変えるための計画を立てた。

第四に、彼は関係者を前にしての有名なスピーチを通して、その計画を実行に移した。

第五に、彼は粘り強く計画を遂行し、それが完了するまで確固たる決意で邁進した。

第六に、彼は成功への燃えるような願望によって、成功への道を切り開いた。

ＵＳスチール社の創設に関するこの物語は、巨万の富はどうすれば築けるのかという疑問への良い答えになるだろう。

〝思考は現実化する〟ことへの疑問を持っているなら、この物語はそれを払拭するものになるはずだ。そこには、本書で説明する一三の原則がほぼ当てはまっているからだ。

たった一つのアイデアが生み出す驚異的な力を描くこの物語は、ニューヨーク・ワールドテレグラム紙のジョン・ローウェル記者によってドラマチックに記述されている。彼の厚意により、その文章をここに転載する。

一〇億ドルの価値を生んだ、ディナー後のスピーチ

一九〇〇年一二月一二日の夜、西部から来た若者を歓迎するために五番街にある由緒ある社交クラブ、「ユニバーシティ・クラブ」のホールに集まった米国金融界の名士約八〇人は、これからアメリカ産業史に残る重要な出来事を目撃することになるとは夢にも思っていなかった。

J・エドワード・シモンズとチャールズ・スチュワート・スミスは、最近ピッツバーグを訪問した際に三八歳の鉄鋼業界の実業家、チャールズ・M・シュワブから受けた豪華なもてなしに感謝し、彼を東部の銀行界に引き合わせるために晩餐会を企画した。

とはいえ、二人はシュワブがこの会を特に盛り上げるとは思っていなかった。実際、二人は事前にシュワブにこう忠告している。

「ニューヨークの人間はプライドが高く、長々とした演説は好まない。スティルマンやハリマンやヴァンダービルトといった面々を退屈させたくなければ、せいぜい一五分か二〇分のスピーチに留めて、それで終わらせた方がいい」

J・P・モルガンでさえ、大物らしくシュワブの右手に陣取っていたが、少しだけ顔を出して宴席に華を添える程度のつもりだった。メディアや一般大衆にとってもこの晩餐会は取り立てて注目すべきものではなく、翌日の紙面にはまったく記事が出なかった。

二人のホストと大物のゲストたちは、いつものように七、八品のコース料理を食べていった。会話も少なく、控えめなものだった。

銀行や証券の関係者が多い参加者の中には、ニューヨークから遠く離れたピッツバーグ周辺を拠点として活躍していたシュワブに会ったことがある人はほとんどおらず、誰も彼のことをよく知らなかった。

しかし、この晩餐会が終わる頃には、業界のボスであるモルガンを含め、全員がすっかりシュワブに魅了されていた。そして、これが一〇億ドル企業のUSスチールが誕生するきっかけになったのだった。

このときの晩餐会でのチャールズ・M・シュワブのスピーチの内容が記録されていないのは、歴史にとって大きな損失かもしれない。

彼は後日、シカゴの銀行関係者と同じような会合を開いた際にも、このときのスピーチと同じ発言を繰り返している。またアメリカ政府が製鉄会社のトラスト解体訴訟を起こしたとき、証人席から、モルガンを金融ビジネスにのめり込ませるきっかけになった自らの発言について見解を述べている。

この晩餐会でのスピーチは堅苦しくない語り口で、文法的にも不正確なところもあったが（シュワブは細かな言葉遣いにあまりこだわらなかった）、警句に満ち、機知にも富んでいた。

何より、巨額の資金を扱う金融業界の面々を強烈に惹きつける魅力に溢れていた。スピーチが終わり、参加者がその余韻に酔っているとき、モルガンは九〇分間も話し続けたシュワブを奥の窓際の席に連れて行き、座面の高いスツールに座って、さらに一時間も話し込んだ。

そのスピーチではシュワブの魔法のような魅力がいかんなく発揮されていたが、参加者の心をつかんだのは、何といっても製鉄業界を立て直すために彼が打ち出した本格的かつ具体的な計画だった。それまでにも多くの人が、ビスケットや帯鉄、砂糖、ゴム、ウイスキー、オイル、チューインガムなどの業界の例に倣い、モルガンに製鉄業界のトラスト（企業合同）を構築することに興味を持たせようとしていた。

投機家のジョン・W・ゲイツもそれを後押ししていたが、モルガンからは信用されず、シカゴの相場師でマッチ業界とクッキー業界でトラスト設立に関わった経験のあるビルとジムのムーア兄弟も同じくモルガンの説得に失敗していた。尊大な弁護士、エルバート・ヘンリー・ゲイリーもトラストの設立を画策していたが、それを実現できるだけの器量がなかった。

このように、シュワブの雄弁さによって、モルガンが史上最も大胆な金融事業の成功を現実的に思い描けるようになるまで、このプロジェクトは安易に金儲けを狙う怪しげな連中の妄想とみなされていたのだ。

何千もの小さな、ときには赤字経営の企業までをも含めて買収合併して巨大企業をつくり上げるという戦略は、一世代前からあった。鉄鋼業界でも、ビジネス界の海賊とも呼ぶべきジョン・W・ゲイツがこの戦略を採用し、アメリカン・スチール・アンド・ワイヤー・カンパニー社を設立し、さらにモルガンと組んでフェデラル・スチール・カンパニー社を設立していた。モルガンはナショナル・チューブとアメリカン・ブリッジの二社も保有しており、ムーア兄弟はマッチとクッキーのビジネスをやめて、アメリカン・グループ〔ティン・プレート、スチール・フープ、シート・スチール〕、及びナショナル・スチール・カンパニーを形成していた。

しかしそれらはどれも、アンドリュー・カーネギーの巨大な垂直統合型のトラストとは比べ物にならなかった。どれだけ束になっても、五三社の提携企業によって所有・運営されているカーネギーの組織の足元にも及ばない。そのことを、モルガンはよくわかっていた。

風変わりな老スコットランド人であるカーネギーもそのことを知っていた。彼はスキボ城〔訳注：カーネギーが購入し、生活の拠点としていた古城〕の壮大な展望台に立ち、モルガンからの挑戦を、最初は面白がって、次第に憤慨しながら受け止めていた。

だがこの挑戦が大胆になりすぎたとき、カーネギーは強い怒りを覚え、報復を決意した。そして、ライバルが所有する製造設備と同じものを導入した。それまでは鉄線や帯鉄、鋼板などには興味がなく、むしろこうした企業に素材として粗鋼を売っていたが、自社でも製造し始めた。シュワブを有能な右腕として、敵を瀬戸際まで追い込むことを計画した。

だからこそモルガンは、シュワブのスピーチの中に、鉄鋼業界の企業をどうまとめあげるかについての答えを見たのだった。カーネギーのいないトラストは、ある作家の言葉を借りれば、プラムなしのプラムプディングのようなものだと思ったからだ。

一九〇〇年一二月一二日夜のシュワブの演説は、カーネギーの巨大企業がモルガンの傘下に入る可能性があることを示唆するものだった。シュワブは鉄鋼業界の未来や、効率化のための再編成、専門化、採算性の低い工場や設備の廃止、成長分野への集中的な資本投下、原料輸送や間接部門・管理部門の効率化、国際市場への参入などについて語った。

さらに、彼は会場に集まっていた海賊のような企業の幹部に対して、自らの利益のみを追求する経営手法は間違いだと語った。独占状態をつくり、価格をつり上げ、特権的な立場を得て分け前を増やそうとするようなやり方は愚かだと強く批判したのだ。こうした近視眼的な考え方は、あらゆるものが成長拡大を目指しているこの時代には、鉄鋼市場の成長を妨げてしまう。鉄鋼のコストを下げれば、永続的に成長する市場がつくられる。鉄鋼のさまざまな活用法が考案され、世界貿易でも大きなシェアを獲得できるようになる、と。

シュワブは意識していなかったが、それは近代の大量生産の伝道師的なメッセージになっていた。

こうしてユニバーシティ・クラブでの晩餐会は終わった。モルガンは家に帰り、シュワブが披露したバラ色の予測について考えた。シュワブはピッツバーグに戻り、ウィリー・アンドラ・カーネギー社の鉄鋼事業の責任者としての仕事を再開した。ゲイリーたちは株価を注視しながら次の動きを予想した。

モルガンが答えを出すまでにそう長くはかからなかった。モルガンはシュワブに差し出された、鉄鋼業界の革新的な再編についての大構想という〝ご馳走〟を、一週間ほどで消化した。そのための資金調達は十分に可能だ、と判断した彼は、早速シュワブと手を組もうと考えた。だが、この若者はその提案にためらった。自らの信頼する部下が、ウォール街の帝王と接近しているのを知ったら、カーネギーが立腹するかもしれないと言うのだ。しかもカーネギーは、ウォール街のことを決して足を踏み入れようとしないくらい毛嫌いしている。

そこで、ジョン・W・ゲイツが仲介役として一役買うことにした。ゲイツは、シュワブとモルガンがフィラデルフィアのベルビューホテルでたまたま遭遇したことにすればどうだろうと提案した。だがシュワブが到着したとき、運悪くモルガンは病気にかかりニューヨークの自宅から出られなかった。そこで、モルガンはあらためてシュワブをニューヨークの自宅に招くことにした。

現在では、このドラマは最初から最後まで、アンドリュー・カーネギーによってお膳立てされたものだと考える経済史家もいる。シュワブを招いての晩餐会や、あの有名なスピーチ、シュワブと金融王モルガンの日曜日の夜の会談はすべて、やり手のスコットランド人、カーネギーが仕組んだものだというのだ。

だが、事実はまったくの逆だ。シュワブは、最終的に取引を成立させるためにニューヨークに呼ばれたとき、「小さなボス」と呼ばれていた小柄なカーネギーが、自社を他社に売却することを許可するかどうかはわからなかった。しかも、カーネギーが快く思っていない相手に対して。

ともかく、シュワブは六枚の銅版刷りで仕上げた自筆の原稿を会議に持ち込んだ。その原稿には、彼が大きな夢を描いていた、鉄鋼会社の計り知れない価値と潜在的な収益力が記されていた。

四人は一晩中、取引の内容について議論した。もちろんリーダーは、金の価値を固く信じるモルガンだった。二人目は貴族出身で、学者でもあるモルガンのパートナー、紳士的なロバート・ベーコン。次に、モルガンが相場師と見なして心の底で密かに軽蔑していたジョン・W・ゲイツ。四人目は、当時、誰よりも鉄鋼の製造と販売のプロセスを熟知していたシュワブだった。

誰も、シュワブが提示した数字に疑問を抱かなかった。彼が、ある会社にこれだけの価値があると言えば、全員がそれを受け入れた。またシュワブは、自分が指名した企業だけをトラストに含めることも強く主張した。モルガンの大きな傘下に入りたがっているモルガンの友人たちの企業を優先せず、無駄や冗長さのない組織をつくるための合併にこだわったのだ。シュワブは、このトラスト創設にあたってウォール街の策士たちが私腹を肥やそうと目論《もくろ》んでいた数々の企てを却下した。

夜が明けると、モルガンは立ち上がり、背筋を伸ばした。残る疑問はただ一つ。

「カーネギーを説得できると思うか?」モルガンは尋ねた。

「やってみましょう」とシュワブは言った。

「彼が会社を売ってくれるのなら、私がそれを買ってすべてを引き受けよう」とモルガンは言った。

ここまでは順調だった。だが、カーネギーは本当に会社を売ってくれるだろうか？　いくら要求するだろうか（シュワブは三億二〇〇〇万ドルを想定していた）？　支払い手段は何だろうか？　普通株か、優先株か、債券か？　もし現金を要求されたら？　三億ドルを現金で調達できる者はいなかった。

一月、ニューヨーク郊外のウェストチェスターにあるセント・アンドリュース・ゴルフクラブの凍てつくコースで、二人の男がゴルフをしていた。寒さに備えてセーターを着込んでいるカーネギーと、いつものように元気を出そうとおしゃべりをしているシュワブだ。

すぐそばのカーネギーの別荘に戻り、暖かい部屋で一息つくまで、二人はプレー中、仕事の話は一言もしなかった。シュワブはここで、ユニバーシティ・クラブで八〇人の億万長者を魅了したのと同じ説得力で、この老人の気まぐれな社交欲を満たすために、快適な引退生活を送るための巨額の大金が手に入ることを約束し、きらびやかな言葉を並べた。

カーネギーは観念し、紙切れに数字を書いてシュワブに渡し、「わかった、それで売ろう」と言った。

その数字は約四億ドル。シュワブが言った三億二〇〇〇万ドルに、過去二年間の資本価値の増加分を反映した八〇〇〇万ドルを加えたものだった。

のちに、大西洋横断船のデッキで、カーネギーは苦笑いしながら言った。「あと一億ドル上乗せすればよかったよ」

「あなたに要求されていたら、払っていました」モルガンは愉快そうに答えた。

＊＊＊

もちろん、大騒ぎになった。イギリスの特派員は、外国の鉄鋼業界はこの巨大な合併に「仰天」していると打電した。イェール大学のハドレー学長は、規制を受けない限り、このトラストは今後二五年間、鉄鋼業界を支配することになるだろうと宣言した。やり手の相場師キーンがこの新しい会社の株を熱心に世間に売り込んだおかげで、株価は瞬く間に高騰した。こうしてカーネギーは数百万ドルを手にし、モルガン・シンジケートは苦労した甲斐あって六二〇〇万ドルを獲得。ゲイツからゲイリーに至る関係者も数百万ドルを得た。

三八歳のシュワブはこの新会社の社長に就任し、一九〇三年まで経営者として君臨し続けた。

＊＊＊

この劇的なビッグビジネスの物語を紹介したのは、それは**願望が現実化する**ことを見事に表しているからだ。

目に見えない願望が、現実の物質に変わるということに疑問を抱く人もいるだろう。そんなことは起こり得ないと考える人もいるはずだ。だが、その疑問への答えはＵＳスチール創設の物語に示されている。

この巨大組織は、ある男の頭脳から生まれた。同組織に経済的安定をもたらす製鉄所を加える計画も、同じ男の頭の中でつくられた。

シュワブの信念、願望、想像力、粘り強さが、ＵＳスチールを誕生させた。同社は設立が法的に認められたのちに製鉄所と機械設備を付随的に取得したが、よく分析すると、それらを一つの管理下に統合したことによって、資産の評価額は推定六億ドルも増加した。

つまり、シュワブのアイデアと、モルガンをはじめとする他の人々の心にそれを伝えた信念によって、約六億ドルの利益が生み出されたのだ。

たった一つのアイデアが、これだけの価値を生むのである。

この取引で何百万ドルもの利益の分け前を得た人たちがその後どうなったかは、ここでは関係のない話だ。この驚くべき業績の重要な点は、それが本書で説明する成功哲学の効果を示す、疑う余地のない証拠になっていることだ。この成功哲学は、この取引全体の縦糸と横糸だった。この成功哲学の有効性は、ＵＳスチールが繁栄し、アメリカを代表する企業となり、何千人もの雇用を生み出し、鉄鋼の新しい用途を開発し、新しい市場を開拓したという事実によって裏付けられている。シュワブのアイデアが六億ドルの価値を生み出したのである。

そう、**富は思考から始まるのだ**。

どれくらいの金額が手に入るかは、どれくらいその思考を強く抱いているかによって変わる。信念は限界を乗り越える。何であれ、人生で大きな決断をするときは、この物語のことを思い出してほしい。

USスチールをつくった男が、無名だったことも忘れないように。

シュワブは、あの有名なアイデアを思いつくまでは、カーネギーの部下の一人にすぎなかった。だがその後、彼はアイデアの力によって、すぐに大きな権力や名声、富を手にしたのである。

第三章　信念《この章のまとめ》

◎信念なくして成功はない。信念は自己暗示によって誘発し、強化できる。

◎「自信を育むための公式」の実践は難しくない。どれも、あなたの現在の力で実行できる。置かれている状況は同じでも、考え方次第で災難に陥ったり、成功や幸福を手にできたりすることがわかるはずだ。

◎リンカーンやガンジーのエピソードに見られるように、揺るぎない信念は大勢の人々の心を一致団結させることができる。

◎信念が豊かになるか、貧しくなるかを左右する。

心には、私たちが認めているもの以外に限界はない。
貧困も富も思考の産物である。

第四章

自己暗示

潜在意識に影響を与える媒体——〈豊かさへの第三ステップ〉

自己暗示とは、五感を通じて自らの心に働きかける暗示や刺激のことである。これは一種の自己催眠だとも言える。自己暗示は、意識的な思考と、私たちを行動に突き動かしている潜在意識のあいだの橋渡しをする役割を担っている。

ある思考を強く意識すると、ポジティブなものであれネガティブなものであれ、自己暗示の力によって潜在意識に到達し、私たちの行動に影響を与える。

天から降ってきたひらめきのようなものを除けば、どんな思考も、自己暗示の力を借りずには潜在意識に入り込めない。つまり、五感を通して受け取る情報はすべて、意識的な思考によってふるいにかけられ、潜在意識に伝えられるか、拒まれるかのいずれかになる。意識は、潜在意識の前にある検問所のようなものなのだ。

人間は、五感を介して潜在意識にたどりつく情報を完全にコントロールできる。ただし、だからといって誰もが常にそうしているわけではない。実際には、そうでない場合がほとんどだ。だからこそ、思うような人生を送れていない人が多いのである。

潜在意識は畑に似ている。作物の種子を蒔かなければ、たちまち雑草が生い茂ってしまう。自己暗示によって潜在意識に創造的な思考の種子を植えるか、それとも何もせずに破滅的な思考が雑草のように生えるのを放置するかによって、心の畑に何が育つかが決まるのである。

第二章「願望」で説明した「願望実現のための六ステップ」の六番目のステップは、「毎日二回、就寝前と起床時に、お金に対する願望を書き出したものを声に出して読み、すでにそのお金を手にしている自分の姿をありありと想像し、実感すること」であった。これを繰り返すことで、願望をお金に変えるために役立つ思考の習慣が生み出される。

ここで第二章の六つのステップに戻り、もう一度よく読んでいただきたい。次に、第七章「計画」まで読み進めたときに、この章で説明されているマスターマインド・グループをつくるための四つの指示を注意深く読むこと。自己暗示について述べた指示と比べると、このうちの二つの指示に自己暗示の原則が当てはまることがわかるだろう。

したがって、願望を声に出して読むとき（それを通じて「お金のことを常に意識する」状態を育もうとしているとき）には、ただ文字を読み上げるだけでは効果がない。感情を込めない限り、意味がないのだ。

もし、「毎日、私はあらゆる面で良くなっていく」という有名なエミール・クーエの公式を一〇〇〇万回繰り返し唱えても、感情や信念を込めていなければ、望む結果は得られない。潜在意識は、感情移入された思考のみを認識し、それに基づいて人は行動するからだ。

これは、各章で繰り返し説明する必要があるほど重要な事実だ。

なぜなら、これを理解していないことが、自己暗示の力を活用しようとする人の多くが望ましい結果を得られない主な理由だからだ。

感情が込められていない薄っぺらな言葉は、潜在意識に届かない。「信念」を込めて十分に感情移入された思考を潜在意識に届ける方法を学ばない限り、目に見える結果は得られないのである。

最初のうちは、感情をうまくコントロールできないものだ。だから、落胆しないように。何事も努力が必要だ。潜在意識に思考を届け、働きかけられる能力には大きな価値があり、それだけに簡単には手に入らない。

ここで説明する原則を粘り強く実践すれば、望む能力を伸ばせるようになる。その努力をするだけの価値があるかどうかを自分に言い聞かせられるのは、あなたしかいない。

知恵や賢さだけでは、お金は引き寄せられない。ごくまれに、同じことを繰り返していればいつかは幸運に恵まれるという「平均の法則」が当てはまる場合もあるが、これから説明するお金を引き寄せる方法はそれとは違う。しかも、この方法は誰にでも公平に作用する。うまくいかないのなら、その原因は方法ではなくその人の努力不足にある。努力を続ければ、必ず成功にたどり着けるだろう。

自己暗示の原理を使えるかどうかは、燃えるような執念になるまで、その願望に集中できるかどうかにかかっている。

第二章で説明した「願望実現のための六ステップ」を実行するときは、**集中力の原理**を活用すべきだ。

ここで、集中力を高めるためのアドバイスをしよう。六つのステップの一番目である「望む金額を明確にすること」を実行するときに、目を閉じ、そのお金の映像が鮮明に頭に浮かんでくるまで、集中してそれを想像する。これを毎日必ず一回は行う。このとき、第三章の「信念」の指示に従って、実際にお金を手にしている自分の姿もありありと想像してみよう。

何よりも重要なのは、〝潜在意識は、与えられた指示を純粋に信じて、それに従って行動する〟ということだ。ただしその指示を潜在意識に届けるには、何度も繰り返し伝えなければならない。「私は頭に思い浮かべたお金を必ず得られる。それが自分のものになるのは運命だ」と強く信じることで、潜在意識はそのお金を手に入れるための計画をあなたに提示しようとするようになる。

願望をお金に変えるための計画を立てるうえで、想像力をどんなふうに活用すればいいのだろうか。

大切なのは、〝想像力に委ねる〟ことだ。

富を得る計画は、今の自分が思いつく方法だけにこだわって立てるべきではない。まずは最初にお金を手にした自分を想像して、潜在意識がそのための計画を示してくれることを期待するのだ。

計画が目の前に現れたら、すぐに行動に移すこと。計画は、第六感を通して「ひらめき」のような形で現れることが多い。これは、宇宙を司る「無限の知性」からの「電報」のようなものだと言える。**この価値あるメッセージを受け取ったら、すぐに行動しよう。**それを怠ると、成功は遠のいてしまう。

六つのステップの四番目は、「願望実現のための明確な計画を立て、（準備が整っていなくても）すぐに実行を始めること」だ。この指示には、前の段落で説明した方法で従う。すなわち、願望をお金に変える計画を立てるときには、自分の「理性」を信頼しすぎてはいけないということだ。なぜなら、理性には欠陥があるからだ。

理性は、怠惰なこともある。だから、理性に頼ってばかりいると、求めている結果を得られないこともあるのだ。

得ようとしているお金をイメージするときは、その見返りとしてサービスや商品を提供している自分の姿を（目を閉じて）思い描こう。これは重要だ。

自己暗示の力を最大限に発揮する方法

この本を読んでいるということは、あなたが真剣に知識を求めている証拠だ。あなたはこのテーマについて学ぼうとしている。新しいことを多く学ぶためには、謙虚な態度が必要だ。ある指示には従うが、他の指示は無視したり拒んだりしていれば、失敗するだろう。満足のいく結果を得るために、信念を持って、すべての指示に従っていただきたい。

第二章の「願望実現のための六ステップ」と、この章で説明した原則をまとめると、次のようになる。

・潜在意識を働かすための三ステップ

① 誰にも邪魔されない静かな場所（できれば夜、寝室）で、目を閉じ、得ようとしているもの（金額）、それを得るまでの期限、それを得るための見返りとして提供しようとしているサービスや商品を書き出したものを、声に出して読むこと（自分の言葉を聞けるように）。このとき、すでにそのお金を所有している自分をありありと想像すること。

たとえば、「五年後の一月一日までに、セールスパーソンとして働いて五万ドルを得ること」を目標としたとする。その文面は次のようになる。

「私は○○○○年一月一日までに、五万ドルを手にしている。その間、このお金は必要に応じてさまざまな形で私の元にやってくる。このお金の見返りに、私は○○のセールスパーソンとして、できる限り効率的で、質・量ともに最高のサービスを提供する」

「私はこのお金が手に入ることを信じている。そのお金が目の前にあり、手で触れられると思えるほどはっきりと心に描ける。このお金は、私のところに来るのを待っている。私はこのお金を得ることの見返りに、必要なものを提供する準備がある。その計画がひらめくのを待っていて、それが浮かんだら直ちにそれに従う」

② この宣言文を毎日、朝と夜に繰り返し音読し、得ようとしているお金を心の中で鮮明に

想像すること。
③　この宣言文を家の中の目につきやすい場所に貼って、常にそれが頭から離れないようにすること。

これを実行するときは、自己暗示の力を用いて潜在意識に働きかけようとしていることを忘れないでほしい。潜在意識は感情が込められた指示だけに反応することも覚えておこう。感情の中でも、最も強く、建設的なのは「信念」だ。ぜひ、第三章「信念」の指示に従っていただきたい。

これらの指示は、最初は抽象的に思えるかもしれないが、気にしないように。どんなに抽象的で非現実的に見えても、ためらわないこと。これを実践していけば、インスピレーションが発揮され、精神的にも現実的にも、まったく新しい世界が開けてくるようになる。

人間は、新しいアイデアに対して懐疑心を持つものだ。しかし、ここで説明した指示に従えば、懐疑心はすぐに信念に変わり、さらには絶対的な信念となって結晶化されるだろう。その時、あなたは「私は自分の運命の主人であり、自分の魂の船長である」と言える境地に到達するはずだ。

哲学者の多くが、「人間は自らの運命の支配者である」と述べてきた。だが、その理由ははっきりとは説明されてこなかった。人が自らの運命、特に経済的な運命の支配者である理由は、本章で詳しく論じた通りである。人は自らの人生の支配者になれる。なぜなら、私たちは自分の潜在意識をコントロールでき、それを通じて「無限の知性」の力を活用できるからだ。

これは、本書全体で説明する成功哲学の要となる章だ。願望をお金に変えるには、この章の内容をよく理解し、粘り強く実践しなければならない。

願望をお金に変えるためのカギは、自己暗示の力を使って潜在意識に働きかけることだ。他の原則は、自己暗示の力を応用するという位置づけのものだ。このことをよく理解し、自己暗示が成功に果たす重要な役割を常に忘れないようにしていただきたい。

子どものような純粋な心で、これらの指示を実行してほしい。幼い子のようなまっすぐな信念を持って、努力を続けよう。本書には、できる限り読者の役に立つものになるよう、実用的な指示を記載している。

本書全体を読み終えたら、もう一度この章に戻り、次の指示を精神的にも、行動的にも守ってほしい。

折に触れて、この章全体を声に出して読むこと。自己暗示に大きな力があり、それによって願望を実現できると確信するまで、何度でも繰り返し読むこと。印象に残った箇所には、下線を引くこと。

これらの指示に忠実に従えば、成功の原理を深く理解し、習得するための道が開かれるだろう。

第四章　自己暗示《この章のまとめ》

◎潜在意識を動かすことで、まっすぐに成功に進めるようになる。

◎実際にお金を手にしているとありありと想像することで、思いがけないところからお金が集まってくるようになる。秘訣は、明確な目標額を定め、期限をはっきりと決めること。

◎潜在意識の働きによって得たひらめきは、直ちに実行すること。インスピレーションは貴重なので、すぐに使わなければならない。チャンスを逃すと成功が遠のく。

◎自己暗示は、三つの簡単な手順で自在に使えるようになる。これによって、自分の運命をコントロールできるようになる。

第五章

専門知識

個人的な経験や観察力を高める――〈豊かさへの第四ステップ〉

知識には二種類ある。一般知識と専門知識だ。

どれだけ豊富な一般知識を持っていても、富を築くことには役立たない。大学には、ありとあらゆる一般知識を持つ教授陣がいるが、彼らの大部分は資産家ではない。彼らの専門は知識を教えることであり、知識を活かして富を築くことではないからだ。

知識は、富を築くという**明確な目標**のもと、**実践的な行動計画**を策定し、適切に方向づけない限り、お金を引き寄せることはない。

この事実をよく理解せず、「知識は力である」と信じている人は多い。実際には、知識はあくまでも潜在的な力にすぎない。知識が力になりうるのは、それをもとに明確な行動計画が立てられ、明確な目的に向けて実行された場合のみなのである。

知識だけを詰め込み、その活用法を教えないのは、現代の教育制度の欠点だと言えるだろう。

自動車王ヘンリー・フォードは、まともな学校教育を受けていない。だから世間は彼を、教育のある人だとは見ていない。

だが、それは間違っている。そのような見方をする人は、ヘンリー・フォードのことをよく知らないし、「教育（エデュケーション）」という言葉の本当の意味も理解していない。この言葉はラテン語の「educo」に由来するもので、人間の内部にもともと備わっている才能や能力を「引き出す」「内側から発展させる」といった意味がある。

教育のある人とは、必ずしも一般知識や専門知識が豊富な人ではない。他人の権利を侵害することなく、求めているものを手に入れられるだけの知恵や能力を高めた人も、教育のある人なのである。

ヘンリー・フォードは、まさにこの定義がよく当てはまる人物だ。

第二次世界大戦中、あるシカゴの新聞に掲載された社説で、ヘンリー・フォードは「無知な平和主義者」と論評されたことがある。フォードは反発し、名誉棄損でその新聞社を訴えた。裁判では、新聞社側の弁護士がフォードを証人台に立たせて質問攻めにした。フォードが自動車製造以外の分野では無知であることを、陪審に証明しようとしたのだ。

フォードは次のような質問を浴びせられた。

「ベネディクト・アーノルドとはどんな人物か？」

「一七七六年の独立戦争当時、イギリス軍は何人の兵士をアメリカに送り込んだか？」

後者の質問に対して、フォードは「正確な人数はわかりませんが、たぶんイギリスに帰国した人数よりも多かったでしょう」とウィットに富んだ答えを返してみせた。

矢継ぎ早に意地の悪い質問をされることにうんざりしたフォードは、身を乗り出し、弁護士を指差して言った。

「私の机の上にはボタンがあり、何かを知りたいときにはそれを押すと必要な知識を持った部下がやってきて、すぐに答えを教えてくれます。もし私が、あなたが今尋ねたようなばかげた質問に本当に答えたいと思うなら、ボタンを押せばいいだけの話です。周りに必要とする知識を与えてくれる人がいるのに、なぜ私はそのような一般的な知識を頭の中に詰め込まなければならないのでしょう?」

理に適った反論だった。

新聞社側の弁護士は、ぐうの音も出なかった。法廷にいた誰もが、これが無知な人間ではなく、教育のある人間の答えであることに気づいた。

必要なときにどこで知識を得ればいいか、その知識をどうすれば明確な行動計画にまとめられるかを知っているのは、教育のある人である。ヘンリー・フォードは、本書で後述する「マスターマインド・グループ」をつくり、アメリカ屈指の富豪になるために必要な専門知識をいつでも得られるようにしていたのである。彼自身が知識をどれくらい知っているかは重要ではなかった。本書の読者なら、このエピソードが示す重要性がよくわかるはずだ。

「願望はお金に変えられる」と確信する前に、富と引き換えに提供しようとしているサービスや商品、職業についての専門的な知識が必要だ。自分の頭に記憶しておけるよりも、はるかに多くの専門知識が必要になることもあるだろう。そのときに役立つのが、前述したマスターマインド・グループ、すなわち頭脳協力集団だ。

鉄鋼王と呼ばれるアンドリュー・カーネギーは、鉄鋼業の技術的な側面については何も知らず、特に知りたいとも思っていないと述べている。鉄鋼の製造と販売についての専門知識は、マスターマインド・グループから得ることができたからだ。

巨万の富を得るには力が必要だ。力は体系化され、適切に方向づけられた専門知識によって獲得される。しかし、その知識自体を、富を得る者が持っている必要はない。

ここまでの説明は、富を築くという野心を持っているが、専門知識を得るための「教育」を受けていない人に希望と励ましを与えるものになるはずだ。十分な教育を受けていないために、劣等感に悩まされている人は少なくない。けれども、知識のある人たちから成るマスターマインド・グループをつくり、富を得るのに役立てている人は、誰よりも教育のある人だと言える。

学歴にコンプレックスを抱えている人は、このことを覚えておいてほしい。

トーマス・エジソンは生涯で三カ月しか学校教育を受けていなかった。だが、教育が欠けていたわけでも、惨めな人生を歩んだわけでもない。

ヘンリー・フォードも小学校程度の学校教育しか受けていなかったが、偉大な成功を収めている。

専門知識があるからといって、自動的に富を築けるわけではないのである。

知識を手に入れる方法

まず、必要とする専門知識の種類と、その目的を明確にする。人生の目的や目標に照らし合わせて、どんな知識が必要かを判断しよう。次に、信頼できる知識源を特定しよう。特に重要なものは次の通りだ。

① 自分の経験と教養
② 他者の協力を通して得られる経験と教養（マスターマインド・アライアンス）
③ 大学
④ 公共図書館（書物はあらゆる分野の体系的な知識を入手できる文明の利器である）
⑤ 特別研修コース（夜間学校や通信講座など）

知識は明確な目的のもとで、現実的な計画に従って体系化し、活用しなければならない。有意義な目的のために応用することで、知識の価値は高まる。大学の学位を持っていても、単に知識を頭に詰め込んでいるだけでは十分な価値があるとは言えない。

これから何かを学ぼうとする人は、まずはその知識を得ようとする目的を明確にし、次に、その知識を得るための信頼できる情報源を探そう。

成功する人は、自分の人生の目的や、職務や業界に関する専門知識を学び続けている。学校を卒業したら勉強は終わり、と考えたりはしない。学校教育は、〝学び方を学ぶ場所〟にすぎない。実用的な知識の学びは、社会に出てから始まるのだ。

大恐慌によって激変した現在の世の中には、教育の分野でも大きな変化があった。今日では、以前よりも専門知識が求められるようになっている。

スペシャリストが求められる時代

コロンビア大学の就職担当者ロバート・P・ムーアは、次のように述べている。

「今、企業が求めているのは、何かの分野に特化した人材だ。会計学や統計学の訓練を受けた経営学大学院の卒業生、工学やジャーナリズム、建築学、化学、リーダーシップを学んだ者などだ。キャンパスで活発に活動し、誰とでもうまくつき合うことができ、学業もきちんとこなしてきた学生は、勉強だけをしてきた学生よりも有利だ。六社から内定をもらった学生もいる」

ムーアは、企業の採用担当者は、学生の成績だけでなく、学業以外の活動や人柄も見ていると述べている。「オールA」の成績を取ることだけが、求められる人材像ではなくなったのだ。

ある大手の工業企業は、採用したい学生についてムーアに次のような内容の手紙を送っている。

「求めているのは、将来、管理職として良い仕事ができる人材です。そのため私たちは、学歴よりも性格や知性、人柄を重視しています」

見習い制度のすすめ

ムーアは、「大学二、三年生になったら、専門を決めずに漠然と講義を受講するのではなく、明確な将来の進路を決め、それに合わせた学びをすべきだ」と主張し、夏休み期間中に学生をオフィスや店舗、工場現場でインターンとして働かせることを提案している。

また、「大学は、さまざまな職業で専門性の高い人材が求められるようになっている現状を考慮しなければならない」と指摘し、教育機関は職業指導にもっと力を入れるべきだと訴えている。

専門教育を求める社会人にとって、信頼性が高く、実践的な知識を学べるのは、大半の都市で運営されている夜間学校である。

また、通信教育を利用すれば、郵便が届く場所であればどこでも専門知識を学べる。在宅学習には、空き時間に勉強できるという利点がある。また、（良い学校を選べば）必要に応じて教授や講師に質問できる。場所を問わずこうした学びができることは、大きなメリットである。

人は、労力や費用をかけずに手に入れたものを、あまり評価しないものだ。公立学校での学びが十分に活かされていないのも、それが大きな理由だろう。

社会に出てから自主的に教育機関で学び直すことで、学生時代に無駄にした学びの機会を取り戻せる。通信制学校はしっかりとしたカリキュラムに従って運営されている。授業料は安く、その分、前払いを求められるようになっている。

学費を先に支払うと、成績の良し悪しにかかわらず、コースを最後まで履修しようという気になりやすい。通信制学校はそのことをあまりアピールしていないが、通信教育で学ぶことは、決断力や行動力、始めたことを最後まで成し遂げる習慣を身につけるための格好の訓練になる。

私も、二五年以上前に通信教育で広告を学んだときに、このことを身をもって経験した。八回か一〇回程度のレポートを提出し終えたあと、嫌気が差して勉強を止めたくなった。だが、それでも学校は請求書を送り続けてきた。

私は、授業料を払わなければならないのなら（契約上、その義務があった）、コースを完了して元を取るべきだと考えを改めた。当時は、この支払い制度は学校側にとって都合のいいものだと思ったが、あとになって、それが自腹を切って学ぶことの大切さを知るための貴重な経験だったと気づいた。学費を払わなければならなかったので、私はコースを最後までやり終えた。また、このとき嫌々ながらも広告を学んだおかげで、私はその知識を活かし、十分に学費の元を取れるだけのお金を稼げるようになったのである。

アメリカには、世界に誇る公立学校制度がある。莫大な資金を投じて立派な校舎が建てられ、遠方に住む子どもたちのために便利な交通手段が提供されている。

だが、この優れた制度には大きな弱点がある。それは、無料であることだ。人間には、お金を払って手に入れたものを高く評価するという不思議な習性がある。フリースクールや公共図書館は、無料であるがゆえにありがたがられていない。

だからこそ、私たちは学校を卒業して社会に出てから、学び直しをする必要があると気づくのだ。企業が、通信教育で学んでいる従業員を評価する大きな理由もこれだ。プライベートな時間を使って自主的に学ぼうとする者には、将来のリーダーになる資質があることを知っているからだ。企業側は建前ではなく、ビジネス上の合理的な判断として在宅学習者を評価している。

多くの人には、どうしようもない弱点がある。それは、向上心を持たないことだ。だが、空き時間を使って自主的に学び続ければ、遅かれ早かれ道は開ける。学びは成長を促し、壁を取り払い、チャンスを与えてくれる人たちとの良い出会いを招く。

通信教育や独学は、学校卒業後に専門知識を習得しなければならないが、学校に通う時間のない人にとって極めて便利なものである。

大恐慌以来の経済状況の変化によって、大勢の人が新たな収入源を見つけなければならなくなった。こうした人にとって、専門知識を得ることは死活問題である。それまでとはまったく別の職業に鞍替えしなければならないケースも多い。

売れない商品は、売れ筋の商品に置き換えられる。職業も、時代のニーズに合わせて変化する。今の職業で十分な収入が得られないのなら、需要の多い職業に転職しなければならないのだ。

建設技師として働いていたスチュアート・オースティン・ウィアーは、不況のために仕事が激減し、将来の収入の見通しが立たなくなった。そこで、まったく畑違いの弁護士になると決意し、企業の顧問弁護士になるために大学の特別コースを受講し始めた。

不況が続く中、コースを修了し、見事司法試験に合格すると、すぐにテキサス州ダラスに弁護士事務所を構え、ビジネスを成功させた。依頼を断らなければならないほどの繁盛ぶりだという。

こういう話をすると、「家族を養わなければならないので学校には行けない」とか「もう年だから」という言い訳をする人がいる。だが、ウィアーは学び始めたときすでに四〇歳を過ぎていたし、結婚もしていた。また、受講科目を専門性の高いものに絞り、その科目を教える最高の学校を選んだことで、法学部の学生が四年で学ぶところを二年で卒業している。**「知識の買い方」を知ることには、これほど大きな価値がある**のである。

学校を卒業したという理由だけで勉強をやめた人は、どんな職業であれ、成長は見込めない。絶えず学び続けることこそが、成功の道なのだ。

他の例を紹介しよう。

不況の中、食料品店の営業担当者が職を失った。簿記の経験があった彼は、会計の特別コースを受講し、最新の簿記と事務機器の操作方法を習得すると、独立してビジネスを始めた。

すぐに、以前働いていた食料品店を皮切りに、一〇〇件以上の小規模商店と帳簿管理の委託契約を低額の月額料金で結んだ。また、最新の事務機器を装備した軽トラックで各商店を回ることで大幅に効率化できると気づくと、この「移動式オフィス」で業務をする従業員を大量に雇用した。この方式により、わずかな料金で最高の会計サービスをできるようになった。

このユニークなビジネスが大成功したのは、専門知識と想像力のおかげである。昨年、彼は、以前の給料の一〇倍もの額の所得税を納めている。彼は不況によって職を失ったが、逆境をチャンスに変えて成功をつかんだのだ。

一つのアイデアが、この成功したビジネスを生み出した。

私は本書を通じて、失業中の人々にこうしたアイデアの価値をお伝えする特権を得ている。そこで、さらなる収入が得られる可能性のある他のアイデアを提案しよう。これは大勢の人にとって役立つものになるはずだ。

セールスの仕事をやめて簿記を学び、廉価な経理代行業務を始めた人物がいた。彼は自分のビジネスを、どう売り込めばいいのかがわからなかった。そのとき、ある人からこのアイデアを提案された。それは、個人事業のビジネスを効果的に宣伝する方法についてのものだった。

彼はこのアイデアに従い、ある有能な女性タイピストの力を借りて、パンフレットをつくることにした。完成したパンフレットの紙面には、この新しい経理サービスの利点が書かれていた。文字は美しくタイプされ、きれいに製本されたこのパンフレットは、彼のビジネスの魅力を雄弁に伝えるものになった。その結果、顧客からの依頼が殺到するようになった。

個人の宣伝資料を作成する専門サービスを必要としている人は、アメリカ全土に大量にいる。こうしたサービスで成功すれば、大手企業に勤めるよりも多くの収入を稼げるだろう。サービスを利用する側も、職業紹介所に登録するよりもはるかに大きなメリットが得られるはずだ。

このアイデアは個人が必要に迫られて編み出したものだが、その他大勢の人にも役立つものになった。このアイデアを考案した女性は、優れた想像力の持ち主だった。そして、このアイデアは新しい職業になるかもしれないと考えた。個人の職業人としての能力を宣伝したい大勢の人に、価値あるサービスを提供できるかもしれない、と。

バイタリティに溢れる彼女は、一人目の成功事例を見てこのアイデアに可能性を見出した。そこで、大学を卒業したが、良い就職口を見つけられずにいた息子のために、同じ解決策を用いることにした。そして、彼の魅力を伝える見事な宣伝資料を作成したのだった。

それは美しくタイプされ、整理された五〇ページ近くの資料で、息子の才能や学歴、経験などのさまざまな情報が記されていた。彼が希望する会社と、そこで得たい職位の詳しい説明、そのポジションを得るのにふさわしい人間になるための具体的な計画も仔細に記載されていた。

資料の作成には数週間を要した。その間、彼女は息子をほぼ毎日公共図書館に通わせ、自分を最大限に売り込むために必要なデータを集めさせた。また、息子に志望企業の競合他社を視察して、経営情報を集めるよう仕向けた。これは、彼の目指す計画にとって大きな価値のあるものになった。完成した資料には、志望企業にとって有益な提案がいくつも記されていた（のちにこれらの提案のいくつかは企業に採用された）。

「なぜ、ある会社に就職するために、そんな面倒なことをしなければならないのか」と思う人もいるかもしれない。この問いへの答えは単純で、劇的でもある。

それは、自分の職業人としての能力を世の中に売り込もうとしている無数の人たちが抱える、大きな悩みに関連している。

その答えは、**物事が狙い通りにうまくいけば、苦労はすべて報われるということだ。この女性が手間暇をかけて作成した資料のおかげで、息子は最初の面接で、望み通りの職位と給料の仕事に就くことができた**のである。

さらに、息子はこのおかげで最初から望み通りのポジションで働き始め、高給を得ることができた。何年もかけて、苦労してそこにたどり着く手間が省けたのだ。

計画的なプレゼンをしたことで、彼は求めていたポジションに到達するために必要な時間を一〇年は短縮できた。手間暇をかけて資料をつくった価値は、十分すぎるほどにあるのではないだろうか。

まずは下積みから始めて、それから昇進を目指すべきではないのか、という考えもあるだろう。だが、下積みから始めて、上を目指すチャンスを得られないまま、ずっとそこに留まってしまう人は少なくない。

自分が望まない、やりたくもないような仕事をあてがわれていると、周りの状況もよく見えないし、励みになるようなことも少ない。そういう状況に置かれていると、向上心を抱きにくくなる。日々のルーチンがすっかり習慣になり、それを運命として受け入れてしまうようになる。そうして、〝型にはめられたような〟人生を送ってしまう。

だからこそ、少しでも上のポジションから始めることには利点がある。自分より上の立場の人間の様子がよく見えるようになるし、機会を見つけ、躊躇なくそれを受け入れようとする習慣も身につきやすくなる。

その好例として、ダン・ハルピンのケースを紹介しよう。彼は大学時代、一九三〇年に全米選手権を制覇した、名将ヌート・ロックニー率いる有名なノートルダム大学フットボールチームのマネージャーをしていた。

ハルピンは偉大なフットボールコーチに触発されて人生の高い目標を掲げ、一時の挫折を人生の失敗と勘違いしないように心がけていたのだろう。偉大な産業界のリーダーであるアンドリュー・カーネギーが、部下である若手のビジネスリーダーたちに高い目標を立てるように促したのと同じだ。ハルピンは、不況下で就職難の時代に大学を卒業した。投資銀行や映画会社に応募したが、職は得られなかった。やっと見つけた仕事は、補聴器の歩合販売だった。

この手の職に就くハードルが低いことは、ハルピンもよくわかっていた。だが、彼はこの仕事を通してチャンスの扉を開いたのだった。

ハルピンは約二年間、好きではない仕事を続けた。そしてこの不満を、自分の手でなんとか解決しようとした。もし行動を起こさなければ、一生嫌々仕事を続けていたかもしれない。

まず、アシスタント・セールスマネージャーへの昇進を目標にし、それを達成した。こうして一歩階段を登り、ライバルから頭一つ抜け出したことで、チャンスを得やすくなったのだった。

補聴器販売で優秀な成績を上げていたことで、ライバル会社、ディクトグラフ社のA・M・アンドリュース会長の目に留まった。

アンドリュースは、老舗の同社から大きな売上を奪っているハルピンに興味を持ち、呼び寄せて話を聞いた。そして面接を終えると、「うちの会社のファイバー部門の新しいセールスマネージャーにならないか」とハルピンをスカウトしたのだった。

その後、アンドリュースは、ハルピンの実力を試すために、同社を離れてフロリダで三カ月間を過ごした。新しい環境で仕事を任されたハルピンは、必死になって食らいついた。恩師である名将ヌート・ロックニーの「世の中は勝者を称える。敗者には見向きもしない」という言葉に触発されながら、仕事に打ち込んだ。

そして、会社の副社長兼ファイバー&サイレントラジオ部門のゼネラルマネージャーに抜擢された。通常なら、昇進するまでに一〇年はかかるポジションだが、ハルピンは半年程度でそこに到達したのである。

アンドリュースとハルピンのどちらが称賛に値するかを判断するのは難しい。どちらにも、優れた想像力があった。アンドリュースは、若いハルピンのまれな資質を見抜くことができた。ハルピンは、**人生に妥協せず、望まない仕事を続けることを拒んだ**――これは、本書の成功哲学全体における重要なポイントだ。つまり、私たちが高い地位に上り詰めるか、低い地位に留まるかは、自分次第だということだ。

また、〝成功も失敗も、習慣に左右される〟というのも重要なポイントだ。ハルピンが、アメリカ史上屈指のフットボールコーチの身近にいたことで、ノートルダム大学のフットボールチームを世界的に有名にしたのと同じ、「一番を目指そうとする気持ち」を持っていたのは間違いないだろう。**成功者を目標にすること**には、大きな価値がある。ハルピンは、ロックニーほど偉大なリーダーはいないと述べている。

〝仕事上の人間関係は、失敗と成功に大きく影響する〟というのが私の考えだが、それは息子のブレアがダン・ハルピンの会社に就職する際の条件交渉で証明された。

ハルピンがブレアに提示した初任給の額は、ライバル会社の半分程度だった。それでも私は、ハルピンの会社で働くようブレアを説得した。**現状の不満を乗り越えて成功を手にした人の下で働くことには、お金では測れない価値がある**と思ったからだ。

組織の一番下の立場で働くことは、単調で、退屈だし、収入も少ない。だからこそ、上を目指すためにじっくりと適切な計画を立てる方法を説明してきた。またたからこそ、**計画**によって自分の息子の就職を有利にするためのパンフレットをつくり、新しい職業を切り開いた女性のエピソードも詳しく紹介してきたのだ。

大恐慌の影響で、求職者が自分を売り込む方法にも変化が促された。どんな会社で、どんなポジションで働くかによって収入が大きく変わることを考えると、これまでに求職者の売り込みを支援するサービスがなかったことが不思議である。アメリカ全体で全従業員に支払われる報酬は膨大な額に上る。当然、より良い仕事を求める人々のニーズは莫大である。

ここで紹介したアイデアに、富を得るヒントを見つけた人もいるだろう。小さなアイデアが、大木に育つ苗木だということもある。たとえば、小売企業のウールワースが始めた「五セントストア」「一〇セントストア」といった均一価格店のチェーン店は、当初はアイデアが単純すぎると見なされていたが、結果的に大成功し、創業者に莫大な富をもたらした。

ここで紹介したビジネスのアイデアにチャンスを見出した人は、第七章「計画」から得るものが多いだろう。今後、求職者向けの就職支援サービスへの需要は高まっていくはずだ。マスターマインドの原則に従い、能力のあるもの同士が手を組めば、短期間でビジネスを成功させられるだろう。広告やセールスの才能と、文才を持つ者。タイピングやレタリングに長けた者。自社のサービスを世の中に広く知らせる能力のある者。もし一人でこれらの能力をすべて備えていれば、一人でビジネスができる。すぐに、人を雇わなければならないほどに成長するだろう。

息子の就職支援のための資料を作成したこの女性のもとには、今ではアメリカ全土から、自分を高く売り込みたい求職者からの依頼が殺到している。彼女は、依頼者の能力や魅力をあますところなく伝え、高く自分を売り込むのに役立つ資料をつくるために、タイピストやアーティスト、ライターのスタッフを抱えている。彼女はこのサービスに自信を持っているので、報酬の大部分は、依頼者が実際に就職に成功し、結果として収入が増えた分の一定割合を受け取るという形で得ている。

彼女は、単に企業に求職者を高く売りつけて、その利ざやを稼ごうとしているのではない。採用側のニーズに応える人材を用意することで、企業にも、その人材に対して払った高い報酬以上の利益を得てもらうことを目指している。彼女は固く守秘義務を守りながら、企業と求職者に大きなメリットをもたらすこのビジネスを続けている。

ここで紹介した、自分を高く売り込むという考え方をうまく活かせば、大学で何年も勉強して医師や弁護士、エンジニアになった人よりも高い収入を得ることも可能だ。このアイデアは、より良い職を探している人、特に、管理や経営の能力が求められる職位を探している人、現在の職位での収入アップを目指している人など、誰にでも売り込むことができる。

このように、優れたアイデアには計り知れない価値がある。

アイデアを支えているのは専門知識だ。まだ富を得られていない人にとっては、優れたアイデアを見つけるよりも、まずは専門知識を身につけるほうが簡単だ。専門的な知識や技能には、底堅い需要がある。

想像力は極めて価値の高い能力だ。専門知識とアイデアを、富を生み出すための計画に結びつけるためには、想像力が欠かせない。

想像力が豊かな人なら、この章のアイデアから何らかのヒントをつかんだのではないだろうか。専門知識を得ることはとても大切であり、その気になれば誰にでも手に入れることができる。だが、成功のカギはアイデアが握っていることも忘れないようにしよう。

第五章　専門知識《この章のまとめ》

◎知識は潜在的な力にすぎない。知識を活かし、明確な目的に向けた明確な計画を立てることで、初めて役に立つものになる。

◎教育は、経験と他人との交流から得られる。ヘンリー・フォードは「無学」でありながら富を築いた。

◎五つの知識源を参考にすれば、知識を得るのは難しくない。

◎この章の内容を実行すれば、他人より一〇年先んじることができる。

第六章

想像力

心の工房——〈豊かさへの第五ステップ〉

想像力とは、あらゆる計画がつくり出される心の工房である。願望は、想像力の助けを借りて具体的な形になり、行動に結びつけられる。

人類は、想像しうるものなら何でも創造できると言われている。

人類史において、急速に変化する現代ほど、想像力を発揮するのに適した時代もない。この世の中には、想像力を刺激するものが溢れている。

過去五〇年間、人類は想像力を駆使して、自然の法則を発見し、活用してきた。

その結果、飛行機を発明し、鳥よりも速く飛べるようになった。

電波を活用して、世界中のどんな場所にも瞬時に通信する手段をつくり出した。

はるか彼方にある太陽を分析して、重量や構成元素を特定した。脳が思考を処理する仕組みと、その活用方法も学び始めている。交通手段がますます発達していく中で、ニューヨークで朝食を食べ、サンフランシスコで昼食をとるような時代がすぐに到来するだろう。

人間の唯一の限界は、想像力をどこまで発達させ、活用できるかだ。私たちはまだ、想像力を十分に使いこなせていない。自分たちに想像力があることに気づき、初歩的な方法でそれを使っている段階にすぎないのだ。

想像力の二つの形態

想像力には二つの形がある。「統合的想像力」と「創造的想像力」だ。

【統合的想像力】既存の概念やアイデア、計画を新たに組み合わせる能力。個々の新しい概念やアイデアそのものを生み出すわけではない。この想像力の基礎になるのは、経験や教育、観察だ。発明家は、この想像力を使って既存のものを組み合わせる。ただし、統合的想像力では解決できない問題を、天才的なひらめきを伴う創造的想像力で解決する発明家もいる。

【創造的想像力】宇宙を司る「無限の知性」と交信して、「直感」や「インスピレーション」を受け取る能力。これは、新しいアイデアの源だ。私たちが他人の思考の振動を受け取り、他人の潜在意識と波長を合わせ、交信できるのもこの能力を通してだ。

創造的想像力は、これから説明する方法で自動的に機能する。この能力は、意識がフル回転しているときに作動する。たとえば、心が強い願望によって刺激されたときなどである。さらに、創造的想像力は、使えば使うほど磨きがかかり、潜在的なアイデアに対して敏感になる。これは非常に重要な点だ。

ここで、本書で紹介する原則は、それぞれが組み合わさることで効果が発揮され、それによって願望が現実化されることを覚えていてほしい。

ビジネス界のリーダーや、偉大な芸術家や音楽家、詩人、作家が優れた仕事を成し遂げられるのは、創造的想像力を育んでいるからだ。

統合的想像力と創造的想像力は、肉体を鍛えれば発達するのと同じように、使うことで高められる。

願望は、突き詰めればただの考え、衝動にすぎない。それは漠然とした、抽象的なものであり、現実に変えるまでは価値がない。この願望を現実に変えるためには、主に統合的想像力が必要になる。同時に、創造的想像力が求められる状況もあることを忘れないようにしよう。

想像力が弱まっているかもしれない人でも、使えば活性化する。想像力は使わなければ衰えるが、消えてなくなるわけではないからだ。

まずは、統合的想像力を高めることに集中しよう。これは、願望をお金に変えるときに使う想像力だ。

願望という形のない衝動を、お金という物質に変換するには、計画が必要だ。その計画を立てる際に役立つのが、この統合的想像力なのだ。

本書を読み終えたら、この章をもう一度読み返し、想像力を働かせて、願望をお金に変えるための計画を立てよう。計画をどう立てればいいのかは、本書全体を通して説明する。これらの中から、自分に合った指示を選び、計画を作成しよう。**計画をつくると、無形の願望に具体的な形を与えたことになる。**このことを忘れないようにしよう。**願望を実現する計画を立てた瞬間、あなたは思考を現実化するための一歩を踏み出しているのだ。**

私たちが暮らす地球、私たち自身を含むあらゆる物質は、進化による変化の産物であり、その過程において微細な物質が体系的・組織的に組み合わされてきた。

何より重要なのは、地球上のあらゆる物質の原子は、エネルギーを持っていることだ。当然、人間の身体を構成している何十億もの細胞の原子も同じだ。

願望は思考の衝動であり、エネルギーの一形態である。私たちが富を得るために願望を使うとき、大自然がこの地球のあらゆる物質を創造する際に用いたのと同じ「物質」を取り入れることになる。それには、思考が生じる私たちの身体と脳も含まれる。

科学によれば、宇宙全体は「物質」と「エネルギー」というたった二つの要素だけで構成されている。

夜空に輝く巨大な星から、私たち人間自身まで、あらゆるものがエネルギーと物質の組み合わせによってつくられているのだ。

あなたは今、大自然の法則の力を借りようとしている。この法則に真摯に従おうとしているはずだ。それによって、願望をお金に変えることは可能になる。あなたにはできる。なぜなら、それは裏付けのあることだからだ。

この不変の法則の助けを借りれば、財産を築ける。

まずは、この法則をよく理解し、その使い方を学ぼう。あらゆる角度からこの法則の説明に取り組むことで、富が構築される秘密を明らかにしていこう。

想像力の活かし方

矛盾しているように思うかもしれないが、この「秘密」は秘密ではない。大自然は、私たちが暮らす地球、天空の星や惑星、身の回りにある植物や生命を通じて、その働きを教えてくれている。

大自然は、ピン先で見失ってしまうほど微細な細胞を組み合わせて、今この文章を読んでいるあなたをつくり上げている。それに比べれば、願望を物質に変えることなど、たいした奇跡ではない。

これまで述べてきたことを完全に理解できなくても、落胆しないように。人間心理について長いあいだ研究してきた人でもない限り、一読しただけで、本章に書かれている想像力についての説明を完全に理解できないだろう。だが時間の経過とともに、理解は深まっていくはずだ。

これから紹介する原則は、想像力を理解するための道筋を示すものだ。本書を何度か繰り返し読む過程で、その理解を深めるような発見があり、全体をさらに広く理解できるようになっていくだろう。少なくとも、三回は読み通していただきたい。そうすることで、本書の成功哲学はあなたの血となり肉となっていくはずだ。

富は、アイデアから生まれる。アイデアは、想像力の産物だ。これから、巨万の富を生み出した有名なアイデアをいくつか見ていこう。想像力を駆使して富を築く方法についての、良いヒントになるはずだ。

魔法のやかん

五〇年前、ジョージア州にある田舎町に、老医師が馬車でやってきた。彼は馬車を停め、馬をつなぐと、裏口からそっと薬局に入り、薬局の若い薬剤師と〝交渉〟を始めた。

これからこの老医師がしたことは、大勢の人々に富を与えることになる――南北戦争以来、最も大きな恩恵を南部にもたらすほどの。

二人は一時間以上、カウンターの後ろで、小声で話をした。老医師はいったん店を出て停めていた馬車のところに行くと、古めかしい大きなやかんと、木べら（やかんの中身をかき混ぜるのに使うもの）を手にして戻ってきて、薬剤師に差し出した。

薬剤師はやかんの中身を調べると、内ポケットから札束を取り出して老医師に手渡した。ちょうど五〇〇ドル。彼の全財産だった。

老医者は秘密の公式が書かれた小さな紙切れを薬剤師に手渡した。その公式は、実は王様の身代金になるほどの価値があるものだった。しかし、その老医師は気にしていなかった。この魔法の公式には、そのやかんの中の液体を用いて、ある飲み物をつくるための方法が記されていた。だが、老医師も薬剤師も、そのやかんからどれほど莫大な富が溢れ出てくるかを知らなかった。

老医師はその紙切れを五〇〇ドルで売ることができて喜んでいた。この金で借金を返済して、安心できる。薬剤師は全財産をただの紙切れと古いやかんに賭けたことで、大きなチャンスをつかんでいた。このときの彼はまだ、この投資がアラジンの魔法のランプもしのぐほどの黄金をもたらすものになるとは、夢にも思っていなかった。

そう、薬剤師が買ったのは、アイデアだったのである。

古びたやかんと木べら、紙切れに書かれた秘密のメッセージは偶然の産物だった。そのやかんが不思議な力を発揮し始めたのは、薬剤師が老医師の知らない成分を秘密の指示に加えて混ぜたあとに起こり始めた。

想像力を働かせてほしい。やかんが黄金を生み出したのは、若い薬剤師が秘密のメモに何を加えたからなのだろうか。これはアラビアンナイトのようなおとぎ話ではなく、実際に起きた物語である。事実は小説よりも奇なり。その事実は、アイデアの形で始まった。

このアイデアは、莫大な富を生み出した。それは何百万もの人々にやかんの中身の飲み物を提供することにつながり、世界中の人々を幸せにした。

この古いやかんは、現在、莫大な砂糖を消費しており、サトウキビの栽培や砂糖の精製、販売に携わる大勢の人々の雇用を生み出している。

また、年間何百万本ものガラス瓶を使っているので、ガラス製造に関わる膨大な数の労働者に仕事を提供している。

アメリカ全土の店員や速記者、コピーライター、広告関係者に雇用をつくり、製品の広告に使われる美しいイラストを描く多数のアーティストにも名声と富をもたらした。

この古いやかんは、ジョージア州の小さな町、アトランタを南部のビジネスの中心地に変え、この都市の企業や人々に直接的、間接的な利益をもたらしている。

このアイデアは、世界中の文明国に利益をもたらし、それに関わる大勢の人にお金を与え続けている。

このお金は、南部を代表する大学の創設資金になり、その結果として、毎年何千人もの若者が成功に役立つ教育を受けられるようになった。

それだけではない。

大恐慌下で、何千もの工場や銀行、企業が倒産し、この魔法のやかんの持ち主は躍進を続け、世界中の人々に雇用を与え、この会社の将来を信じて株を買った人たちに多額の配当金を配っていた。

もしこの古い真鍮のやかんが言葉を話せるのなら、世界各地の言語でワクワクするような物語を語ってくれるだろう。愛のロマンス、ビジネスのロマンス、毎日それによって刺激されている労働者たちのロマンス。

私はそのようなロマンスを一つ知っている。なぜなら、それに関わっていたからだ。それは、あの薬局の薬剤師が古いやかんを買った場所からそう遠くない場所で始まった。私はここで妻に出会った。彼女から初めてあの魔法のやかんの話を聞いたのもここだった。私が彼女にプロポーズしたとき、一緒に飲んでいたのもあのやかんが産んだ飲み物だった。

そう、あのやかんの中に入っていたのは、今は世界的に名を知られるようになった飲み物だった。この飲み物の故郷で、私は妻に出会った。その飲み物を飲んでも酔っぱらいはしないが、良い仕事をするために欠かせないリフレッシュ効果がある。

あなたが誰で、どこに住んでいて、どんな仕事をしていようとも、「コカ・コーラ」という文字を目にしたら、その莫大な富と影響力を持つ一大ブランドが、たった一つのアイデアから生まれたこと、ジョン・ペンバートンという老医師から入手したメモに、エイサ・キャンドラーという名の薬剤師が加えた謎の成分が、「想像力」であったことを思い出してほしい。

立ち止まって考えてみてほしい。

コカ・コーラを世界各地の都市や町、村、街角に広げる原動力になったのは、まさに本書で紹介する成功哲学のような考え方なのである。

コカ・コーラのように優れたアイデアがあり、豊かさへの一三ステップに従えば、あなたもこの世界的な清涼飲料水と同じような何かを創造し、大成功を収められる可能性があるのだ。

思考は現実化する。世の中にある人工物はすべて、思考から生み出されたものなのだ。

一〇〇万ドルあったら何をするか

次に紹介する話は、「意志あるところに道は開ける」という古いことわざの正しさを証明するものだ。この話は、周りから愛される教育者、牧師であった故フランク・W・ガンサウルスから聞いたものだ。彼はサウスシカゴの畜産地区で牧師として働き始めた。

ガンサウルス博士は大学在学中に、アメリカの教育制度の欠陥に気づいた。もし自分が大学の学長になれば、その欠陥を直せると信じていた。彼の願いは、若者が実践を通して学べる教育機関のトップになることだった。

そこで、古い教育手法に縛られることなく自らの教育理念を実践できる、新しい大学を設立することを決意した。

そのプロジェクトを成功させるために必要な資金は、一〇〇万ドル。どこからそんな大金を手にすればいいのか？　大志を抱く若き牧師の頭の中は、その問題でいっぱいだった。

しばらくは、何の進歩も得られなかった。

彼は寝ても覚めても、この問題のことを考え続けた。その思いは、やがて執念に変わった。

たしかに一〇〇万ドルは大金だ。そのことはよくわかっていた。しかし同時に、限界は自分の心にしかないこともわかっていた。

聖職者であると同時に哲学者でもあったガンサウルス博士は、他の成功者と同じく、まずは**目標を明確にすること**から始めなければならないのを知っていた。燃えるような願望があることで、その目標が達成しやすくなることも。

それでも、一〇〇万ドルをどうすれば用意できるのかはわからなかった。普通の人なら、「アイデアは良くても、一〇〇万ドルが手に入らない以上、お手上げだ」と諦めるところだろう。けれどもガンサウルス博士はそうしなかった。彼が何をしたか、彼自身の言葉で紹介しよう。

ある土曜日の午後、私は自宅で、この計画を実現するための資金調達の方法や手段について考えていた。もう二年近くもその問題について考えていた。だが、実際には考えることしかしていなかった。

そして気づいた。行動しなければならない、と。

その場で、一週間以内に一〇〇万ドルを手に入れると決心した。どうやって手に入れるかは問題ではなかった。重要なのは、期限内に必ずお金を手に入れると決断したことだった。

そして、その決断をした瞬間、不思議なことが起こり始めた。まず、それまで経験したことのないような確信が込み上げてきた。「なぜもっと早く決断しなかったんだ？　お金は、ずっとお前を待っていたのに！」という心の声が聞こえてくるようだった。

物事が急に動き始めた。私は新聞社に電話をして、翌日の午前中に講演をすると伝えた。題目は、「もし一〇〇万ドルあったら私は何をするか」。

早速、講演の準備にかかった。それは難しくはなかった。なぜならその内容は、二年近く前から準備していたからだ。私の頭の中には、話すべき内容が詰まっていた。

夜の早い時間に、講演原稿を書き上げた。自信を感じながらベッドにもぐり込んだ。一〇〇万ドルを手にしている自分の姿が見えた。

翌朝、早起きしてバスルームで原稿を読み返した。膝をつき、このメッセージが資金を提供してくれる人の目に留まるように神に祈った。

祈っているあいだも、お金が自分のもとに来るという確信があった。ところが興奮のあまり、せっかく準備した原稿を持たずに会場に向かってしまった。そのことに気づいたのは、講演を始める直前だった。

自宅に取りに戻るには遅すぎた。だが、それはむしろ幸いだった。原稿を見て話す代わりに、心の言葉で語れたからだ。話を始めるために立ち上がったとき、私は目を閉じた。そして、心を込めて夢を語った。聴衆に対してだけではなく、神に向かって語りかけた。一〇〇万ドルが手に入ったら、どんなことをしたいかを話した。若者が実践的なことを学ぶと同時に人間としても成長できる、教育機関の計画について説明した。

話を終えて席に着くと、後ろから三列目あたりに座っていた男性が立ち上がり、私のいる壇上に近づいてきた。何をするつもりなのかと思ったら、彼は私に手を差し出して言った。

「お話に感銘を受けました。一〇〇万ドルあれば、あなたのおっしゃることは実現できると思います。私はあなたのことを信じます。もし明朝に私のオフィスに来てくれるなら、一〇〇万ドルを渡しましょう。私は、フィリップ・D・アーマーという者です」

翌朝、若きガンサウルスはアーマーのオフィスに行った。そこには、一〇〇万ドルが用意されていた。ガンサウルスは、そのお金で大学を設立した。学名は、資金を提供してくれたアーマーの名を取って、アーマー工科大学〔訳注：現イリノイ工科大学〕とした。

それは、ほとんどの牧師が一生のうちに目にすることのないような大金だった。そのお金をもたらすきっかけになったアイデアは、若き牧師の心の中で一瞬のうちにつくられた。一〇〇万ドルは、このアイデアから生まれた。それを支えていたのは、ガンサウルスが二年近く心の中で育んできた願望だった。

重要なのは、彼が**お金を手に入れると決意した三六時間以内にそれを手に入れていることだ**。ガンサウルスが漠然とした夢を抱いていたのは、珍しいことではない。同じような望みを持つ人は、いくらでもいる。だが、彼があの記念すべき土曜日に下した決断には、特別な何かがあった。彼は曖昧な考えを捨て、「一週間以内にそのお金を手に入れる！」とはっきりと誓ったのだ。

神は、望むものを明確にし、それを手に入れると決意している者を助けるのだ。

そして、ガンサウルスに一〇〇万ドルをもたらしたこの法則は、あなたも利用できる。本書は、この素晴らしい法則の一三の要素を段階的に説明し、その活用方法を提案するものである。

ガンサウルスと、コカ・コーラをこの世に送り出したあの薬剤師エイサ・キャンドラーには共通点があった。どちらも、**明確な目標と計画があれば、アイデアを富に変えられるという驚きの真実**を知っていたことだ。

勤勉さと正直さだけが富をもたらすという考えは、今すぐ捨てるべきだ。真面目に働いていれば大金持ちになれるというわけではない。富は偶然や運ではなく、強い願望と不変の法則によってもたらされるのだ。

アイデアとは、想像力を使って訴えることで人を動かすことだ。腕利きのセールスパーソンは、売れない商品でもアイデア一つで売れることを知っている。並のセールスパーソンはそれを知らない。だからこそ彼らは並なのだ。

ある廉価本の出版社は、とても価値のある発見をした。それは、読者は中身ではなく、タイトルに惹かれて本を買うということだ。実際、まったく売れなかった本が、タイトルを変えただけで、一〇〇万部以上も売れたことがあるという。本の中身は一切変えていない。売れなかった本の表紙を変えて、売れ筋のタイトルが描かれた新しい表紙に取り換えただけだ。

単純なことのように見えるかもしれない。だが、これがアイデアであり、想像力なのだ。

アイデアに定価はない。アイデアを思いついた人は、自分で値段をつけられる。賢い人は、それで儲けられる。

映画業界には大富豪が山ほどいる。彼ら自身はアイデアを生み出せない。だが、彼らはアイデアの価値を見抜く想像力を持っていた。

次の億万長者の群れは、ラジオ業界から生まれるだろう。この業界は未開拓だ。聴取者を喜ばせる、斬新で面白いラジオ番組を制作する想像力を持った人たちが富を手にするだろう。

現在はラジオを資金的に支えているスポンサー企業は、やがて出資した資金に見合う内容の番組づくりをしろと注文をつけるようになるだろう。こうしたスポンサーに先手を打って有益な番組を制作できる人が、この新しい産業で富を築けるはずだ。

今、番組で軽口やばかげた笑いで空気を汚している出演者は、聴取者の心を豊かにするような番組の出演者にその座を奪われるだろう。

想像力が足りないために、つまらない番組が横行している。だからこそ大きなチャンスがある。ラジオ業界には、新しいアイデアが必要だ。

将来、成功するラジオ番組は、ただ聴取者に番組を聞いてもらうのではなく、聴取者の行動を促すようなものになるだろう。たとえば、番組を通して商品を宣伝し、販売するといったことも考えられる。そのための効果的な番組づくりも求められるだろう。

スポンサー企業は、くだらない笑いを提供するだけではなく、聴取者に自社製品の購入を促す番組を求めるようになるはずだ。

また、ラジオの広告は、従来の新聞や雑誌の広告と同じではない。これまでの広告代理店では、アイデアをイメージや文字で表現してきた。だが、ラジオではそれを音で表現しなければならない。

現在のラジオは、大女優のメアリー・ピックフォードが美しい巻き髪で初めて白銀のスクリーンに登場したときの映画と同じような状況だ。アイデアを生み出したり、それを活用したりするための十分な余地がある。

ラジオ業界は一例だ。チャンスは他にも無限にある。自分の興味のある分野で、将来のキャリアを左右するようなアイデアを探してほしい。

鉄鋼王アンドリュー・カーネギーも、製鉄の詳細についてはほとんど知らなかった。カーネギーは、本書で説明する原則のうち二つを活用し、鉄鋼ビジネスで大金を手にした。

富の物語は、アイデアをつくる者とそれを売る者が手を組むことで始まる。カーネギーは、自分にはできないことをできる人たちを周りに置いていた。アイデアを創造する者、アイデアを実行に移す者。そして、自分だけでなくこうした人たちをとてつもなく豊かにした。

どこからともなく幸運が訪れるのを期待して生きている人は多い。たしかに、幸運はチャンスを与えてくれる。だが、人生を運任せにしてはいけない。私の場合も、幸運が人生最大のチャンスをもたらしてくれた。だが、そのチャンスをものにするために二五年も努力をしたからこそ、成果を上げられたのだ。

その幸運とは、アンドリュー・カーネギーとの出会いだった。

彼は私に、成功哲学の原則を本にまとめるというアイデアを植えつけた。私はその後、二五年間の研究を通して、何千人もの成功者に共通する成功哲学の原理を明らかにした。そのきっかけは単純なものだった。普遍的な成功哲学を解き明かそうとすることは、誰もが思いつくかもしれないアイデアだった。

たしかにカーネギーは、幸運を与えてくれた。だが、私はそのチャンスをつかもうと決意し、明確な目標を持ち、それを実現しようとする強い願望を持ち、二五年間、粘り強く努力を続けた。失望や落胆、挫折、批判、「こんなことをしても時間の無駄ではないのか」という不安を乗り越えられたのは、執念と呼べるほどの強い願望があったからだ。

私は、カーネギーによって植えつけられたこのアイデアを、自分自身を励ますようにしながら大切に育てていった。次第に、このアイデアは自らの力で巨大になっていき、それを実現させるようにと私の背中を押すようになった。アイデアとはそのようなものだ。まず、生命を吹き込み、目指すべき方向を示す。すると、アイデアは自ら意思を持つかのように、障壁を乗り越えながら前に進み始めるのだ。

アイデアは目に見えないが、それを生み出した脳よりも大きな力がある。創案者が天国に旅立ったあとも、アイデアは生き続ける。たとえばキリスト教は、イエス・キリストの頭の中で生まれた単純なアイデアから始まった。その教義は、「自分がしてもらいたいことを、他人にもせよ」というものだった。キリストがこの世を去り、二〇〇〇年以上が過ぎても、この教義はさらなる理想を求めて前進し続けている。

第六章 想像力《この章のまとめ》

◎想像力には統合的な想像力と創造的な想像力の二つがある。訓練によって、この二つをうまく組み合わせられるようになる。

◎想像力は成功のきっかけとなる。想像力を欠いたために失敗した事例は多い。エイサ・キャンドラーは、コカ・コーラの製造法を発明したのではなく、それを想像力によって富に変えたのである。

◎想像力に裏打ちされた明確な目標金額があれば、お金はいくらでも集まってくる。「一〇〇万ドルがあったら何をするか」について想像力を働かせた牧師は、実際にそのお金を手に入れた。

◎シンプルなアイデアで富を築けることは多い。独自の計画がなくても、既存のアイデアを組み合わせることで成功は手に入れられる。

成功に説明はいらない。
失敗に言い訳は通用しない。

第七章

計画

願望を行動に結晶化させる――〈豊かさへの第六ステップ〉

人間が創造したり獲得したりするものはすべて、願望から始まる。願望は想像力によって、抽象的なものから具体的な計画へと進化していく。

第二章では、願望をお金に変えるための第一歩として「願望実現のための六ステップ」を紹介したが、この四番目のステップは、「明確な計画を立てること」であった。

ここでは、良い計画を立てるための原則を紹介しよう。

① 計画の作成と実行のために、他人と協力する。後述する「マスターマインド」の原則に従う（この原則は成功に欠かせないので、おろそかにしないように）。

② 「マスターマインド・アライアンス」をつくる前に、協力の見返りとして個々のメンバーにどのようなメリットを与えるかを決めておく。人は、報酬がなければ動かない。ただし、その報酬は必ずしも金銭的なものとは限らない。

③ マスターマインド・グループのメンバーと、週に二回以上会い、計画の実現を目指す。

④ マスターマインド・グループの各メンバーと調和を保つ。人間関係が良くなければ、マスターマインドの原則の効果は得られない。

また、以下の点にも注意すること。

まず、これが自分にとって極めて重要な取り組みであると認識すること。これを確実に成功させるために、完璧な計画を立てる必要がある。

次に、他人の頭脳や経験、知識、能力と想像力を借りなければならないこと。大きな成功を収めている人は必ずそうしている。

巨万の富を得るために必要な経験や教育、能力、知識をすべて持ち合わせている人はいない。だからこそ、この計画はあなたのマスターマインド・グループのメンバーが共同でつくらなければならない。**計画を自分で作成した場合は、必ず他のメンバーに確認してもらうこと。**

計画がうまくいかなかったら、別の計画に置き換えること。それもうまくいかなかったら、また別の計画に置き換える。うまくいく計画が見つかるまで、これを繰り返す。大多数の人は、ここで挫けてしまう。失敗した計画に代わる新しい計画をつくる粘り強さが足りないのだ。

現実的な計画がなければ、どんなに頭が良い人でも富を築けないし、何かを成功させられない。また、計画が一時的にうまくいかなくても、それを完全な敗北と受け止めないようにしよう。単に、その計画がうまくいかなかっただけだ。他の計画を立て、最初からやり直そう。

トーマス・エジソンは、白熱電球を完成させるまでに一万回も失敗している。その努力が栄冠をつかむ前に、嫌というほど挫折しているのだ。

一時的な失敗が意味しているのは、計画に問題があることだけだ。適切な計画を立てていないために、不本意な生活から抜け出せない人は多い。

ヘンリー・フォードが財産を築いたのは、頭脳が明晰だったからではなく、たしかな計画を採用し、それに従ったからだ。フォードより優れた教育を受けているが、彼以上の富を手にしていない人は無数にいる。その理由は、富を手にするための正しい計画を立てていないからだ。成果が計画を上回ることはない。自明の理のことのように思えるが、これは真実だ。電力業界の巨人サミュエル・インスルは、一億ドル以上の財産を失った。その財産は健全な計画のもとで築かれたものだったが、不況によって変更を余儀なくされた。この新しい計画は健全ではなかったため、インスルは一時的な挫折を味わっている。インスルは今や老人であり、結果的にそれは一時的な挫折ではなく、敗北を意味するものになるのかもしれない。もしそれが敗北と見なされるのだとしたら、それは彼が計画を立て直すための持続力を欠いたときだろう。

ちょっと失敗しそうになっただけで、匙を投げようとする人は多い。だが、諦めなければ、誰も鞭打たれることはない。

ジェームズ・ヒルは、アメリカ東部から西部への鉄道を建設するための資金を調達しようとしたときに一時的な失敗を経験したが、計画を立て直すことによってそれを勝利に変えた。

ヘンリー・フォードは、若い頃はもちろん、自動車業界で頭角を現したのちにも、一時的な失敗を何度も経験している。だが、その度に新しい計画を立て、勝利に向かって前進したのである。

私たちは莫大な財産を築いた人たちのことを見るとき、その成功の部分だけに注目し、彼らがそこにたどり着く前に乗り越えなければならなかった壁を見落としがちだ。

本書が説く成功哲学を理解する人なら、一時的な失敗を経験せずに成功する人などいないとわかってもらえるはずだ。失敗しても、それは計画に問題があることのサインだと受け止めよう。計画を修正し、目標に向かって再び前に進めばいい。目標に達する前に諦めたら、落伍者になるしかない。**「諦めたら勝利はない」**。勝者は決して途中でやめない」。この言葉を大きな文字で書いた紙を、目につくところに貼っておき、毎朝、毎晩、声に出して読み上げよう。

マスターマインド・グループのメンバーには、失敗を深刻に受け止めすぎない人を選ぼう。

お金だけがお金を生むと愚かにも信じている人がいるが、それは正しくない。願望も、本書で説明する成功法則の原理に従うことで、お金に変わる。

お金は単なる物質であり、動くことも、考えることも、話すこともできない。だが、お金は、それに対する願望を持つ人の声を「聞く」ことができるのである。

自分を売り込む方法

ここからは、自分の価値を売り込む方法について説明する。

これはどんな形であれ、自分を世の中に売り込もうとしている人にとって役立つものになるが、特に自分の選んだ職業でリーダーになりたいと願う人にとっては、計り知れない価値をもたらすだろう。

富を築くために何かをしようとするとき、計画は不可欠である。ここでは、富を得るためにまずはどこかに就職することから始めようとしている人向けのアドバイスを詳しく説明していこう。

富を築くためのスタート地点は、組織で働くか、アイデアを売るかのどちらかしかない。それ以外に、富と引き換えにできるものはない。

組織で働く者は二種類に大別できる。リーダーと従属者だ。まず、自分がリーダーになるつもりなのか、従属者のままでいいのかを決めよう。両者の違いは大きい。リーダーのほうが、大幅に報酬が多いのは当然だ。にもかかわらず、同程度の報酬を期待してしまう従属者は多い。

従属者でいるのは恥ではない。一方で、従属者のままで甘んじて上を目指さないことが誇りになるわけでもない。偉大なリーダーたちの多くも、従属者からスタートしている。彼らが偉大なリーダーになれたのは、聡明な従属者だったからだ。そうでなければ、まず良いリーダーにはなれない。**部下としてうまく振る舞えるものは、多くを学べるし、リーダーになるのも早い。**

良いリーダーになるための一二の条件

良いリーダーになるための条件は、次の通りである。

① 自分自身と職業上の知識に基づく**【揺るぎない勇気がある】**。自信と勇気のないリーダーについていこうとする部下はいない。聡明な従属者なら、いつまでもこのようなリーダーの下にはいない。

② **【自己管理ができる】** 自分を管理できない人は、他人も管理できない。自己管理能力があるリーダーは、部下の良い手本になれる。

③ **【正義感が強い】** 公平さと正義感がないリーダーは、部下から尊敬されない。

④ **【決断力がある】** 優柔不断で自信のないリーダーは、部下をうまく導けない。

⑤ **【計画性がある】** 何事もきちんと計画を立て、その通りに実行する。現実的かつ明確な計画を持たず、当てずっぽうで動くリーダーは、海図を持たない船が遅かれ早かれ座礁するように、いつか失敗するだろう。

⑥ **【報酬以上の仕事をする】** リーダーは、部下に要求する以上のことをやらなければならない。

⑦**【人当たりが良い】**だらしないリーダー、人に気遣いができないリーダーは成功できない。部下から尊敬されないからだ。

⑧**【思いやりと理解がある】**リーダーは、部下に対する思いやりが必要だ。部下の事情や気持ちも理解しておかなければならない。

⑨**【業務の細部に精通している】**リーダーとして知っておくべきことを細かなところまで理解している。

⑩**【責任感がある】**部下の間違いや欠点の責任を進んで引き受けようとする。責任を部下に転嫁しようとするなら、リーダー失格だ。リーダーは部下のミスや能力不足を、自分の責任と見なさなければならない。

⑪**【協調性がある】**リーダーは協力の意味を理解し、それを実践し、部下にも同じことをするように仕向けられなければならない。リーダーシップを発揮するには、周りの協力が不可欠だ。

リーダーシップには二つの形がある。一つは、部下の同意と共感に支えられたリーダーシップ。もう一つは、部下の同意と共感のない、力によるリーダーシップだ。

歴史を見れば、力によるリーダーシップが長続きしないことは明らかだ。独裁者や専制君主は必ず時間の経過とともに没落している。力によって人々をいつまでも従わせることはできないのだ。

世界は今、新しいリーダーシップの時代に入ったばかりだ。ビジネスの世界でも、新しいリーダー像が求められている。昔ながらの力によるリーダーシップの考えが抜けきらず、協調を重視する新しいリーダーシップを理解できない者は、これからはリーダーになれないだろう。

雇用者と被雇用者、リーダーと部下の関係は、ビジネスの利益の公平な分配に基づく、お互いに協力し合う関係へと変わっていくだろう。その関係は、パートナーシップに近いものになっていくはずだ。

力によるリーダーシップの代表例としては、ナポレオンやドイツのヴィルヘルム皇帝、ロシアの皇帝、スペインの国王などが挙げられる。こうしたリーダーシップはもう過去のものだ。アメリカのビジネス界にも、権力の座から引きずり下ろされたり、追放されたりしたリーダーは多い。新しい時代の価値観に耐えうるのは、協調を重んじるリーダーだけだ。

力のリーダーシップは、一時的にしか効果がない。誰も、自ら進んでこうしたリーダーについていこうとはしない。

新しいタイプのリーダーは、前述した「良いリーダーになるための一一の条件」を満たしている。そういう人は、どんな状況でもリーダーシップを発揮できるだろう。不況が長引いたのは、この新しいタイプのリーダーが不足していたからだ。古いタイプのリーダーが、新しいリーダーに生まれ変われるケースもあるだろう。だが、まだ新しいリーダーとなれる人材はまったく足りていないのが現状だ。
それは、あなたにとって大きなチャンスになるはずだ。

ダメなリーダーの一〇の特徴

次に、どんなリーダーが失敗するのかを見てみよう。何をすべきではないかを知ることは、何をすべきかを知るのと同じくらい重要だ。

①**【細部に目が行き届かない】**リーダーは、仕事の細かなところまで把握しておかなければならない。リーダーとしてすべきことを、「忙しすぎる」という理由でおろそかにしてはいけないのだ。計画の修正や突発的な出来事への対処が忙しくてできないと言うのは、仕事ができないと言っているのと同じだ。優れたリーダーは、すべてに目が行き届いている。だからこそ、部下に仕事を任せられるのだ。

②**【面倒なことをやりたがらない】**良いリーダーは、何でも人任せにはせず、必要に応じて自ら率先して面倒な仕事をする。「真に偉大な人は、誰に対しても惜しみなく尽くせる人である」という言葉は、有能なリーダーに当てはまる真理だ。

③**【成果ではなく、知識に対して報酬が払われると考えている】**世の中は、何かを知って

いるだけでは報酬を与えてくれない。自分が行動し、他人を動かすことで上げた成果に対して、報酬が支払われるのである。

④**【自分の地位が脅かされるのを恐れている】**自分の地位が部下に奪われるのを恐れてばかりいるリーダーは、遅かれ早かれそれが現実になることを知るだろう。優れたリーダーは、普段自分がしているのとまったく同じ仕事ができる人間を育てる。代役をつくることによって、自分はもっと重要な仕事に目を向けられるようになるからだ。自分一人でできることには限界がある。人を動かしたほうが、はるかに大きな仕事ができる。だからこそ、有能なリーダーはその頭脳と人間的魅力でチームを動かし、最大限の成果を上げるのである。

⑤**【想像力が欠けている】**想像力がなければ、緊急事態に対処できず、部下を効率的に導くための計画を立てられない。

⑥**【利己主義である】**部下の手柄を横取りしようとするリーダーは、必ず恨みを買う。偉大なリーダーは、部下を積極的に褒める。人がお金だけでなく、周りから認められ、評価されたくて働いているのを知っているからだ。

⑦**【生活がだらしない】**部下は不摂生なリーダーを尊敬しない。不摂生な生活をしていると、忍耐力や活力が失われてしまう。

⑧**【不誠実】**リーダーにとって、これは致命的な欠点になる。誠実さを欠く人間は、リーダーを長く続けられない。不誠実な人間は嫌われ、軽蔑される。誠実さを欠くことは、どん

な人の人生においても失敗を招く。

⑨　**【威圧的な態度を取る】**　有能なリーダーは、部下を励ます。自らの権威で部下を威圧するのは、「力によるリーダーシップ」にほかならない。本物のリーダーは、部下に思いやりや理解を示し、全員を公平に扱い、優れた業務知識を持っている。だから、力に頼らなくても部下がついてくる。

⑩　**【肩書きにこだわる】**　有能なリーダーは、肩書きで部下から尊敬されようとはしない。地位ばかりひけらかす人は、ほかに誇るべきものがないのである。優れたリーダーのオフィスの扉は、常に開かれている。その仕事場には、堅苦しさや見栄はない。

これがダメなリーダーの特徴だ。どれか一つでも当てはまれば、失敗につながる。リーダーを目指すのなら、これらの欠点がないようにしよう。

「新しいリーダー像」が求められる分野

ここで、古いリーダーシップが衰退し、新たなリーダーシップが求められるようになっている代表的な分野に注目してみよう。

①**【政界】**この世界では新しいリーダーを強く求める声が絶えない。政治家は今、合法的な詐欺師のような存在になり下がっている。国民が負担に耐えられなくなるまで増税し、産業やビジネスの構造を捻じ曲げてきた。

②**【銀行業界】**この分野のリーダーは、国民の信頼を完全に失っている。銀行は今、必要に迫られ、改革の真っただ中にある。

③**【産業界】**旧来のリーダーは、従業員の平等ではなく、株主への配当という観点で企業を経営してきた。将来の産業界のリーダーは、一部の人間だけではなく、全員の利益について考えるべきである。労働者を食い物にしようとするのは、古い考えである。

④**【宗教界】**将来の宗教リーダーは、過去や未来よりも、信者の現世的な経済的、個人的問題の解決に取り組むことが求められるだろう。

⑤**【法曹界、医学界、教育界】**特に、教育界では新たなタイプのリーダーが必要になるだろう。学校で学んだ知識を活用する方法を教えなければならなくなるはずだ。つまり、理論だけでなく実践が求められるようになる。

⑥**【ジャーナリズム】**新聞の未来のためには、広告の提供元の宣伝機関のような振る舞いをやめるべきだ。スキャンダルや低俗な写真を掲載する類の新聞は、人間の心を堕落させようとするあらゆる勢力と同じ道をたどるだろう。

新たなタイプのリーダーが求められる分野は他にもたくさんある。世界は急速に変化している。だからこそ、社会の変化を促す役割を担う機関やシステムは、この変化に適応しなければならない。これらは、これからの社会が進むべき方向性に大きな影響を及ぼすだろう。

仕事に応募する方法

これから紹介するのは、大勢の人々が実際に就職に際して自分を売り込むために役立てた方法に基づく、信頼性の高い、実践的な情報である。

・求職者が自分を売り込む方法

求職者と求人者を結びつける最も直接的かつ効果的な方法は、以下の機関やシステムであることが証明されている。

① **【職業紹介エージェント】** 十分な実績のある、信頼できるエージェントを慎重に選ぼう。

② **【新聞、業界誌、雑誌、ラジオへの広告掲載】** 事務職や一般職に応募する場合、満足のいく結果を得やすい。エグゼクティブの職位を求めている人は、大きなスペースを使った広

告を出したほうがいいだろう。広告コピーは、求人者の目を引く文面をつくれる専門家に依頼すべきだ。

③**【書面による応募】**就職を希望する企業に向けて応募の手紙を書く。手紙はきれいにタイプし、署名をしよう。自分の経歴や能力、資格の概要を書いた履歴書を添えること。どちらの書類も専門家の力を借りよう（後述の「履歴書の書き方」を参照）。

④**【知人を介しての応募】**可能なら、共通の知人の紹介を通じて採用側にアプローチしよう。採用のキーパーソンにアクセスしやすく、また職探しに奔走していると思われたくない場合に効果的だ。

⑤**【直接企業を訪問する】**この方法が効果的な場合もある。その際は、面接に応じてくれた人以外にも自分の経歴を知ってもらうために、履歴書を持参すること。

・履歴書の書き方

履歴書は、裁判文書と同じくらい慎重に作成すべきだ。自己流ではなく、正しい書き方に倣って作成すること。企業が広告のプロに広告の制作を依頼するように、求職者もできる限り専門家のアドバイスを仰ごう。履歴書には、以下の情報を記載すること。

①**【学歴】**どんな教育を受けたか、専攻した学科は何かを簡潔に記述する。専門を選んだ理由も書く。

②**【職務経験】**会社名、役職、仕事内容などを書く。求職している職位にふさわしいと思われる経験があれば、詳しく書こう。

③**【推薦状】**採用側は、応募者の経歴を詳しく知りたがっている。以前の雇用主や、学校時代の恩師、業界の著名人などから推薦状を書いてもらえる場合は、積極的に活用しよう。

④**【写真】**最近撮影した写真を使う。

⑤**【希望する職種・職位】**明確な職種や職位を明記せずに応募しないこと。専門的な能力・資格がないと相手に受け取られてしまう。

⑥**【能力・資格】**求める職種・職位にふさわしい能力と資格があることを詳しく説明する。これは履歴書で一番重要な情報である。採用側があなたをどう評価するかは、この情報にかかっている。

⑦**【試用期間の提案】**どうしてもその会社で働きたければ、一定期間、試用で働かせてもらい、それを見て判断してもらうことを提案するといいだろう。強引な提案のようにも思えるかもしれないが、断られることはほとんどない。自分の能力に自信があるのなら、試用期間でそれを証明しよう。試用期間を提案すること自体が、あなたの自信の表れだと採用側にも受け止めてもらえる。良い結果を出せば、試用期間中の給与が支払われる可能性も高い。

その職位の仕事ができ、試用期間後に採用してもらえるという自信を持ち、必ずその職位を勝ち取るという意気込みで提案しよう。

⑧【**業界知識**】応募前にその業界について十分に調べ、そこで得た知識を簡潔に示そう。採用側に良い印象と意欲を伝えられる。

裁判で勝つのは、法律の知識がある弁護士ではなく、よく準備をした弁護士だ。採用でも同じである。入念に準備をしたものが、職を得るのだ。

履歴書が長くなることを恐れないように。企業は、求職者が職を得たがっているのと同じように、有能な人材を採用したがっている。企業にとって、良い人材は成功のカギだ。だから、求職者の情報をできる限り多く求めている。

また、丁寧につくられた履歴書には、その人の人柄や仕事に対する姿勢がよく表れる。私は、ある求職者の履歴書づくりを手伝ったことがあるが、あまりにも履歴書の出来が良かったので、彼は面接をせずに採用された。

履歴書はきちんとした印刷会社で製本・印刷しよう。表紙は次のような体裁にするといいだろう。

履歴書
ロバート・K・スミス
ロバート・スミスブランク・カンパニーのアシスタント・マネジャー志望

こうした特別感のある履歴書をつくれば、採用側に注目してもらえるだろう。

上質の紙を使い、厚手の表紙で綴じる。応募先ごとに表紙の文言を変える。できる限り良いものになるよう工夫しよう。

優秀なセールスパーソンは容姿に気を配る。第一印象が大切なのを知っているからだ。あなたのセールスパーソンである履歴書にも、〝良い服〟を着せよう。その職に価値があるのなら、念入りに準備するべきだ。自分の価値を認めてもらえれば、最初から高い報酬を得やすくなる。

広告代理店や職業紹介エージェントを通じて職探しをする場合は、自分がつくった履歴書のコピーをエージェントに使ってもらうこと。エージェントと求職先の企業に好感を持ってもらえるだろう。

望むポジションを得る方法

人は誰でも自分に一番合った仕事を求める。絵がうまい者は芸術家に、手先が器用な者は職人に、文才があるものは作家を目指す。

特別な才能がなくても、ビジネスや産業の世界には自分の適性を活かせる仕事がきっとあるはずだ。アメリカには、農業、製造業、マーケティング、専門職など、あらゆる職業がある。次の手順に従って、自分にとって最適な職業、ポジションを探してみよう。

① どんな仕事がしたいかを明確にする。その仕事がまだ存在していなければ、自分でつくり出してもいい。

② 働きたい会社を選ぶ。

③ その会社を研究する。経営方針や社風、昇進の可能性などを詳しく調べる。

④ 自分の特性や能力を分析し、「自分には何ができるか」を見極め、どうすれば強みを活かし、サービスやアイデアを提案できるかを考える。

⑤ 自分が会社に何を提供できるかを考えることに集中する。職を得ることや、ポジションに空きがあるかどうかばかりを気にするのはやめる。

⑥ 売り込みの計画ができたら、プロに頼んで応募書類を作成してもらう。

⑦ その書類を先方の担当者に渡して、あとはすべて任せる。どの会社も、アイデアや努力、人脈によって価値をもたらしてくれる人材を探している。会社の利益を生む計画を持つ人材

は、常に歓迎される。

これを行うには数日から数週間はかかるかもしれない。だが、それによって入社後の収入や昇進、社内評価の面で格段の違いが出てくる。何年も下積みをする必要もなくなる。目指すべき目標に達する期間を、一年から五年程度も短縮できるのはとてつもなく大きい。はしごを途中から登ろうとする人には、綿密な計画が必要なのだ。

自分を売り込むための新しい方法――「仕事」から「パートナーシップ」へ

自分を高く売り込もうとしている人は、雇用者と従業員の関係に今起きている、大きな変化を知っておくべきだ。

これからの時代、ビジネスや雇用で重視されるのは、従来のような「お金第一」の考え方ではなく、「黄金律」〔訳注：「自分がしてほしいことをしなさい」という教え〕になるだろう。雇用者と従業員の関係は、「雇用者」「従業員」「顧客」の三者から成るパートナーシップの性格を帯びるはずだ。

この考え方は、さまざまな意味において新しい。まず、雇用主も従業員も、同じ〝顧客への奉仕〟を仕事とする仲間と見なされるようになる。これまでは、雇用主と従業員はそれぞれの利益のために取引や交渉をする関係にあり、**その結果として顧客を犠牲にしていることへの考慮が不足していた。**

大恐慌は、個人の利益を声高に求める者たちによって権利を踏みにじられてきた大衆からの、強力な抗議でもあった。不況の瓦礫が一掃され、ビジネスが再びバランスを取り戻したとき、雇用主も従業員も、奉仕すべき顧客を犠牲にして取引をする特権はもはやないことを知るだろう。未来の真の雇用主は大衆である。これから仕事を探す人は、このことをしっかりと心に留めておくべきだ。

アメリカの鉄道会社は軒並み経営難に陥っている。切符売り場で列車の出発時間を尋ねても、丁寧に教えてくれる代わりに、ぶっきらぼうに時刻案内板を指差されるといった経験をした人も多いだろう。このような顧客軽視のツケが回ってきているのだ。

路面電車会社もこの〝時代の変化〟を経験している。それほど遠くない昔、路面電車の車掌は乗客と言い合いができることを自慢げに思っていた。今、路面電車の線路の多くは撤去され、人々は礼儀正しい運転手がいるバスに乗っている。

今アメリカ各地で、路面電車の線路は放置されて錆びているか、撤去されている。まだ運行している地域では、乗客は車掌と議論せずに電車に乗ることができ、街の真ん中で呼び止めると車掌が電車を停めて乗車させてくれる。

私が言いたいのは、時代は変わったということだ。この変化が起きているのは鉄道や路面電車だけではない。顧客が軽視される時代は終わった。企業には、「喜んであなたのお役に立つことをします」という姿勢が求められるようになっている。

銀行も、この数年間に起きた急速な変化を通して学んでいる。今では、無礼な銀行員は一昔前には考えられないほど減った。以前の銀行員（一部ではあるが）には、お金を借りに行くことを考えるだけでこちらが身震いするような、近寄りがたい雰囲気があった。

大恐慌によって銀行が次々と破綻したことで、顧客と銀行員を分け隔てる壁は取り払われた。顧客は今、銀行員に気軽に近づけるようになった。銀行の全体的な雰囲気は、礼儀正しく理解のあるものになっている。

以前、商店の店主は私用を優先させて、平気で客を待たせていた。現在のチェーン店は、礼儀正しい店員が、ありとあらゆるサービスをしてくれるようになった。もはや、客をないがしろにする昔の商売のやり方は通用しなくなっている。

「礼儀正しさ」と「サービス主義」は、今日のビジネスの合言葉だ。これは、会社にも従業員にも当てはまる。どちらも、突き詰めれば顧客に雇われている存在だ。良いサービスを提供できなければ、その立場を失うことになる。

一昔前、ガスメーターの検針員は、玄関ドアを壊れるくらい強く叩いて各家庭を訪問していたものだった。ドアを開けると、ズカズカと中に入ってきて、不機嫌そうに「いったいどれだけ待たせるんだ？」と吐き捨てるように言う。

そんな時代はもう終わった。今では、検針員は「お客様に奉仕することが私たちの喜びです」といった紳士的な態度で振る舞うようになった。ガス会社がこうした無礼な検針員が会社の評判を取り返しがつかないくらい落としているのに気づく前に、礼儀正しい石油ストーブ会社のセールスパーソンがやってきて、顧客を奪い取っていったからだ。

大恐慌の間、私はペンシルベニア州の炭鉱地域で、石炭産業が衰退した原因を数カ月かけて調査したことがある。その結果、石炭産業の衰退の主な原因は、会社と従業員の強欲さであることがわかった。

労働組合は自分たちの権利ばかりを主張し、経営者は自社の利益ばかりを追求する。それが、石炭産業の凋落を招いたのだ。会社と従業員はどちらも一歩も譲ろうとせず、この交渉で生じたコストを石炭の価格に上乗せした。その結果、石油産業に絶好の好機を与えてしまったのだ。

聖書には、「罪の報酬は死である」という言葉があるが、その意味を理解していない人は多い。そして今、大恐慌によって、世界中の人々が「人は、自分が蒔いたものを刈り取る」という聖書の言葉の正しさを痛感している。

大恐慌ほど広範囲に及び、大きな影響を及ぼすものは、「単なる偶然」では起こり得ない。その背後には原因がある。不況の原因は、人々が正しい種を蒔いていないのに、収穫を得ようとしたことだ。

これは、不況のために人々が種子を蒔かずに収穫を余儀なくされているというわけではない。

問題は、間違った種子を蒔いたことだ。農民は、アザミの種子を蒔いても穀物は収穫できないことを知っている。世界大戦以降、人々は質量ともにお粗末なサービスという種子を蒔き始めた。誰もが、楽をして多くを得ようとしていた。

これらの例は、自分に合った仕事を探そうとしている人にとっても大きな教訓になる。すなわち、今の自分の状況は、自分が蒔いた種子から生まれたものだということだ。

「質」「量」「サービス精神」で自分の仕事を評価する

ここまで、自分を効果的に売り込む方法について説明してきた。しっかりとした自己分析をしなければ、望む仕事は得られない。誰もが、セールスパーソンのように「自分の強み」を売り込むべきだ。

ダンスの教えに「クイック・クイック・スロー（QQS）」でステップを踏むというものがあるが、仕事上の評価でも「QQS」、すなわちその人の仕事（サービス）の質（Q＝クオリティ）と量（Q＝クオンティティ）、そしてそれを提供しようとする精神（S＝スピリッツ）が重要になる。この「QQS」の公式を頭に入れておくことで、必ず成果は高まる。ぜひ習慣にしてほしい。

QQSの意味を、一つずつ確認していこう。

① **【サービスの質】** できる限り効率的に、細部まで行き届いた仕事をすること。
② **【サービスの量】** 訓練と経験を通じて能力を高め、提供するサービスの量を増やしていくこと。それを習慣化することが大切だ。
③ **【サービスの精神】** 人当たりが良く気持ちのいい言動を習慣にして、同僚や仲間からの協力を促すような雰囲気をつくり出すこと。

質と量だけでは十分ではない。サービスを提供するときの奉仕の精神が欠けていたら、完全とは言えない。この三つが揃ったとき、あなたの報酬は上がり、会社から長く必要とされる人材になれるのだ。

アンドリュー・カーネギーは、成功を勝ち取るためには、このサービス精神が何より重要だと述べている。彼は調和を大切にし、どれだけ仕事の量が多く、質が高い従業員でも、周りと協力できなければ雇わなかった。それくらい、協調性を重視していたのだ。そして、協調性の高い従業員に多くの報酬を支払い、そうでない従業員には居場所を与えなかった。

周りを気持ちよくできることは大切だ。それは、奉仕の精神で働くことの基本になる。相手を喜ばせ、調和の精神でサービスを提供できれば、仕事の質と量の欠陥を補える場合もある。だが、その逆は成り立たないことが多い。

あなたのサービスの資本価値

働いて（会社にサービスを提供して）収入を得ている人は、店が商品を売って収入を得ているのと同じように、自分のサービスを売っているという意識を持つべきだ。

そのことを理解せず、商売人とはかけ離れた感覚で仕事をしている人は少なくない。

前述のように、今、雇用者と従業員にはパートナーとして、共通の顧客である大衆に奉仕することが求められるようになっている。

これからの時代に重視されるのは、「奪うこと」ではなく、「与えること」だ。相手に圧力をかける力ずくのビジネスのやり方はもう古い。

あなたの頭脳の資本価値は、あなたが生み出す収入（サービスを売ることで得るお金）の額に表れる。年収とは、あなたの頭脳が生み出す金利のようなものである。現在の金利（約六パーセント）に換算すれば、あなたの年収を一六と三分の二倍すれば、それがあなたの頭脳の資本価値になるというわけだ。つまり頭脳には、これくらいお金以上の価値があるのである。

優秀な「頭脳」は、物理的な資金という形態の資本よりも、はるかに望ましい形態の資本だ。「頭脳」は不況でも価値が失われないし、盗まれることも、使ったために減ることもないからである。そもそも、資金は優れた「頭脳」と組み合わせない限り、まったく価値がない。

人生の失敗を招く三〇の原因——あなたの成功を邪魔しているものは何か

この世の最大の悲劇は、わずかな人しか成功できず、真面目に努力しているのに失敗する人が圧倒的に多いことだ。

私が男女数千人を対象に行った調査によれば、九八％が「失敗者」に分類される人々だった。九八％の人々が失敗者として人生を送るような社会や教育制度は、根本的に間違っていると言わざるを得ない。とはいえ、私は世の中を正そうとするためにこの本を書いているのではない。もしそんなことをしようとすれば、本書の一〇〇倍のページ数が必要になるだろう。

私の分析の結果、人を成功に導く原理原則が一三個（本書全体を通して説明しているもの）あることに加えて、人生の失敗を招く主な原因が三〇個あることがわかった。これから、この失敗の三〇の原因について詳しく見ていこう。どれくらい自分に当てはまるか、それがいかに成功を妨げているかを考えながら読んでいただきたい。

・人生に失敗する三〇の原因

①**【遺伝的要因】**生まれつき頭脳にハンディを抱えていること。この場合、自力で成功を

つかみ取るのは大変な労力を伴う。ただし本書の成功哲学は、こうしたハンディのある人に、マスターマインドの助けを借りるという方法をお勧めする。またこのように生まれ持ったものを除けば、他の失敗の原因は努力次第で修正できることも覚えておこう。

②**【人生の目的がない】**目指すべき目的や明確なゴールがなければ、成功の望みはない。私が分析した人々のうち、一〇〇人中九八人はこうした目的を持っていなかった。それが彼らの失敗の大きな原因だと考えられる。

③**【向上心がない】**上を目指そうという気持ちがなく、その代償を払う気がない人に成功は望めない。

④**【教育不足】**これは克服しやすいものだと言えるだろう。教育は、経験を通して自分で学んでいくものだ。大学を卒業すれば、自動的に手に入るわけではない。周りに迷惑をかけずに、欲しいものを手に入れる術を学んだ人こそが、真に教育のある人なのだ。教育には、ただの知識ではなく、それを効果的に応用するための知識も含まれている。人は単なる知識ではなく、それを使って何をするかによって報酬を得るのだ。

⑤**【自己規律が欠けている】**規律は自制心によってもたらされる。自制心を鍛えるには、自分の心にあるネガティブな特性をうまくコントロールしなければならない。自己管理ができなければ、周りや他人は管理できない。自制心を鍛えることは、何よりも難しい。それでも、自分をコントロールできなければ、自分自身に負けることになる。あなたが鏡の前に立

つとき、目の前にいるのは親友であり最大の敵なのだ。

⑥**【不健康】**どんなに成功していても、健康でなければそれを享受できない。健康は、自分次第で管理できる。「不健康な食生活」「否定的な考え方に囚われること」「性への耽溺」「運動不足」「浅い呼吸」などに気をつけよう。

⑦**【幼少期の不幸な経験の影響】**「曲がった小枝はそのまま育つ」ということわざがある。幼少期の経験は、大人になっても大きく影響するということだ。犯罪傾向のある人は、子どもの頃に劣悪な環境で育ち、周りに悪い仲間がいたケースが多い。

⑧**【物事を先延ばしにする】**これは失敗の大きな原因だ。先延ばしは誰の心にも潜んでいて、成功のチャンスを台無しにする。最適なタイミングが訪れるのを待っているために、いつまでも行動を起こせない人は多い。だが、最適なタイミングといったものは決して訪れないと思っていたほうがいい。今、できることから始めるべきだ。そうすれば、次に何をすればいいかが見えてくる。

⑨**【忍耐力がない】**人は始めることは得意だが、最後までやり遂げるのは苦手だ。ちょっとつまずいただけで、すぐに匙を投げてしまう。忍耐力ほど大切なものもない。忍耐をモットーにしている人は、失敗は乗り越えられるのを知っている。どんな失敗も、忍耐力には勝てない。

⑩**【マイナス思考】**ネガティブなことばかり考えている人には、誰も寄りつかない。成功

には周りの協力が欠かせない。マイナス思考をしていると、誰も力を貸してくれなくなる。

⑪ **【性にだらしがない】** 性欲は、人間を行動に駆り立てる強力なエネルギーである。この力を、うまく性以外のエネルギーに転換できるかどうかが、成功に大きくかかわっている。

⑫ **【楽をして儲けようとする】** ギャンブルにはまって、人生を無駄にした人は大勢いる。一九二九年のウォール街での株の大暴落で、無数の人々が財産を失った。楽をして儲けようとすることのリスクは、とてつもなく大きい。

⑬ **【優柔不断】** 成功する人は決断が速く、よほどのことがなければそれを変えようとしない。失敗する人は決断が遅く、いったん下した決断をコロコロと変える。優柔不断と先延ばしは双子のきょうだいだ。どちらかが見つかると、必ずもう一方もいる。この二つをなくさなければ、失敗への道にまっしぐらに進むことになる。

⑭ **【「六つの恐怖」（第一五章）の一つ以上が当てはまる】** これについては、第一五章で詳述する。自分を売り込むためには、これらの不安を乗り越える必要がある。

⑮ **【不満の多い結婚生活】** 人生がうまくいかなくなる大きな原因だ。結婚は人間関係の基盤である。家庭が円満でなければ、何事も失敗する可能性が高い。惨めさや不幸を感じ、向上心を持てなくなる。

⑯ **【過度の用心深さ】** チャンスを取りにいかない人には、あまりものしか残らない。慎重すぎるのは、軽率すぎるのと同じくらい良くないことだ。どちらも極端であり、避けるべき

だ。人生にはチャンスが溢れている。

⑰**【一緒に仕事をする人の選択を間違えている】**これは、仕事上で失敗する大きな原因だ。自分に良い刺激を与えてくれる、知的で、仕事のできる人がいる職場を選ぼう。私たちは、身近な人の影響を強く受ける。学ぶことの多い人と一緒に働くことには、大きな価値がある。

⑱**【迷信と偏見】**迷信は恐怖の一種であり、無知の表れでもある。成功する人は心が広く、根拠のないものを恐れたりしない。

⑲**【職業選択の誤り】**好きではない仕事で成功する人はいない。全力で打ち込める職業を選ぶことが、成功のカギである。

⑳**【何にでも手を出す】**「何でも屋」は、何にも得意になれない。明確な目標を一つ決めて、そこに集中しよう。

㉑**【浪費癖】**浪費家は成功できない。常に経済的な不安を抱えることになるからだ。収入の一部を貯金することを習慣にしよう。貯金があれば、職探しをするときにも気持ちに余裕を持てる。蓄えがなければ、背に腹は替えられず、不本意な仕事に就かなければならないこともある。

㉒**【熱意がない】**熱意がなければ、人を説得できない。熱意は周りに伝わるものだ。熱意で周りを動かせる人は、どこでも歓迎される。

㉓**【不寛容】**心の狭い人間は、リーダーにはなれない。狭量とは、学びをやめることである。

特に、宗教や人種、政治に関して狭い心を持っていることは最悪である。

㉔ **【不摂生】** 暴飲暴食や、性行為への耽溺は、成功にとって命とりだ。

㉕ **【協調性がない】** 協調性がないために、公私ともに大きなチャンスを逃している人は数えきれないほどいる。優秀なビジネスパーソンやリーダーは、協調性を何よりも大切にする。

㉖ **【親や親類から資産や地位を引き継いでいる】** 苦労せずに手にした金や地位は、成功にとって致命的になることが多い。貧しい状態からスタートするほうが、見込みがある。

㉗ **【不誠実】** 誠実さは重要だ。誰でも、自分ではどうしようもない状況に置かれて、一時的に不誠実になることはある。だが、そうでない状況で常に不誠実に振る舞う人に成功の望みはない。遅かれ早かれ悪い評判が立ち、信用を失い、その代償を払うことになる。

㉘ **【利己主義と虚栄心】** わがままで見栄を張る者は他人を遠ざける。当然、成功にとっては致命的だ。

㉙ **【憶測で物事を判断する】** 正確に考えるために事実を突き止めることに無関心であったり、怠惰であったりする人は多い。憶測や早合点に基づいて行動する人が、成功するのは難しい。

㉚ **【資本不足】** 初めて起業する人が犯しがちなミスだ。十分な経営資金がないと、地道に信用を築くまで会社が持ちこたえるのが難しくなるし、失敗したときに立て直す体力も得られない。

㉛ **【その他】** このリストに含まれていない、あなたがこれまでに苦しんできた失敗の原因

を挙げてみよう。

この失敗の原因には、人生に悲劇が起こる理由が凝縮されている。これらのどれが自分に当てはまるかを、分析してみよう。身近な人に客観的に指摘してもらうのもいい。自分のことは、自分ではなかなかわからないものだからだ。

「汝自身を知れ」という古代ギリシアの戒めの言葉がある。商品を売り込むには、その商品のことを詳しく知らなければならない。

自分自身を売り込む場合も同じだ。自分の弱点を知っていると、それを補ったり、克服したりしやすくなる。自分の強みを知っていると、売り込みの際にそれを前面に押し出せる。自分を知るためには、正確な分析が必要だ。

ここで、自分自身を知らないために愚かさを露呈してしまった若者の例を紹介しよう。彼は有名企業の管理職への転職を試みた。面接では採用担当者に良い印象を与えたが、希望する給与を尋ねられて、具体的な額は考えていないと答えた（これは、目的意識が欠けていることの表れだ）。

「では、一週間試用で働いてもらい、それで報酬を決めましょう」と面接官は言った。

「それは困ります」と若者は答えた。「今の会社よりも給料が減るかもしれないではないですか」

昇給の交渉をしたり、転職先を探したりするときは、まず自分の価値が現在の給料よりも高いことを客観的に確認して、それから行動しよう。

誰でも、今よりも給料を増やしたい。

だが、それに見合う価値があるとは限らない。

この点を勘違いしている人は多い。あなたがどれだけ給料が欲しいかは、あなたの価値とは無関係だ。あなたの価値は、あなたがどれだけ有用なサービスを提供できるかによってのみ決まるのだ。

自己分析をしよう――あなたを成功に導く二八の質問

店舗が毎年商品を棚卸しするように、成功を目指す私たちも年に一度の自己分析（自分自身の棚卸し）をしてみよう。人間は進歩もすれば、停滞も後退もする。もちろん、目指すべきは前進だ。この自己分析を通して、進捗状況を確認しよう。少しずつでも、前進していくことが大切だ。

毎年、年末に自己分析を行い、改善すべき点を洗い出して、それを新年の決意にしよう。次の質問の答えを考えてみて欲しい。身近な人の助けを借りて、客観的に判断してもらうのもいいだろう。

・自己分析のための二八の質問

① 年初に設定した今年の目標を達成したか？（人生の大きな目標に近づくため、明確な年間目標を立てて取り組むべきだ）

② できる限り質の高い仕事をしたか？　去年と比べてそれを改善できたか？

③ できる限り多くの成果を上げられたか？　去年と比べてそれを改善できたか？

④ 常に協調性を持って仕事をしたか？

⑤ 先延ばしをして仕事の効率を下げなかったか？　先延ばしをした場合、それはどの程度だったか？

⑥ 人格を向上させられたか？　その場合は、どのように向上させたか？

⑦ 何としてでも計画を達成しようとしたか？

⑧ チャンスに際して、迅速かつ確実な決断はできたか？

⑨「六つの恐怖の原因」（第一五章）のせいで、効率が低下しなかったか？

⑩ 慎重すぎたり、軽率すぎたりはしなかったか？

⑪ 同僚との関係は良好だったか？　不快なものだった場合、その責任はどれくらい自分にあるか？　努力の集中力の欠如によってエネルギーを浪費してしまったのか？

⑫ いくつものことに手を出したことで、努力を無駄にしてしまわなかったか?
⑬ あらゆる物事に虚心坦懐に心を開いて向き合ったか?
⑭ どんな方法で仕事の能力を向上させたか?
⑮ 節度のある行動を保っていたか?
⑯ 身勝手に(公然と、あるいは密かに)振る舞っていないか?
⑰ 尊敬されるような態度で同僚に接したか?
⑱ 憶測や早合点に基づいて判断をしていなかっただろうか? 正確な分析や思考に基づいていただろうか?
⑲ 計画に基づいて時間や家計を適切に管理していたか?
⑳ 利益につながらないことに労力を多く費やしていないか? もっと有意義な時間の使い方はなかっただろうか?
㉑ 来年、もっと時間を有効に活用するために、どんなふうに習慣を変えればいいだろうか?
㉒ 良心に反する行為をしていないか?
㉓ 報酬以上の質と量の仕事をしたか?
㉔ 誰かに不公平なことをしたか? もしそうなら、どのような点が不公平だったか?
㉕ もし私が自分の仕事の成果の受け手だったら、それに満足するだろうか?

㉖　今の仕事は適職だろうか？　もしそうでないとしたら、その理由は？
㉗　私の仕事の受け手は、それに満足しているだろうか？　満足していないとしたら、その理由は？
㉘　成功の原理原則の観点からすると、今の自分の評価はどの程度か？（公正かつ率直に評価すること。第三者にチェックしてもらうとなお良い）

この章では、良いリーダーの条件、リーダーが失敗する主な原因、リーダーシップを発揮しやすい分野、人生に失敗する主な原因と、自己分析用の質問などを見てきた。どれも、自分を売り込むための計画を作成するために欠かせないものである。

これらを詳しく説明してきたのは、それが自分の能力を売り込んで富を得ようとする人にとって必要なものだからだ。大恐慌によって財産を失った人や、これから働き始めようとしている人にとって、お金を得るための手段は自分の能力を売ることしかない。だからこそ、実用的な情報を得ることが大切なのだ。

この章に記した情報は、職業を問わず、リーダーを目指す人にとって大きな価値がある。特に、ビジネス界や産業界のリーダーを目指す人にとって有効だ。

このノウハウは、自分を売り込む際だけでなく、他人を分析的に評価する際にも役立つ。効率的な採用や組織運営を担当する人事部や採用担当者、他の部署の幹部にとって計り知れないほどの価値があるだろう。

ぜひ、二八の自己分析の質問に答えて、その効果を試してみてほしい。きっとその価値がわかるはずだ。

富を築くチャンスは、どこで、どのように見つけるか

ではこれから、本書で紹介する成功哲学を応用するための好機はどこにあるのかについて考えていこう。この国は、富を求める人にどんなチャンスを与えてくれているのだろうか。

まず、この国では法を遵守するすべての国民に、世界でも類のないほどの思想と行動の自由が許されていることを忘れないようにしよう。この自由のありがたみを十分に理解している人は少ない。他の国には、これほどの自由はないのである。

アメリカには、思想、教育、宗教、政治、ビジネス、職業選択、私有財産、住居、結婚、国内移動、食物選択の自由があり、誰もが平等にチャンスを与えられ、大統領になることを含めてどんな目標をも自由に目指せる。

他の自由もあるが、これらは最も重要な、私たちに最高の機会を与えるものである。アメリカは、この国で生まれた者にも、移民にも、これほど幅広く多様な自由を保証しているのである。

では、この自由によってどんな恩恵がもたらされているだろうか。平均的なアメリカ人家族の生活ぶりを見てみよう。

①**【食べ物】** 思考の自由、行動の自由に次いで、衣食住という生活に不可欠な三要素の自由が与えられている。おかげで、平均的なアメリカ人家族は、世界各地で生産されたおいしい食べ物を安価で購入できる。

これは、ニューヨーク市のタイムズスクエア地区に住む二人暮らしの家庭の例だ。このシンプルな朝食の材料は、遠く離れた場所で生産されたものである。そのコストを計算してみると、驚くほど低価格であることがわかる。

食品名	価格
グレープフルーツジュース（フロリダ州産）	二セント
市販のビスケット（カンザス州産の小麦が原料）	二セント
紅茶（中国産）	二セント
バナナ（南米産）	二セント
トースト（カンザス州産の小麦が原料）	一セント
卵（ユタ州産）	七セント

砂糖（キューバ産・ユタ州産）　一セント
バター&クリーム（ニューイングランド産）　三セント
合計　二〇セント

二人がそれぞれ一〇セント払えば、十分な朝食が食べられるのである。この朝食の材料は、魔法のような不思議な力によって、中国や南アメリカ、ユタ州、カンザス州、ニューイングランド地方から集められ、アメリカで最も混雑した都市の中心地で、朝食のテーブルに並べられた。その費用は、平均的な収入の労働者の手の届く範囲内にある。しかもこの費用には、連邦税や州税、市税も含まれている（「私たちは税金を取られすぎだ」という主張が叫ばれるとき、こうした点はあまり注目されない）。

②【住居】 二人は快適なアパートに住んでいる。暖房に天然ガス、照明に電気、調理用にガスが使え、家賃は月六五ドル。地方都市や、ニューヨーク市の人口の少ない地区なら、同程度のアパートの家賃はわずか月二〇ドルだ。

先の朝食リストにあるトーストは、低価格で買ったトースターで焼いたものだ。この家庭には電気掃除機があり、キッチンとバスルームではいつでも温水を使える。食料は冷蔵庫で保存している。妻は便利な電化製品を使って髪をカールさせ、服を洗い、アイロンをかける。夫は電気シェーバーで髭を剃る。ラジオのダイヤルを回せば、世界中の娯楽番組をいつでも無料で楽しめる。

このアパートには他にも便利なものがある。それでも、アメリカ人がどんな自由を享受しているかは、この例を見ればよくわかるだろう（これは政治的な宣伝でも経済的な宣伝でもない）。

３　**【衣服】**　アメリカでは、女性は年間二〇〇ドル以下の衣服費で、快適でこぎれいな服を手に入れられる。男性の衣服費はそれ以下だ。

平均的なアメリカ市民は、一日八時間以内の労働に対する引き換えとして、こうした豊かな生活ができるのである。ここでは衣食住に注目したが、私たちはさまざまな自由を与えられている。

たとえば、アメリカでは財産権も保証されている。お金を預けている銀行が破綻しても、政府がそれを保護してくれるのだ。また、別の州に旅行するときに、パスポートは不要だ。私たちは好きなときに好きな国内の場所に行き、好きなときに戻れる。移動手段も列車や自家用車、バス、飛行機、船などを選べる。欧州やアジアなどで同じ距離を移動しようとすれば、国境をまたぐためにパスポートが必要になるし、入国が制限されている場合もある。また、移動コストもアメリカに比べて高い。

これらの恩恵をもたらした「奇跡」

政治家はよく、選挙演説でアメリカが自由の国であることを称えている。にもかかわらず、この「自由」の本質が何であり、それがどこから生じているかを深く考えようとはしない。私は政治家と違っていかなる利害も動機もないので、アメリカ国民に富を築く機会やさまざまな恩恵を与えているこの自由を支える、神秘的で、抽象的で、ひどく誤解されている「何か」について考察ができる。

私には、この目に見えない力の源と性質を分析する資格もある。四半世紀以上にわたり、その力を使って成功し、この力の維持に努めてきた人々を研究してきたからだ。

アメリカの自由を支えている、その神秘的な力とは、「資本」のことである。

資本はお金だけで構成されているのではない。資本は、自身と公共の利益のため、お金を効率的に使う方法を計画する、組織的で知的な人々の力によって成り立っているのだ。

これらの集団には、科学者や教育者、化学者、発明家、経済アナリスト、広告関係者、運送業者、会計士、弁護士、医師、そして産業界の幅広い領域に携わる高度な専門知識を持った人たちがいる。

彼らは新たな分野の開拓者として、実験を行い、道を切り開いている。また、学校や病院を支援し、道路を建設し、新聞を発行し、多額の納税によって政府を支援することで、社会の発展を推進している。端的に言えば、こうした資本家は文明の頭脳だ。教育や啓蒙、人類の進歩に必要なあらゆるものを推進しているからだ。

頭脳を伴わないお金は危険である。お金は正しく使えば、文明にとって最も重要なものである。資本の力がなければ、機械や船舶、鉄道の巨大なシステムと、それを運営する大量の熟練労働者を動かせず、当然、一人一〇セントという低価格でニューヨークの家族に朝食を届けることなどできない。

もし、資本の力を借りずに、ニューヨークの家庭に朝食を届けなければならないとしたらどうなるだろうか？

資本がなければ、移動も輸送も自力でやるしかない。紅茶を入手するには、泳いで海を渡り、はるか彼方にある中国やインドまで行かなければならない。仮に海を泳ぎ切るような超人的な体力があったとしても、資本というお金がなければどうやって紅茶を手に入れればいいのだろう？

砂糖を調達するには、キューバまで泳ぐか、ユタ州のサトウキビ畑まで長距離を歩かなければならない。たとえ現地にたどり着いたとしても、手ぶらで帰るはめになるだろう。砂糖を生産し、精製し、アメリカ全土の家庭に届くよう輸送するには、莫大な資本と労働力が必要だからだ。

卵はニューヨーク市近郊の農場から入手できる。だがグレープフルーツジュースを食卓に運ぶには、フロリダまで歩いて往復しなければならない。パンの場合も同様だ。

市販のビスケットはメニューから外さなければならないだろう。ビスケットの製造にも、資本と組織が必要だからだ。

休憩のあと、バナナを求めて南米まで泳ぎ、帰ってきたら近くの酪農場まで歩いてバターとクリームを手に入れる。これでようやく、ニューヨークの家族は朝食を楽しめる。あなたがその重労働の対価として受け取るのは、一〇セント硬貨二枚だけだ。

ばかげたたとえに思えるだろう。だが資本主義のシステムがなければ、こうでもしなければ朝食をニューヨーク市の中心部には届けられないのだ。

この簡単な朝食を家庭に届けるために使われる鉄道や船舶の建設費や維持費、それに関わる労働者の人件費は、想像を絶するほど巨額になる。流通させる農作物や製品をつくるための設備や機械、梱包作業、マーケティングなども合わせれば、さらに莫大な資本が必要になる。

船や鉄道は、地面から生えてくるわけではない。これらは文明の要請に応じてつくられたものである。その担い手になるのが資本家だ。彼らは想像力や信念、熱意、決断力、忍耐力を備え、労働と創意工夫、組織力によってこれらをつくり出す。またそのことによって、利益を上げ、富を築こうとする動機を持っている。資本家がいなければ文明は存在しない。だからこそ、彼らには大きな富を得るチャンスがある。

これらの資本家は、資本主義に批判的なさまざまな人たちから、「金の亡者」や「ウォール街の連中」などと呼ばれたりもする。

私は特定の集団や経済システムを信奉したり、批判したりはしない。労働組合の指導者であれ、資本家であれ、立場にかかわらず、清廉潔白な人間もいれば、悪辣な人間もいるだろうと考えている。

本書の目的は、富を築くための、最も信頼できる成功哲学を読者に提供することである。

私が朝食の例を使って資本主義システムの経済的な利点を説明した目的は二つある。

一つは、富を求める者は、目標額の多寡にかかわらず、その富を得る基盤となる経済システムを理解し、それに合わせて行動しなければならないこと。もう一つは、資本主義をあたかも有害なものだと主張する人々とは反対の意見を提示することだ。

アメリカは資本主義の国である。自由と機会の恩恵にあずかる権利を主張し、それによって富を築こうとする者は、資本が組織的に活用されることでこの国の経済が発展してこなければ、富も機会も得られないことを知っておくべきだ。

二〇年以上もの間、ウォール街や大企業が、急進派や利己的な政治家、詐欺師、労働組合の悪徳リーダー、時には宗教指導者からも批判されることが流行した。不満のはけ口にされてきたような節もあった。

この風潮は一般社会にも広がり、恐慌下では、政府の高官が二流の政治家や労働指導者と一緒に、アメリカを世界一豊かな国にした経済システムである資本主義を抑圧しようとするという信じられない光景も見られた。それはアメリカ史上最悪の不況を長引かせることにもつながり、結果として、国の基盤となる産業や資本主義システムに関わる大勢の人々が職を失うことになった。

同時に、労働組合の指導者は政治家と手を組み、候補者に投票することの見返りとして、労働者が正当な労働力を提供することによってではなく、数の力によって報酬を上げようとすることを認める法律を制定するよう求めた。

大勢の人が、楽をして多くの給料をもらおうとしている。労働組合とともに、労働時間の短縮と賃金の増額を要求している人もいる。働こうとせず、政府の救済を得ている人もいる。彼らの権利意識の強さを物語る出来事がニューヨーク市で起こった。政府が救済処置の小切手を受益者に朝七時半に配達したところ、時間が早すぎるという強い苦情が郵便局に殺到したのだ。彼らは、配達時間を午前一〇時に変更するよう要求した。

労働組合をつくり、仕事量を減らすことと報酬を上げることを要求すれば富を築けると考えるのも個人の自由だ。政府による救済の恩恵を受けながら、自分が寝ている時間には小切手を配達するなと要求するのも個人の自由だ。政治家に投票するのと引き換えに、楽をして儲けるための法律をつくることを要求するのも個人の自由だ。

ここは自由の国である。どんな考えを持つことも許されている。努力をしなくても豊かな生活は送れると考えるのも、もちろん自由だ。

それでも、アメリカ人の多くが誇りに思っていながら、実際にはよく理解していないこの自由について、私たちは真実を知るべきだ。自由がどれほど素晴らしいものであっても、どれほどの恩恵をもたらすとしても、**何の努力もしないで富が手に入ることなどない**のである。

富を築き、維持するための信頼できる方法は一つしかない。それは、有効なサービスを提供することだ。数の力に頼ったり、報酬以下の価値しか提供しなかったりすれば、合法的な方法で富を得ることはできない。

「経済の法則」と呼ばれる原則がある。これは単なる理論ではない。それは、誰も逆らうことのできない法則なのだ。

この法則の名をよく覚えておいてほしい。これは、どんな政治家や政治システムよりも強力だ。労働組合がどれだけ力を持とうとも、経済の法則にはかなわない。賄賂にもびくともしない。この法則は、すべてを見通す目と完璧な簿記のシステムを持っていて、不正をしようとする者の取引を正確に記録している。それらはいずれ、厳しい監査の目にさらされる。

「ウォール街の連中」「大企業の奴ら」「搾取的な資本家」などと、アメリカに自由をもたらした経済システムを支えてきた人たちを何と呼ぼうとかまわない。だが彼らは、この強力な経済の法則を理解し、尊重し、それに適応してきた。彼らが豊かなのは、この法則に従っているからだ。

アメリカ人の大半は、この国や資本主義のことが好きだ。アメリカ以上に、富を築くチャンスがある国はないのではないだろうか。しかし、この国が好きではない人もいる。もちろん、それは彼らの自由だ。この国や資本主義が好きでなければ、外国に行くこともできる。ドイツやロシア、イタリアなど、それなりの自由を享受しつつ、かつ富を築くチャンスのある国は他にもある。

だが繰り返すが、アメリカほど自由とチャンスを与えてくれる国はない。狩人は、獲物が一番多い場所に行く。富を求める場合も、同じではないだろうか。

たとえばアメリカでは、女性は口紅や頬紅、化粧品に年間二億ドル以上も費やしている。グリーティングカードの売り上げも年間五〇〇〇万ドル以上もある。タバコの売り上げも数億ドルに上る。タバコの四大メーカーは、国民に一服して神経を落ち着かせる時間を与える商品をつくることで、これほどの莫大な収益を得ているのである。

アメリカ人は、映画を見るために年間一五〇〇万ドル以上を費やし、酒や清涼飲料水を飲むために数百万ドルを費やしている。フットボールや野球の観戦料、チューインガムや安全カミソリのためにも数百万ドルを払っている。富を築くのに、こんなチャンスのある国が他にあるだろうか。

富を築くために利用できるチャンスはこれ以外にもごまんとある。ここでは、贅沢品や非生活必需品のいくつかを例に挙げただけだ。それでも、このわずかな例の商品を生産し、輸送し、販売するだけで、何百万人分の雇用が生まれる。これらの人々には毎月、合計すると莫大な金額の給料が支払われ、それがまた贅沢品や必需品のために自由に使われるのである。

このような商品と労働力との交換の裏には、富を築くための膨大なチャンスが潜んでいることを忘れないようにしよう。そして、そのチャンスを追い求めることを後押ししてくれるのがアメリカの自由だ。この国では、誰がどんなビジネスを始めるのも自由だ。才能や能力、経験を活かすことで、莫大な富を手にすることができる。チャンスに挑もうとしない者は、多額の富は築けない。それなりに働き、生活をまかなう程度のお金を得るだけだ。

そう、つまりはそういうことだ。

チャンスは目の前にメニューを広げてくれている。あなたは欲しいものを選び、計画を立て、実行し、粘り強くそれを続けるだけだ。残りは、資本主義のアメリカがやってくれる。これは頼りになるシステムだ。この国では、誰もが有用なサービスを提供し、その対価として富を得られるチャンスが保証されている。

資本主義のシステムは、誰に対しても富を得る権利を与えている。けれども、何もしない者に対しては何も保証しない。なぜなら、このシステムは経済の法則に支配されているからだ。そこでは、与えることなく得ることはできない。

経済の法則は、宇宙の摂理に従っている。この法則の違反者には、控訴できる裁判所はない。違反者は罰則を与えられ、遵守した者は報酬を与えられる。このルールは誰にも変えられない。

それは夜空に輝く星のように不動のものなのだ。

経済の法則を拒むことはできるのか？

もちろん、それは可能だ。ここは自由の国であり、誰もが生まれながらにしてその権利を行使できる。当然、経済の法則を無視する自由もある。

では、その場合どうなるのか？

何かが起こるとしたら、それはこの法則を無視して、提供したサービスの対価として富を得ようとするのではなく、力ずくで欲しいものを奪おうとする者たちが集結することだろう。結果として、武装集団とそれを率いる独裁者が現れることになる。

アメリカでは、まだそのような事態は起きていない。だが私たちは、そのような事態が起こりうることを知っているし、幸い、そのようなことが現実に起きた場合にどうすればいいかを細かく知っておく必要もないだろう。なぜならアメリカは間違いなくこれからも、言論の自由や行動の自由、有用なサービスと引き換えに富を得る自由を維持しようとするだろうからだ。

正当なサービスを提供することなく富を得ようとする法案を通すために、特定の政治家に投票する人々はいる。選挙の結果、それが実現することもあるだろう。

だが、明けない夜はないように、必ずその報いは訪れるだろう。不当に手に入れたお金はすべて、利子をたっぷりつけて返済しなければならなくなる。当の本人がそれを免れても、その子どもや孫の世代にそのツケは回っていく。借金から逃れる方法はないのだ。

労働者は賃金を上げ、労働時間を減らすことを目的に組合をつくることができる。だが、その要求にも限度がある。そのポイントを超えると、経済の法則が介入することになる。つまり、経営が成り立たなくなり、企業は倒産し、労働者は職を失う。

一九二九年に大恐慌が発生してからこの一九三五年までの六年間、アメリカ人は、裕福な者も貧しい者も、企業や産業、銀行が次々と破綻するのを目の当たりにしてきた。それは美しい光景ではなかった。この恐慌の大きな原因は、人々が理性を捨て、与えることなく大金を手にしようとして投機に走ったことだった。アメリカ人は今、そうした群集心理に嫌悪感を抱いている。

恐怖が目の前にあり、信用が失墜したこの失望の六年間を経験した私たちは、経済の法則がいかに容赦なく金持ちと貧乏人、弱者と強者、老いと若きを打ちのめすかという事実を脳裏に焼きつけた。アメリカ人は、もう二度と、こんな経験をしたくはないと思っている。

この考察は、短期間の経験に基づいたものではない。これは、私がこの国の成功者と失敗者を二五年間にわたって慎重に研究した結果なのだ。

第七章　計画《この章のまとめ》

◎四つの原則に従ってマスターマインド・グループを活かした計画を立てれば、自分一人の何倍もの力を発揮できる。

◎刺激を与え合い、同じ信念を持ち、共通の目標を持つ人を選ぶことが大切である。

◎良いリーダーになるための一一の条件、ダメなリーダーの一〇の特徴、「新しいリーダー像」が求められる分野、望む地位を得る方法などの情報を活用しよう。

◎この章のガイダンスに従って適切な履歴書を作成することで、良い条件の仕事が得やすくなる。

◎アメリカの繁栄は資本主義の上に築かれている。この資本は原則として、あなたの中にある無限の資本と大きな違いはない。

第八章

決断

先延ばしをやめる方法――〈豊かさへの第七ステップ〉

失敗を経験した二万五〇〇〇人以上の男女の人生を細かく分析した結果、失敗の三〇の主原因の中で、「優柔不断」がトップに近いという事実が明らかになった。つまり、これは単なる考察ではなく、事実である。

「決断力」の対極にある「先延ばし」は、誰もが抱えている問題だ。

本書を読み終え、この成功哲学を行動に移す準備が整ったとき、あなたは迅速かつ明確な決断を下す能力を試されることになる。

資産一〇〇万ドル以上の成功者を分析した結果、全員に「決断が迅速で、一度決めたことは簡単に変更しない」という傾向があることが明らかになった。一方、富を築くことに失敗した人には、「決断に時間がかかり、一度決めたことをコロコロと変更する」という傾向が見られた。

前者の代表例が、自動車王ヘンリー・フォードだ。それゆえ、彼は頑固者と評されたこともある。だが、一度決めたことは簡単に変更しなかったからこそ、側近や購入者から新型の開発を勧められていたにもかかわらず、有名な「モデルT」（世界一デザインが酷い車と言われていた）の製造を続けたのである。

おそらく、フォードは新型の開発に着手するのが遅すぎた。だが裏を返せば、ついにモデルTの生産を終了しなければならなくなったときには、フォードはその断固とした決断によって巨万の富を手にしていたのである。

フォードの決断力が頑固さに結びついていることは確かだ。だが、それは優柔不断や、一度下した決定を簡単に変えてしまうことよりも好ましい資質なのだ。

富を築けない者は、他人の意見に影響されやすい。自分の頭で考えず、ニュースや噂話に流されてしまう。

意見ほど安上がりなものもない。誰でも、他人が喜んで飛びつきそうな無責任な意見を持っているものだ。こうした意見に左右されて決断を下していては、どんな仕事であれ成功は望めず、当然、富も得られない。

他人の意見に簡単に影響されてしまうのは、確固とした願望を持っていないからだ。

本書で説明する成功哲学を実践し始めるときは、自分で決断を下し、それに従うようにしよう。マスターマインド・グループのメンバーを除いて、誰の意見にも左右されてはいけない。**このグループのメンバーを選ぶときは、あなたの目的に深く共感し、賛同してくれる人だけを選ぶことだ**。

親しい友人や親戚などは、単なる意見や軽い冗談のつもりであなたの願望実現の邪魔をすることがある。善意だが無知な他人のこうした意見や嘲笑によって自信を失い、行動を起こせなくなってしまった人は大勢いる。

自分の脳と心を使って、決断を下そう。判断材料のために情報を他人から得なければならない場合は、その目的を知らせずに相手に尋ねよう。

うわべだけの浅い知識を持っている人に限って、それをひけらかそうとするものだ。そのような人は、自分がしゃべることに熱心で、相手の話にあまり耳を傾けようとしない。

決断力を高めるには、口は閉じて、目と耳を大きく開くべきだ。口数がやたらと多い人は、大きなことを成し遂げられないものだ。しゃべってばかりで人の話を聞かないと、有益な知識を得るチャンスを逃してしまうだけではなく、自分の大切な計画や目的を、あなたを妬み、足を引っ張ろうとするかもしれない相手に教えてしまうことになる。

知識の豊富な人の前で話をする度に、自分の知識の程度が品定めされていることも忘れないようにしよう。真の知恵とは、謙虚さや沈黙を通して目立つものだ。

周りの人も、あなたと同じように富を得る機会を探している。**不用意に計画を話せば、それを横取りされかねない**。

だからこそ、**まずは口を閉じ、耳と目を開くようにすべきだ**。

そのことを胸に刻むため、次の警句を大きな文字で紙に書き、毎日目にする場所に貼り出しておこう。

「やりたいことは、言葉ではなく行動で示せ」

つまり重要なのは、語ることではなく、実践することなのだ。

自由か死かの決断

決断の価値は、それを下すのに必要な勇気によって決まる。文明の礎となった偉大な決断には、死のリスクを伴っていたケースが多い。

リンカーンは有名な奴隷解放宣言を命じることを、大勢の友人や支持者の猛反対を押し切って決断した。彼はこの宣言によって、大量の兵士が戦場で命を落とすことになるのも知っていた。結局、リンカーン自身もこの宣言が引き金となり、凶弾に倒れた。それくらい、この宣言を出すのは勇気がいることだった。

ソクラテスは自らの信念を曲げず、毒杯を飲むという勇気ある決断をした。それは千年後の人たちに、思想と言論の自由という権利を与えることにつながった。

ロバート・リー将軍が北軍と袂《たもと》を分かち、南軍の大義を掲げたときの決断も、勇気あるものだった。彼はそれによって、自分や他人の命が犠牲になるかもしれないことを知っていたからだ。

けれどもアメリカ市民にとって史上最大の決断は、一七七六年七月四日、フィラデルフィアで五六人がアメリカ独立宣言に署名したことだろう。彼らはこの署名によって、アメリカ人全員が自由を得るか、五六人全員が絞首台送りになるかのどちらかであると知っていた。

この有名な文書のことを知っている人は多いはずだ。だがこの文書が署名される経緯から、私たちが大きな目標を達成するうえで役に立つ教訓を引き出せることは知らないかもしれない。アメリカ人なら、この重大な決断がなされた日付を知っている。だが、その決断にどれだけの勇気が必要だったかはよく理解されていない。

私たちは歴史を、年月日や人物、戦場の名前などを通して記憶している。フィラデルフィアのバレーフォージ、バージニアのヨークタウンなどの独立戦争の有名な戦地や、ジョージ・ワシントンやコーンウォリス伯爵などの指揮官などだ。

けれども、こうした史実の背後にある真の力は、よく理解されていない。ワシントン率いる軍隊がヨークタウンに到達するはるか以前に私たちの自由を保証してくれた〝目に見えない力〟についても、ほとんど知られていない。

私たちはアメリカ独立戦争の歴史を読み、ジョージ・ワシントンがこの国の父であり、私たちの自由を勝ち取った人物だと理解している。だが、実際にはそうではない。なぜなら、コーンウォリス伯爵が降伏するずっと前に、ワシントンの軍隊の勝利は実質的に決まっていたからだ。ワシントンの栄光に価値がないというわけではない。大切なのは、彼の勝利の真の原因となった驚異の力に注目することだ。

歴史家たちが、全人類に独立についての新たな考えをもたらし、自由を与えたこの大きな力についてほとんど言及してこなかったのは、非常に残念なことである。なぜなら、この力こそがあらゆる困難を乗り越え、価値ある人生を送るために必要なものだからだ。

では、この力を生み出すことになった出来事について簡単に振り返ってみよう。

この物語は、一七七〇年三月五日、ボストンで起きた事件から始まる。街をイギリスの兵隊がパトロールし、市民を脅かしていた。市民は、武装した兵隊に街中を我が物顔で歩かれることに憤慨していた。そして、その怒りを隠そうともせず、兵士たちに罵詈雑言を浴びせ、石を投げつけた。たまらず、イギリスの指揮官は兵士たちに命じた。「銃剣を構えよ、撃て！」

戦闘が始まり、多くの死傷者が出た。この事件は大きな怒りを買い、植民地会議（アメリカ各地の植民地開拓者の代表者によって構成）は断固とした行動を起こすことを目的として会議を招集した。この議会に参加していた議員の中には、のちにアメリカ独立宣言に署名することになるジョン・ハンコックとサミュエル・アダムズもいた。二人は勇気を持って堂々と声を上げ、イギリス兵をボストンから追放するための行動を起こさなければならないと宣言した。

覚えておいてほしい。この二人の決断こそが、アメリカ人が現在享受している自由の始まりと呼べるかもしれないことを。そしてこの決断は危険を伴うものであり、信念と勇気が必要であったことを。

議会が終わり、サミュエル・アダムズは議会を代表して、植民地総督トーマス・ハッチンソンに対してイギリス軍の撤退を申し入れた。

この要求は受け入れられ、イギリス軍はボストンから撤退した。だが、これで一件落着とはならなかった。この事件は、文明の潮流に影響を及ぼすほどの状況を引き起こしていたのだ。

アメリカ独立戦争や世界大戦のような大きな変化は、不思議なことに、こうした一見すると些細な出来事をきっかけに起こる。また、こうした重要な変化が、少数の人間の心の中で起きた決断から始まるのも興味深い。ジョン・ハンコック、サミュエル・アダムズ、リチャード・ヘンリー・リー（バージニア植民地）が我が国の真の生みの親であることは、ほとんど知られていない。

リチャード・ヘンリー・リーがこの物語で重要な役割を担うようになったのは、サミュエル・アダムズと頻繁に文書を交わし、各地域の人々の幸福を願いながら、恐れや希望を分かち合っていたからである。アダムズはその経験から、一三の植民地間で相互に文書を交換すれば、問題解決のために足並みを揃えられるかもしれないという考えを思いついた。

ボストン市民がイギリス兵と衝突した「ボストン虐殺事件」からちょうど二年後の一七七二年三月、アダムズは、「イギリス領植民地の改善のために友好的に協力する」という目的の下、各植民地の特派員で構成される、通信委員会を設立するというこの計画案を議会に提出した。

この委員会が、私たちアメリカ人に自由を与えることになる、強大な組織の始まりになったのである。そう、マスターマインドはすでに組織されていたのだ。そのメンバーには、アダムズ、リー、ハンコックがいた。それは「もしあなたがたのうちの二人が、どんな願い事についても地上で心を合わせるなら、天におわす我が父が、それを叶えてくださるでしょう」というマタイ伝第一八章一九節の言葉通りの出来事だった。

通信委員会が設立され、それによって全植民地から人を集結させることで、マスターマインドを高めるための道が開かれた。そして、不満を抱えた植民地の人々をまとめ上げるための初めての計画がつくられたのだった。

彼らは団結することで、大きな力を得た。一方、市民たちは、ボストン虐殺事件に似た事件（ボストン茶会事件など）を通して、イギリス兵に対して非組織的な反抗をしていたが、何の成果も上げられていなかった。彼らの不満は、一つのマスターマインドの下に統合されていなかった。アダムズ、リー、ハンコックが力を合わせるまで、イギリス軍との問題を解決するために、心を合わせて一致団結する集団はいなかったのである。

一方、イギリス軍も手をこまねいてはいなかった。彼らもまた、資金と軍隊という自らの利点を活かして、計画を立て、マスターマインドを組織していたのである。

イギリス国王は、ハッチンソンに代わってトーマス・ゲイジをマサチューセッツ総督に任命した。この新総督の最初の仕事は、サミュエル・アダムズに使者を送り、イギリス軍に歯向かうことをやめさせるよう迫ることだった。

この使者であるフェントン大佐とアダムズの会話には、両者の心情がよく表れている。

フェントン大佐はこう述べた。

「私はゲイジ総督から、あなたに満足のいくような利益を与える権限を与えられています（続けて、賄賂を贈ることと引き換えに、アダムズを説得しようとする）。あなたがイギリス政府の施策に反対するのをやめるよう忠告します。これ以上陛下の不興を招かないようにしていただきたい。あなたの行為は、ヘンリー八世の法律の罰則の対象になります。そのため総督の裁量で、反逆罪または反逆罪の隠匿罪で裁判にかけるためにイギリスに送還できます。しかし、あなたが政治的な方針を変えるのなら、個人的に大きな利益が得られ、国王とも和解できるでしょう」

アダムズには二つの選択肢があった。イギリス政府への反抗をやめて賄賂を受け取るか、絞首台に送られる危険を冒しながら反抗を続けるかだ。

アダムズは命を懸けた決断を迫られていた。たいていの人なら、このような決断を下すのは難しいと感じるはずだ。答えをはぐらかしたりもするだろう。だがアダムズは違った。自分の言葉を、一言一句たがわず総督に伝えるようフェントン大佐に迫ると、こう答えたのだ。

「ゲイジ総督に伝えていただこう。私はこれまで、王の中の王（神）に反抗したことは一度もない。どのような申し入れも、我が祖国の正義を侵害できない。これは、サミュエル・アダムズから総督への忠告だ。憤慨した市民の感情を、これ以上侮辱すべきではない」

アダムズがどんな人物かを物語る発言だ。彼には、市民に対する最高の忠誠心があった。これは重要なことだ（残念なことに、現代の詐欺師や不正直な政治家たちは、アダムズのような人たちが命がけで守った名誉を売り物にしている）。

アダムズの辛辣な返答を受けたゲイジ総督は激怒し、次のような布告を出した。「私は国王陛下の名において、直ちに武器を捨て、平和な臣民としての義務に悖《もと》る人たちに、陛下の慈悲深い恩赦を与えることを約束する。ただし、サミュエル・アダムズとジョン・ハンコックだけは、この恩恵にはあずかれない。彼らの罪はあまりにも悪質であり、相応の刑罰を科す以外の考慮は認められない」

現代風に言えば、アダムズとハンコックは見つかり次第「消される」運命にあった。この布告によって、二人は再び同じように危険な決断を迫られた。二人は急いで、最も信頼できる支持者たちと秘密の集会を開いた（それによって、マスターマインドが活気づいた）。全員が集まると、アダムズはドアに鍵をかけ、鍵をポケットに入れ、出席者全員に、アメリカ全土の植民地の代表が集まる植民地会議（大陸会議）を組織することが不可欠であり、この会議についての全員の合意が得られるまでは誰も部屋を出てはならないと告げた。

激しい議論が交わされた。ある者は恐怖に駆られ、そのような急進主義がどんな結果をもたらすかを慎重に検討すべきだと言った。ある者は、イギリス国王への絶対的な反抗の姿勢を取ることへの疑問を表明した。だがハンコックとアダムズは、失敗の可能性に目もくれず、恐怖も感じていなかった。次第に、彼らの情熱は参加者全員に広がっていった。結局、一七七四年九月五日にフィラデルフィアで第一回大陸会議を開催する準備を整えるという結論に達したのだった。

この日のことを覚えておいてほしい。これは独立宣言がなされた一七七六年七月四日よりも重要な日だ。大陸会議を開催するという決定がなければ、独立宣言への署名がなされることもなかったのだから。

第一回目の大陸会議が開催される前、アメリカの別の地域では、ある植民地の代表が、「イギリス領アメリカの権利に関する要約」という冊子を発行しようと奮闘していた。その人物とは、のちに第三代アメリカ大統領となるバージニアのトーマス・ジェファーソンだった。バージニアにおけるイギリス政府の代表者、ダンモア卿とジェファーソンの関係は、ゲイジ総督とハンコック、アダムズとの関係と同じく、緊張したものであった。

この有名な要約が出版されると、ジェファーソンはイギリス政府に対する大逆罪で起訴されることになると知らされた。この一件に触発され、ジェファーソンの同僚パトリック・ヘンリーは果敢にも、「もしこれが反逆罪なのだとしたら、反逆罪でも構わない」という、のちに名言として知られるようになる発言をした。

まさに彼らのような、権力も権威も軍事力も資金もない人々が、第一回大陸会議の開会から二年間、断続的に会議を続けながら、植民地の運命を真剣に検討していたのだった。一七七六年六月七日、リチャード・ヘンリー・リーが立ち上がり、驚く議長と参加者たちに向けてこう発言した。

「諸君、私は次のような動議を提出します。すなわち、植民地連合は自由で独立した国家となる当然の権利があり、したがってイギリス国王への忠誠を放棄すべきであり、植民地連合と大英帝国との政治的なつながりから解放されるべきです」

この仰天の動議は白熱した議論を引き起こした。議論が延々と続いたため、リーの我慢は限界に達した。数日間の議論の末、リーは再び断固とした発言をした。

「議長、我々はこの問題について何日も議論してきました。我々が従うべき道は一つしかありません。なぜ、これ以上結論を引き延ばすのでしょうか？　なぜこれ以上考え続ける必要があるのでしょうか？　このめでたき日に、アメリカ共和国を誕生させましょう。この地を、破壊や征服のためではなく、平和と法秩序を再建するために立ち上がらせましょう。今、ヨーロッパの視線は我々に注がれています。我々に対して、市民の幸福の観点から、増大し続ける専制政治とは対照的な、自由の生きた手本を求めているのです」

この動議が採決される前に、リーは家族の危篤を知らされ、バージニアに戻らなければならなくなった。しかし出発前に、友人のトーマス・ジェファーソンに自らの思いを託した。ジェファーソンは、自分たちの主張が認められるまで戦うと約束した。その後まもなくして、会議の議長（ハンコック）が、ジェファーソンを独立宣言起草委員会の議長に任命した。

委員会は独立宣言の作成に必死にとりかかった。この宣言が会議で採択されれば、その後に戦争が起こることは間違いない。もし植民地がイギリスに敗れるとしたら、署名者は全員、命を落とすことになる。

六月二八日、宣言文の原案が会議で読み上げられた。その後数日間、議論が続き、原案の内容は修正され、宣言の準備が整えられた。一七七六年七月四日、トーマス・ジェファーソンが壇上に立ち、このかつてないほど重要な決断を恐れることなく読み上げた。

「人類史において、ある地域の人民が、別の地域の人民とのあいだに結ばれた政治的なつながりを解消し、世界の諸勢力の中で自然の法と神の法によって与えられる独立平等の地位を獲得しなければならなくなったとき、全世界の人々の意見を真摯に尊重するならば、その地域の人々が、自分たちが独立せざるを得なくなった大義について公に明言するのは当然のことである」

ジェファーソンが発言を終えると、宣言は採択にかけられ、承認された。五六人の代表者が、自らの命を懸けて、宣言に署名した。

この決断によって、〝人類に決断を下す特権を永遠にもたらす〟国家が誕生したのだ。

このように、**信念に基づいて下された決断によって、私たちは自分自身の問題を解決し、物質的にも精神的にも豊かになれるのである**。そのことを忘れないようにしよう。

独立宣言に至るまでの過程を分析すれば、現在世界において多くの尊敬を集め、大きな力を誇るこの国が、わずか五六人のマスターマインドによって下された決断で生まれたことがよくわかる。ワシントン率いる独立軍を勝利に導いたのは、彼らの決断であった。その決断の精神は兵士一人ひとりの心に宿り、失敗を認めない強い精神力を支えたからだ。

また、この国と個人に自由を与えた力は、私たち一人ひとりが決断を行う際に用いるべきものであることも忘れないようにしよう。この力は、本書で説明する成功哲学によって構成されている。独立宣言の物語には、豊かさへの一三ステップのうち六つを見出せる。願望、決断、信念、忍耐力、マスターマインド、計画だ。

本書全体を通して説明していくように、強い願望に裏打ちされた思考には現実化する力がある。この独立宣言の物語と、第三章のＵＳスチールの物語には特に、その力が詳しく描かれていると言えるだろう。

この成功哲学の秘密を探っていくと、奇跡のようなものは見つからないことがよくわかる。見つかるのは、自然の法則だけだ。この法則は、それを使う信念と勇気を持つ人なら誰でも利用できる。国に自由をもたらすためにも、富を築くためにも使えるものだ。しかも、それを理解し、活用するために、料金は一切かからない。必要なのは、時間だけなのである。

迅速かつ明確な決断ができるのは、自分が何を望み、どうすればそれが手に入るかをよく知っている人だ。優れたリーダーの決断は、素早く、確実だ。だからこそ、彼らはリーダーなのだ。目指すべき方向を知っている人に、世界はチャンスを与えるのである。

優柔不断は、若い頃に始まりやすい習慣だ。明確な目的を持つことなく、小学校、中学校、高校、大学と進学していくにつれ、この習慣は根強いものになる。現在の教育制度の大きな欠点は、決断力の大切さを教えないことだ。

大学は、何を学びたいかという明確な目的意識を持つ学生は入学させないようにすべきだ。また、高校生以下の生徒には決断力を科目として教え、試験に合格しなければならないようにすれば、世の中は大きな利益を得るだろう。

こうした学校制度の欠陥のために身についた優柔不断の習慣は、職業選択にも影響している。学校を出たばかりの若者は、とりあえず自分を雇ってくれた仕事に就こうとする。優柔不断が染みついているので、そのままその仕事を続ける。今日、労働者全体の九八パーセントが、これという仕事をしたいという目標もなく、どんなふうに転職すればいいのかもわからないため、現在の仕事にしがみついているのだ。

揺るぎない決断をするには勇気が必要だ。独立宣言に署名した五六人は、その決断に命を懸けた。望む富を手に入れるために、ある仕事をするという決断をすることは、経済的な自由を求めた賭けである。経済的自立や富、望ましい仕事や地位は、それらを得ることを期待し、計画し、要求することに無関心な人のもとには訪れない。サミュエル・アダムズが植民地の自由を望んだのと同じ精神で富を望む人は、それを叶えられるのである。

第七章で紹介した「計画」では、自分を売り込む方法や、就職先の選び方、特定の仕事について詳しく説明した。だがそれらは、決断力を持って行動計画にまとめなければ、何の価値もないのである。

第八章　決断《この章のまとめ》

◎決断力の欠如は失敗の大きな原因になる。他人の意見も大切だが、自分の人生は自分の意思で決めるべきだ。一七七六年にフィラデルフィアで下された決断は、現在でも世界の人々に大きな影響を与え続けている。

◎決断力は強大な力を発揮する。優柔不断は若い頃に培われる場合が多い。優柔不断を避け、他人が優柔不断にならないようにする方法を学ぼう。

◎大きな決断につながった出来事を分析すると、人生のさまざまな場面で決断力を高め、効果的に行動するための教訓が得られる。

◎自由を求める強い願望が自由をもたらすのと同様に、巨富を求める願望は巨富をもたらす。

◎自分の力を信じている人は、大きな力を手にする。

第九章

忍耐力

信念を引き出すために必要な持続力——〈豊かさへの第八ステップ〉

忍耐力は、願望をお金に変えるために欠かせない。忍耐力の基本は、意志力である。意志力と願望がうまく組み合わさると、大きな効果を発揮する。巨万の富を築く人は、非情で冷酷だと呼ばれることもある。だが、たいていの場合、それは誤解だ。彼らには強固な意志と忍耐力があり、目的達成に邁進しているので、傍目からはそんなふうに見えることがあるだけなのだ。

ヘンリー・フォードが非情で冷酷な人間だと誤解されることが多かったのも、彼が自らの計画を徹底的に粘り強く実行しようとしたからだ。

少しでも失敗や不運に見舞われると、簡単に目標を投げ出してしまう人は多い。目標を達成するまで逆境を乗り越えようとする人は、わずかしかいない。フォードやカーネギー、ロックフェラー、エジソンなどがそうだ。

忍耐力という言葉には、英雄的な響きはないかもしれない。だが忍耐力は鋼鉄にとっての炭素のように、私たちにとって重要なものなのである。

富を築くには、この成功哲学の一三の要素をすべて実践する必要がある。これらの原理原則をよく理解し、粘り強く適用することが大切なのだ。

本書の内容に従ううえで最初に忍耐力を試されるのは、第二章で紹介した「願望実現のための六ステップ」を実践するときだ。明確な目標と計画を持っている人は、全体の二パーセントしかいない。それ以外の人は、この六ステップを日課にするところから始めよう。

これは成功のカギを握るチェックポイントになる。粘り強さが足りないことは、失敗の大きな原因になるからだ。何千人もの行動を分析した結果、忍耐力の欠如は多くの人に共通する弱点であることがわかっている。だが、それは努力によって克服できる。忍耐力不足を乗り越えられるかどうかは、**どれだけ強い願望を持てるか**にかかっている。

目標達成の出発点は願望を持つことだ。そのことは常に心に留めておいてほしい。小さな火がわずかな熱しかつくれないように、小さな望みではたいした成果は期待できない。忍耐力がないと感じているのなら、願望の炎を強くすることで、それを改善できるかもしれない。

本書を最後まで読み終えたら、第二章に戻り、「願望実現のための六ステップ」の実践を始めてほしい。この指示に従う熱意がどれだけあるかは、あなたが富を得ることをどれだけ望んでいるかを表している。あまり熱意が湧いてこないのなら、それは強い願望を抱いておらず、「お金のことを常に意識する」という心の状態にまだなっていないということだ。

水が大海に引き寄せられるのと同じように、富はそれを「引き寄せる」心の準備ができている人のところに引き寄せられる。だからこそ本書では、願望の対象を引き寄せる波動に心を「同調させる」方法を詳しく説明しているのである。

忍耐力が弱いと思ったら、第一〇章「マスターマインド」の指示に従い、マスターマインド・グループの協力を得て忍耐力を高めてみよう。第四章「自己暗示」と第一二章「潜在意識」の章にも、忍耐力を養う方法が記されている。これらの指示に従うことで、あなたの願望の具体的なイメージが潜在意識に届くようになる。そうすれば、忍耐力不足に悩まされることはなくなるだろう。

潜在意識は、私たちが起きているあいだも、寝ているあいだもずっと働いている。

この成功哲学の成果は、思いついたときにたまにやってみる程度のことでは期待できない。結果を出すには、本書で説明した原理原則を、毎日の習慣になるまで実践しなければならない。そうしなければ、お金のことを常に意識する状態にはなれないのだ。

富が豊かさを求める人のところに引き寄せられるように、貧しさも、貧しさから抜け出す努力をしない人のところに引き寄せられる。**豊かになろうという考え方がないところには、貧しさが入り込んでくる。**貧しさを引き寄せるような考え方は、何も意識していなくても自然と習慣になりやすい。一方、豊かさを引き寄せるような考え方は、意識的にならないと培われにくい。

このことを理解すれば、富を築くうえでいかに忍耐力が大切かがよくわかるだろう。粘り強さが、成功か失敗かを左右しているのだ。

金縛りになったことがある人なら、忍耐力の価値を実感できるはずだ。

ベッドに横になり、半分目は覚めているが、窒息しそうに苦しい。寝返りを打つこともできないし、筋肉も動かせない。意志力で粘り強く努力することで、ついに片手の指を動かせるようになる。しばらくすると、片腕を動かせるようになる。同じようにもう片方の腕を動かし、次に片足を、さらにもう片方の足を動かす。最後に必死の努力で、全身を動かせるようになり、金縛りの状態から抜け出す。このように、段階的に一つずつ壁を乗り越えていかなければならない。

無気力状態から抜け出すためにも、同じような手順が必要だ。最初は少ししか行動できないかもしれない。だが続けていれば、次第に速度は上がっていく。最初はどれだけゆっくりとしか行動できなくても、粘り強く続けよう。それが成功への道だ。

マスターマインド・グループのメンバーを慎重に選んでいれば、その中には忍耐力を育むのを助けてくれる人がいるはずだ。

また、莫大な財産を築いた人の中には、必要に迫られて忍耐力を高めた人もいる。そうせざるを得ない状況に身を置いていたからこそ、粘り強い人間になったのだ。

忍耐力の代わりになるものはない。それは何かで代用できるものではないのだ。このことを覚えておけば、最初のうちは忍耐力がなかなか身につかなくても、励みになるはずだ。

忍耐力を身につけた人は、失敗に対する保険をかけているようなものだ。彼らは何度失敗を重ねても、最終的には頂上にたどり着く。何かに挑戦する人の隣には、あらゆる種類の試練を差し向ける隠れたガイドがいるように見えることがある。その人がその数々の試練を乗り越え、努力を続けて目標を達成すると、周りの人たちは「素晴らしい！　君ならできると思っていたよ！」と叫ぶ。

だがその称賛を浴びるのは、試練を乗り越えた者だけだ。隠れたガイドは、このテストに合格しない者に報酬を与えない。この試練に打ち勝った者だけが、成功をつかめるのだ。

忍耐力を持ってこの試練に耐えようとする者は、大きな恩恵が得られる。どんな目標も引き寄せられるし、何より、物質的な報酬よりもはるかに重要なものを手にできる。それは、「**失敗は成功の素である**」という知恵だ。

このルールには例外がある。一部の人は、忍耐力の価値を経験によって学んでいる。彼らは、敗北を一時的なものにすぎないと見なしている。**願望を強く心に抱いているため、敗北を最終的に勝利に変えるのだ**。周りを見渡せば、挫折して打ちのめされ、二度と立ち上がろうとしない人が大勢いるはずだ。だがわずかではあるが、失敗をさらなる努力の糧としようとする人もいるはずだ。このような人は、決して後退せず、前を向いて人生を歩んでいく。挫折しても戦い続ける人たちを救うために密かに訪れる大きな力のことは、よく知られていない。この力こそが、忍耐力なのだ。どんな目標を目指していても、忍耐力がなければ大きな成功は収められない。

私が今、この文章を書いているニューヨークの部屋の窓からは、一ブロックも離れていないところに、あの偉大で神秘的なブロードウェイが見える。そこは、「死に絶えた希望の墓場」であり、「チャンスの入り口」でもある。

この場所には、名声や富、権力、愛など、成功と名のつくありとあらゆるものを求めて、世界中から人々がやってくる。時折、夢を求める大勢の中から誰かが抜け出してチャンスをものにすると、ブロードウェイを制覇したとして世界から称賛される。だが、ブロードウェイではそう簡単に成功はつかめない。ブロードウェイで才能が認められ、天才と称され、多額の報酬を手にできるのは、決して諦めなかった者だけなのである。

つまり、ブロードウェイを征服するための秘密は、忍耐力という言葉と決して切り離せないのだ。

この秘密は、忍耐力でブロードウェイを征服した、ファニー・ハーストの物語の中でも示されている。

彼女がニューヨークに来たのは一九一五年。作家として身を立てるためだった。チャンスはすぐには訪れなかった。ハーストは四年間、有名なヒット曲『ニューヨークの歩道』にもあるような、この街独特の雰囲気を直に味わった。昼間は働き、夜は希望を抱きながら執筆に打ち込んだ。希望の火が消えかかったときも、彼女は「ブロードウェイ、あなたの勝ちよ」とは言わなかった。代わりに「ブロードウェイ、あなたがどれだけ鞭を打っても、私は諦めないわ」と言った。

ある出版社（サタデー・イブニング・ポスト）は、彼女が持ち込んだ原稿に対して、三六回も断り状を送ってきた。並の作家なら、一回断られただけで諦めていただろう。だが、彼女は四年間、ひたすら原稿を持ち込み続けた。必ず成功すると決意していたからだ。

そして、ついに苦労が報われる日が来た。呪縛は解けた。〝隠れたガイド〟が与えた支援を乗り越えたハーストは、ついに出版契約を勝ち取ったのだ。それ以来、出版社の注文が殺到するようになった。銀行口座には次々とお金が振り込まれ、数える暇もなかった。

やがて彼女の小説は映画化されるようになった。大金が洪水のように押し寄せてきた。最新作『グレート・ラフター（大爆笑）』の映画化権として支払われたのは、出版前の小説としては史上最高額の一〇〇万ドル。小説の印税は、おそらくそれをはるかに上回るだろう。

忍耐力には計り知れない力がある。ファニー・ハーストのケースもまさにそうだ。巨万の富を築いた人には、必ずと言っていいほど忍耐力がある。ブロードウェイは、誰にでもコーヒーとサンドイッチくらいの夢なら叶えてくれる。だが、分厚いステーキを食べたいのなら、忍耐力が必要だ。

歌手のケイト・スミスも、「まったくその通り」と言ってくれるだろう。彼女は何年間も、たとえギャラがもらえなくても、マイクの前で歌い続けていた。ブロードウェイは彼女に、「できるものなら、チャンスをものにしてみろ」と言った。

ついに、彼女はチャンスをものにした。ブロードウェイは根負けして、「まいったよ。君は絶対に諦めなかったね。欲しいギャラを言ってくれ。存分に歌えばいい」と言った。スミスはたんまりとギャラを指定した。一週間のギャラは、一般人の年収を超える額だった。

そう、忍耐力が勝利したのだ。

ここで、大きな意味のある、励ましの言葉を紹介しよう。ブロードウェイには、ケイト・スミスに負けない才能を持った歌手志望者が何千人もやってくる。だが、そのほとんどは成功できない。数え切れないほどの歌手がこの場所に夢を求め、それを叶えられずに去っていった。彼らに才能はあった。だが、ブロードウェイが根負けして受け入れるまで、歌い続けられなかったのだ。

忍耐力は心の状態だ。それは培える。あらゆる心の状態と同様に、忍耐力にもはっきりとした動機がある。主なものには次の八つがある。

①**【明確な目的】**自分が何を望んでいるかをよく知ることは、忍耐力を養うための、最初かつ最重要のステップだ。強い動機は、困難を乗り越えるための原動力になる。

②**【願望】**強い願望を抱いて何かを追い求めるとき、忍耐力は高まり、維持しやすくなる。

③**【自信】**自らの能力を信じることで、粘り強く計画を遂行できる（自信については、第四章「自己暗示」を参照）。

④**【具体的な計画】**計画がしっかりしていれば、途中で壁にぶつかっても、粘り強く前進できる。

⑤**【正確な知識】**経験や観察に基づく正確な知識を活かした計画は、忍耐力を高める。憶測に頼っていると、忍耐力は発揮できない。

⑥**【協力】**共感や理解、調和のある協力は、忍耐力を高めてくれる。

⑦**【意志力】**計画策定に思考を集中させる習慣があると忍耐力につながる。

⑧**【習慣】**忍耐力は習慣の結果である。心は日々の経験からつくられる。私たちにとって最大の敵である「恐怖」は、勇気ある行動を繰り返すことで効果的に治せる。戦争での現実を見たことがある人は誰でも知っている。

忍耐力についての説明を終える前に、この重要な資質において自分に欠けているものがあるとすれば何なのかを、よく確認しておこう。この忍耐力の八要素のうち、自分に足りないものは何か。正直に考えてみよう。それによって、自分自身についての新たな理解が得られるかもしれない。

忍耐力不足を示す一六の症状

あなたの成功を妨げている敵を見つけ出そう。次のリストを読み、忍耐力の欠如を示す〝症状〟だけでなく、その原因についても考えよう。**自分が何者なのか、何ができるのかを探るためには、自分と正面から向き合う必要がある。**これらはどれも、富を求める人が乗り越えなければならない弱点だ。

①自分が何を望んでいるのかをはっきりと理解しておらず、他人にも説明できない。
②理由もなく先延ばしにする（もっともらしい言い訳をしながら）。
③専門知識を高めることに関心がない。
④優柔不断。問題に正面から向き合わず、すぐに「責任転嫁」しようとする（ここでも、もっともらしい言い訳をする）。
⑤問題解決のための明確な計画を立てず、やらないことの口実をつくる。
⑥慢心。独りよがりな心の状態から抜け出すのは容易ではない。
⑦無関心。困難に立ち向かおうとせず、すぐに妥協しようとする。
⑧失敗をしても周りの人や状況のせいにする。
⑨行動を促すような動機を選んでいないために、強い願望を持っていない。
⑩うまくいかなそうになると、簡単に（むしろ喜んで）諦める（第一五章で紹介する「六つの恐怖」を参照）。
⑪明確な計画を立てていない。そのため、自分の行動の分析や反省もできない。
⑫アイデアを実行したり、訪れたチャンスをつかもうとしたりする習慣がない。
⑬自分の意志で何かを実現しようとするのではなく、いいことが起きるのをただ待っている。

⑭　豊かになるための努力を何もしていない。何かになりたい、こんなことがやりたい、こんなものが欲しいという意欲が欠けている。

⑮　楽をして富を得ようとし、ギャンブルや投機に走る。

⑯　批判を恐れる。他人の批判を恐れるあまり、計画を立てて実行できない。これは潜在意識に潜んでいることもあって、とても厄介な敵である（同じく、第一五章で紹介する「六つの恐怖」を参照）。

最後の「批判を恐れる」について考えてみよう。身の回りの人や世間の批判を恐れて、自分の思い通りの人生を生きようとしない人は大勢いる。

結婚生活が破綻しているのに、世間体を気にして離婚できず、惨めで不幸な人生を送る人も多い（この種の恐怖に屈したことのある人なら、それによって向上心や自立心、何かを達成したいという願望が失われ、取り返しのつかないダメージを受けるのを知っているはずだ）。

周りの目を気にして、学校を出たあとに学び直すことをためらう人も山ほどいる。

家族や親類への体裁に配慮するあまり、自分の思うような人生を生きていない人は大勢いる（当然ながら、世間体を気にして自分の望みや好きなように生きる権利を台無しにすることは、あってはならない）。

ビジネスでも、失敗したときに批判されるのを恐れて、チャンスをつかむことを拒む人がいる。**失敗への恐れの感情が、成功したいという願いよりも強い**のである。

「そんなに高望みするな。周りから頭がおかしいと思われるぞ」と身内や友人から批判されるのを恐れて、高い目標を掲げない人も多い。

カーネギーから、「二〇年かけて成功哲学を体系化してみないか」と提案されたとき、私の脳裏をよぎったのは世間から批判されるかもしれないという恐れだった。それまで、人生でこんなに大それた取り組みに挑もうとしたことはなかった。すぐに、心の中でやらない言い訳を探し始めていた。批判されるのが怖かったからだ。心の中でこんな声がした。「お前には無理だ。その仕事にはとてつもない労力と時間がかかるぞ。家族や親類に反対されるに決まっている。その間、どうやって生計を立てるというんだ？　これまで誰も成功哲学を体系化したことがないのに、なぜお前にそれができると思うのか？　自分を何様だと思っているんだ？　たいした人間でもないくせに。周りからは、馬鹿だと思われるだろう（実際、そう思われた）。考えてもみろ。これまで誰一人として同じことをやろうとしなかったのには、きっと理由があるはずだ」

次々と疑念が浮かんできた。世界中の人から反対され、嘲笑われているみたいだった。

私にはこれまで、この壮大な取り組みを途中でやめるための絶好のタイミングが何度もあった。

後年、何千人もの成功者の人生を分析したあとで、私はあることに気づいた。それは、**アイ**

デアは、思いついたらすぐに明確な計画を立て、行動に移してやらないと死んでしまうということだ。生まれたばかりのアイデアには、手厚い世話が必要なのだ。少しでも長くアイデアの命が続くほど、実現する確率は高まっていく。計画と行動の段階に到達しないアイデアは、批判への恐怖によって簡単につぶされてしまう。

成功は幸運な「チャンス」がもたらすものと信じている人は多い。たしかにそれが当たっている部分もあるだろう。だが、いつも運だけを当てにしていると、ほとんどの場合は失望を味わうことになる。そういう人は、成功の別の重要な要素を見落としている。それは、そのチャンスを自らの手でつくり出すための知識のことだ。

大恐慌下、コメディアンのW・C・フィールズは全財産を失った。収入も仕事もなく、生活の糧を得る手段である舞台すらなくなってしまった。そのうえ、もう六〇歳を過ぎていた。誰もが自分を年寄りだと感じてしまう年齢だ。それでも彼は再起を目指し、「ノーギャラでもいいから仕事をさせてくれ」と言って、新たに映画の世界に飛び込んだ。だがほどなくして、転倒し、首を負傷するという不運に見舞われてしまった。たいていの人なら、そこで諦めてしまっただろう。けれども、フィールズは粘り強かった。続けていれば、いつかはチャンスをつかめるはずだと信じていた。そして、彼は実際にそれを手に入れた。それは偶然ではなかった。

女優のマリー・ドレスラーは六〇歳の頃、お金を失い、仕事もなく、すっかり落ちぶれてしまった。だが、彼女もまた、忍耐強くチャンスを追い求め、それを手に入れた。その粘り強さによって、晩年に大きな成功を勝ち取ったのだ。

コメディアンのエディ・カンターは、一九二九年の株価暴落で財産を失った。だが、忍耐力と勇気があり、洞察力が優れていたおかげで、週に一万ドルを稼ぐまでに立ち直れた。

このように、忍耐力は人生にさまざまな恩恵を与えてくれるのだ。

偶然舞い込んでくる幸運は当てにはできない。当てにできるのは、自らの手でつくり出した幸運だけだ。それは、忍耐力によってもたらされる。その出発点になるのは、明確な目的だ。

「人生で一番欲しいものは何か」と一〇〇人に尋ねてみれば、そのうち九八人は答えに詰まるだろう。それでもしつこく尋ねてみれば、お金と答える人が多いだろう。安心、幸福、名声、権力、評判、快適な生活、あるいは歌やダンス、執筆がうまくなること、といった答えも返ってくるかもしれない。

だが、そのような曖昧な答えを返す人は、その目標を達成するまでの明確な期限を設けていたり、そのための厳密な計画を立てていたりはしていないものだ。漠然と心に抱いているだけでは、願いは叶わない。強い願望に裏打ちされた明確な計画を立て、忍耐強くそれを実行することで、初めてそれは実現されるのだ。

忍耐力を高める方法

忍耐力を高め、習慣化するための、簡単な四つのステップを紹介しよう。これはわずかな時間と労力があればできる。特別な知性や学歴は不要だ。

1：実現への強い願望に支えられた、明確な目標を持つこと
2：綿密な計画を立て、行動を継続すること
3：周りの否定的な意見など、ネガティブなものに影響されないこと
4：計画に賛同し、目的達成への努力を励ましてくれる味方を得ること

この四つのステップは、あらゆる分野での成功に不可欠なものだ。本書で説明する成功哲学の一三原則における一番の目的は、この四ステップを習慣として実行できるようにすることなのである。この四ステップには、次のような価値があることを頭に叩き込もう。

・自分の経済的な運命をコントロールするためのステップになる。
・自由と、自立的な思考にもつながる。

・富をもたらす。
・権力や名声を得るため、世の中に認められる人間になるための道を導く。
・幸運を手繰り寄せ、夢を現実に変えられる。
・**恐怖や失望、無関心**を克服できる。

この四ステップを学べば、素晴らしい報酬が手に入る。それは、人生という旅の行き先を自分で決められる力であり、思い通りに望みを叶えられる力である。

私は、ウォリス・シンプソン夫人が手にした大きな愛は、単なる偶然でも、幸運が重なっただけでもないと考えている。彼女は人生の伴侶を求めることに対しての燃えるような願望を持っていて、それを真剣に探し求めていた。彼女にとって一番大切なことは誰かを愛することだった。この世で最も偉大なものは何か？　神はそれを愛と呼んだ。規則や批判、中傷、政治的な「結婚」ではない、純粋な愛だ。

彼女は自分が何を望んでいるかを知っていた――エドワード皇太子に出会う、ずっと前から。彼女は人生で二度、結婚に失敗した。それでも、勇気を持って真実の愛を探し続けた。シェイクスピアの名作『ハムレット』の有名な一節、「汝みずからに忠実であれ。そうすれば、夜が昼に続くように、他人に対しても、忠実に振る舞えるだろう」を地で行くような人生を送ったのである。

当時既婚者だったシンプソンのエドワード皇太子への愛は、叶わぬものだと思われていた。だが、彼女は周囲の予想を覆し、それを手に入れた。彼女の生き方をどう思おうと、彼女への愛のために王位を捨てたエドワードのことをどう思おうと、彼女の生き方が、忍耐力がもたらす驚異的な力の好例であることは間違いない。シンプソンの人生は、私たちに強い決意で何かを求めることの価値を教えてくれる。

ウォリス・シンプソンは、自らが人生に何を望んでいるかを知っていた。そして、そのことによって、あのイギリス帝国を揺るがしたのだった。「世の中は男性中心だ。女性にはチャンスがない」という不満を持っている女性もいるかもしれない。だがシンプソンのように、四〇代を過ぎ、世間の女性が「私はもう年だ」と考えるような年齢になって、魅力的な未婚の王子の愛をつかんだ女性がいることを忘れないでいただきたい。

エドワード八世についてはどうだろうか？　この近年最大の世界的な恋愛劇における彼の役割から、私たちはどんな教訓を学べるのだろうか？　彼は自分の選んだ女性への愛のために、高すぎる代償を払ったのだろうか？

その究極的な答えは、彼自身にしかわからないはずだ。

私たちには、推測しかできない。はっきりしているのは、彼は王になることを望んで生まれてきたのではない。生まれつき裕福だったが、それを求めていたわけでもなかった。周りからは執拗に結婚するよう求められた。ヨーロッパ中の王室や政治家から、結婚相手の候補となる王妃や寡婦を紹介された。長子であったため王位を継承したが、それも自らが望んだことではなかった。生まれてから四〇年以上ものあいだ、彼は自分の生きたいように生きられなかった。プライバシーもなく、王位に就いたのちは課せられた大きな義務を背負い込んだ。

「あれほど恵まれた立場にいるのだから、エドワード王は穏やかな気持ちで、人生に満足感や喜びを覚えていたはずだ」と言う人もいるだろう。

だが実際には、王としての特権や富、名声、権力の裏には、愛でしか埋めることのできない空しさがあったのだ。

エドワードの最大の願望は愛だった。シンプソンに会うずっと前から、この素晴らしい普遍的感情が心の琴線に触れ、魂の扉を叩き、表現したくてたまらないと感じていたに違いない。そして、自分と同じようにこの神聖な愛の感情を表現したがっているシンプソンと出会ったとき、恐れることも、悪びれることもなく、それを受け入れた。この世界的な恋愛劇の美しさは、どんなにスキャンダラスに書き立てられても壊れなかった。二人は愛を見つけ、勇気を持って公然と批判に立ち向かい、愛のために他のあらゆるものを放棄したのだ。

自分の選んだ女性と残りの人生を歩むためにイギリスの王位を捨てるという決断は、勇気あるものだった。代償もあったが、それが大きすぎたと言う資格が誰かにあるだろうか?「あなたたちの中で罪を犯したことがない者だけが、石を投げなさい」という聖書の言葉もある。

エドワード八世は王位を手放し、ウィンザー公となった。彼が燃えるような愛を抱き、シンプソンへの愛を公然と宣言し、そのために王位を放棄したことについて、間違いだと非難する人もいるだろう。

だが、ウィンザー公の宣言は必須ではなかったことを思い出してほしい。彼はその気になれば、王位を放棄することなく、何世紀にもわたってヨーロッパに慣習的に存在していた秘密の恋愛関係をシンプソンと続けることもできた。そうすれば、教会からも信徒からも苦情はなかっただろう。しかし、彼は自らに厳格だった。その愛は清らかで、深く、嘘偽りがなかった。その愛こそが、彼が何よりも望んでいたものだった。だからそれを手に入れ、その代償を支払ったのだ。

過去一世紀のあいだ、もしヨーロッパの国々がエドワード前国王のような人間味と誠実さを持つ統治者に恵まれていたなら、貪欲や憎悪、肉欲、政治的黙認、戦争の脅威が渦巻くこの不幸な地域は、憎しみではなく愛で支配されていただろう。

建築技師をやめて弁護士になったスチュアート・オースティン・ウィアーの言葉を借りて、杯を掲げ、エドワード元王とウォリス・シンプソンに乾杯しよう。

「秘めたる静かな考えこそが最も甘美な考えであると知った人は幸いである。深淵から愛の輝きを覗き、それを見て歌い、こう言える人は幸せだ。『私があなたに抱く思いは、言葉で語れるものよりもはるかに甘い』」

誰よりも世間から非難された二人に敬意を捧げよう。二人は人生最大の宝を見つけ、それを手に入れたいと主張したのだ*。

*シンプソン夫人はこの私の考察を読み、それを認めてくれた。

私たちは、ウィンザー公とウォリス・シンプソンを称賛すべきだ。二人は人生がもたらす最大の報酬を見つけるまで、忍耐強くそれを探し続けたからだ。**誰もが同じように、自分が人生に求める最大のものを追い求めることで、それを手に入れられるのである。**

忍耐力のある人は、神秘的な力によって困難を克服する。忍耐力は、私たちの心の中に、超自然的な力を引き起こすのだろうか？　全世界を敵に回しても戦い続けられる人には、天が味方してくれるのだろうか？

ヘンリー・フォードのような人を見ていると、こうした疑問が次々と浮かんでくる。彼は無一文から身を起こし、その忍耐力によって巨大な自動車王国を築いた。トーマス・エジソンも、わずか三カ月足らずしか正規の学校教育を受けていなかったにもかかわらず、世界的な発明王になった。彼は自らの忍耐力を、蓄音機や映写機、白熱電灯など数々の発明に変えたのである。

私はエジソンとフォードの歩みを長年にわたって分析するという特権に恵まれた。すぐそばで観察してきた経験から、彼らが途方もない業績を残せたのは、何よりも忍耐力があったからだと断言できる。

過去の預言者や哲学者、「奇跡」を起こした人、宗教指導者などを詳しく研究すると、その業績の主な原動力が、忍耐力、集中的な努力、目的の明確さであったことがよくわかる。

例として、ムハンマドの不思議で魅力的な物語について考えてみよう。彼の人生を分析し、現代の産業界、金融界で成功した人たちと比較して、そこに大きな共通点があることを観察しよう。それは、人並みはずれた忍耐力だ。

忍耐力を高める不思議な力について詳しく知りたい人は、ムハンマドの伝記、特にイッサド・ベイが書いたものがお勧めだ。ヘラルド・トリビューン紙に掲載された、トーマス・サグリューによるこの本の書評を紹介しよう。

・最後の大預言者（評者、トーマス・サグリュー）

ムハンマドは預言者だったが、奇跡は起こさなかった。彼は神秘主義者ではなかった。正式な学校教育は受けておらず、布教を始めたのは四〇歳を過ぎてからだ。神の使者を自称し、この世に真の宗教の言葉を伝えると宣言したとき、世間からは嘲笑され、変人のレッテルを貼られた。子どもたちからは小突き回され、女たちからは汚物を投げつけられた。故郷のメッカから追放され、従者ともども身ぐるみを剥がされ砂漠に追放された。

一〇年間、行く先々で追い払われ、貧しさに喘ぎ、笑いものにされながら、伝道を続けた。だがそれから一〇年が経過する頃には、彼は全アラビアの指導者、メッカの支配者となり、その影響力はドナウ川からピレネー山脈におよぶ広大な地域を席巻するようになっていた。

彼の教えには、言葉の力、祈りの効力、神との一体感という三つの要素があった。

ムハンマドの人生は波乱万丈だった。彼はメッカに生まれた。名家の家系だったが、家族は貧困に陥っていた。メッカは世界の要衝であり、カーバと呼ばれる神秘的な石の産地で、交易がさかんな大都市だった。

都市部は不衛生であるため、子どもたちを数年間、砂漠の遊牧民のもとに預けて育てるという風習があった。ムハンマドも、遊牧民である代理母の乳を飲み、健康に育った。幼くして両親を失って孤児となり、しばらくは羊の世話をしていたが、やがて裕福な寡婦にキャラバンの若き隊長として雇われた。キャラバンを率いて東洋全土を遊牧し、さまざまな考えを持つ人たちと対話し、キリスト教が没落し、好戦的になっていく様を目の当たりにした。

二八歳の時、寡婦のハディージャから好意を抱かれ、結婚した。彼女は結婚に強く反対していた父親を酒に酔わせ、その隙に式を挙げた。その後一二年間、ムハンマドは裕福で如才のない商人として、人々から尊敬されながら暮らしていた。そののち、砂漠を旅するようになり、ある日、砂漠から戻ったとき、コーランの最初の一節を口ずさむと、大天使ガブリエルが目の前に現れて、神の使者になれと告げられたと妻のハディージャに伝えた。

コーランは神の啓示の言葉であり、それはムハンマドの人生の中で最も奇跡に近いものだった。彼は詩人ではなく、特別な言葉の才能はなかった。しかし、彼が受け取って信者に朗読したコーランの詩は、アラビア中のどの詩人が生み出す言葉よりも優れていた。これはアラブ民族にとって奇跡だった。彼らにとって言葉は最大の贈り物であり、詩人たちは大きな力を持っていた。さらに、コーランは、すべての人は神の前で平等であり、世界は民主国家（イスラム）であるべきだと説いていた。だが、ムハンマドは政治的な異説を唱え、カーバの神殿にある三六〇の宗教的偶像を破壊し、追放された。

それまで、砂漠の部族はこれらの偶像を求めてメッカに集まり、その結果としてこの都市には豊かな市場が生まれていた。偶像を破壊されたことで、商人や資本家は怒り、ムハンマドを攻撃した。砂漠に追いやられた彼は、その地で世界的な国家を建設しようとした。

イスラム教の台頭はこうして始まった。砂漠の外で、戦火が止むことはなかった。民主的な軍隊が団結し、死を覚悟してひるむことなく戦った。ムハンマドはユダヤ教徒とキリスト教徒にも門を閉ざさなかった。彼は新しい宗教を興そうとしていたのではなく、唯一の神を信じるすべての人に、同じ信念を持つよう呼びかけていたのだ。もしユダヤ教徒とキリスト教徒がこの招待を受け入れていたら、イスラム教は世界を征服していただろう。

だが、彼らはそうしなかった。彼らはムハンマドの人道的な戦争の方法さえ受け入れなかった。ムハンマドの軍隊がエルサレムに入っても、彼の信念ゆえに殺された者は一人もいなかった。だが数世紀後、十字軍がこの都市に入ったとき、イスラム教徒は老若男女を問わず皆殺しにされた。それでもキリスト教徒は、あるイスラムの制度を受け入れた。それは学問の場、大学だった。

第九章　忍耐力《この章のまとめ》

◎炭素が脆い鉄を鋼鉄に変えるように、忍耐力は人の性格を変える。粘り強く継続することで、「お金のことを常に意識する」という心の状態が育まれ、潜在意識が富を得るための働きをするようになる。

◎忍耐力を鍛えるための八つの動機がある。この八つをよく分析することで、自分に足りない忍耐力が何かを知ることができる。

◎ファニー・ハースト、ケイト・スミス、W・C・フィールズたちの人生は、忍耐力の価値を示している。ムハンマドの物語は、忍耐力が歴史さえ変えてしまうことを教えてくれる。

◎四つのシンプルなステップによって忍耐力を習慣化でき、マイナス思考の悪い影響を取り除けるようになる。

第一〇章

マスターマインド

あなたを後押しする味方の力――〈豊かさへの第九ステップ〉

成功し、富を築くには、〝パワー〟が不可欠だ。どんなに立派な計画も、それを実行するためのパワーがなければ役に立たない。本章では、このパワーを獲得し、応用する方法を見ていこう。

パワーとは、「正しく方向づけられた体系的な知識」と定義できる。願望をお金に変えるには、「組織的な努力」というパワーが必要になる。つまり、同じ明確な目的に向かって、何人かで力を合わせることだ。

富を築くにも、その富を維持するにも、パワーは必要である。

では、パワーはどのようにして獲得すればいいのだろうか。前述したように、パワーの源は知識である。その知識は、次の三つの方法で得られる。

① **【無限の知性】** この知識は、ひらめきによって得られる。その際に役立つのが、前述した創造的想像力だ。

② **【経験の蓄積】** 人類が蓄積してきた莫大な経験は書物として体系的に記録され、整理されている。これらの知識を得るために、図書館で本を借りることもできるし、学校で講義を受けることもできる。

③ **【実験と研究】** 科学をはじめとする多くの分野で、人々は日々新しい事実を集め、分類し、体系化している。これは、「経験の蓄積」には蓄えられていない知識を得るときに頼るべき

情報源である。ここでも、創造的想像力が用いられることが多い。

知識は、この三つの情報源のいずれからでも得られる。その知識は、具体的な計画として体系化し、行動に移すことで、パワーに変換できる。

この「知識の三大源泉」についてよく考えてみれば、たった一人の力でこれらの知識を集め、計画を立て、行動に移していくのは困難であることがわかるはずだ。包括的で大規模な計画を実行するためのパワーは、誰かの力を借りなければ得られないのである。

「マスターマインド」からパワーを得る

マスターマインドとは、「同じ目的の達成のために、複数の人間が調和を保ちながら知識や労力を結集させること」と定義できる。マスターマインドを利用しなければ、大きなパワーは生み出せない。本書ではこれまで、願望をお金に変えるための計画を立てる方法を説明してきた。この計画を忍耐力や知性を持って実行し、メンバーを適切に選んでマスターマインドをつくれば、目標の半分は達成したも同然だ。

マスターマインド・グループが私たちに与えてくれる目に見えないパワーをよく理解するために、マスターマインドの原理について説明しよう。

マスターマインドの利点には、経済的なものと精神的なものの二つがある。経済的な利点とは、親身になって本心からの助言や協力を与えてくれる人たちがいることでもたらされる経済的・物質的なメリットだ。富を築く人には、必ずと言っていいほど周りにこうした協力的な味方がいる。この偉大な真実を理解できるかどうかが、あなたの将来の経済状態を左右するだろう。

精神的な利点とは、それよりも抽象的で、理解しにくい。それは世の中によく知られていない、精神的な力に関するものだからだ。「二人が心を合わせれば、二人分以上の、つまり三人目が加わったような、目に見えない力が生まれる」と考えてみてほしい。

宇宙に存在するのは、エネルギーと物質という二つの要素だけである。物質は分子、原子、電子などの単位に分解される。つまり物質には、分離し、分析できる単位がある。

エネルギーにも、同様に単位がある。

人間の心はエネルギーの一形態であり、その一部は精神的なものだ。二人の人間が心を調和させるとき、それぞれの心のエネルギーが結びつき、マスターマインドの精神的な側面をつくり上げている。

私は二五年以上前に、アンドリュー・カーネギーを通して、マスターマインドの原則、特にその経済的な側面の存在を知った。そのことは、私がライフワークとして成功哲学を研究することへのきっかけになった。

カーネギーのマスターマインド・グループは、鉄鋼の製造と販売という明確な目的を持つ約五〇人のスタッフで構成されていた。カーネギーは、このマスターマインドを活用することで、莫大な富を築いたのだ。

成功者の人生を分析すれば、意識的か無意識的かにかかわらず、周りにマスターマインドと呼ぶべき協力者がいたことがわかる。

マスターマインドを通してしか、これほど巨大なパワーは手に入らないのだ。

エネルギーは、人間や動植物などの生命を含む、宇宙のあらゆる物質を形成している。自然は、その精妙で神秘的なプロセスによってエネルギーを物質に変換する。

人間はこの自然の構成要素を、思考のエネルギーという形で利用できる。脳は、宇宙にあまねく存在するこのエネルギーを活用するのだ。

脳は電池にたとえられる。複数の電池をつなぎ合わせると、一つの電池よりも大きなエネルギーを生み出せる。個々の電池から生み出せるエネルギーの大きさも、内蔵されるセルの数と容量に比例している。

脳も同じように機能する。つまり、複数の頭脳が調和のとれた協力をすれば、一つの頭脳よりも大きな思考エネルギーを生み出すのだ。

この比喩を理解できれば、他人の頭脳を活用できる人間がいかに大きなパワーを手にできるかがよくわかるはずだ。

マスターマインドの精神的な利点についてもう少し詳しく見てみよう。複数の頭脳が調和して機能すると、そこで生み出されたプラスアルファのエネルギーを、グループ内の全員が利用できるようになる。

ヘンリー・フォードがビジネスを始めたとき、とても貧しかった。彼は満足な教育も受けておらず、専門知識もなかったが、わずか一〇年でそのハンディを乗り越え、二五年後にはアメリカ屈指の大富豪になった。

ここで注目すべきは、フォードの成功の度合いが飛躍的に高まったのは、彼がトーマス・エジソンと親しくなったときからであるということだ。人との出会いが、成功の大きなカギを握っていることがよくわかる。

さらに、フォードの傑出した業績は、ハーベイ・ファイアストーンやジョン・バロウズ、ルーサー・バーバンク（それぞれ素晴らしい頭脳の持ち主）と知り合ってからであるという事実も、協力者を得ることこそパワーの源であることを物語っている。

フォードは産業界の中でも屈指の情報通として知られていた。彼が巨万の富を築いたことも議論の必要はない。フォードが親しくしていた友人たちとの関係を分析すれば、次の言葉の意味がよく理解できるはずだ。

「人は、共感と調和の精神を持って付き合う人の性質や習慣、思考に影響される」

ヘンリー・フォードは、周りの人たちの優れた頭脳から知恵や知識を吸収することで、貧困や無学、無知といったハンディを乗り越えた。エジソン、バーバンク、バロウズ、ファイアストーンらとの付き合いを通して、自らの頭脳に、この四人の知性や経験、知識、精神力を取り込んだのだ。さらに、本書で説明した成功哲学に従い、マスターマインドを最大限に活用していた。

あなたも、マスターマインドを活用できる

第三章「信念」では、マハトマ・ガンジーについて触れた。ガンジーのことを、ただの小柄な奇人だと思っている人は多いだろう。民族衣装を着て、イギリス政府に迷惑をかけている風変わりな男だ、と。

実際には、ガンジーは奇人ではない。それどころか、現代における最も影響力のある人物だ（その支持者の数と彼への信頼から判断すれば）。歴史上、彼ほど影響力のある人物もいない。彼の持つパワーは受動的なものだが、本物だ。

ガンジーがこの驚異的なパワーを手に入れた方法について考えてみよう。それは簡単に説明できる。ガンジーは、二億人以上ものインド国民に、明確な目的に向かって、調和の精神に基づき、心と体を団結させるように呼びかけたのだ。

二億人もの国民を、強制によってではなく、調和の精神に基づいて一致団結させるのは、ま

さに奇跡と呼べる偉業だった。たった二人の人間でも、一致団結することは難しい。そう考えれば、ガンジーが成し遂げたことの偉大さがわかるはずだ。

経営者なら誰でも、従業員を調和に基づいて協力させることがいかに難しいかを知っている。

このパワーの源となる知識を得るための三つの方法の中で、最も重要なのは「無限の知性」だ。明確な目的に向かって調和の精神で協力する複数の人間は、無限の知性という莫大な貯蔵庫から力を得られるのである。これはすべてのパワーの源の中で最大のものである。天才や偉大な指導者も、こうした天啓と呼ぶべき力を発想の源にしている（それを意識しているかどうかにかかわらず）。

その他の二つの方法である「経験の蓄積」と「実験と研究」は、私たちが五感を通して得る知識と同じ程度の信頼性しかない。感覚は常に信頼できるわけではない。だが、無限の知性は間違いを起こさない。

一二章では、無限の知性と交信する方法について説明しよう。

交信といっても、それは宗教的なものではない。本書で説明する基本原則は、どんな宗教とも無関係である。本書の目的は、願望をお金に変える方法を読者に提供することのみにある。本書を熟読すれば、あなたにとって一番大切なテーマが浮かび上がってくるはずだ。それを意識しながら、各章を読み進めていただきたい。

お金は、とても恥ずかしがり屋で、とらえどころがないものだ。だからこそ、熱心に追いかけ、つかまえなければならない。

それは、異性に求愛するときに使うパワーと似ている。ただし、お金を追い求めるときは、信念や願望、忍耐力が必要であり、具体的な計画を立て、それを実行しなければならない。

大金が手に入るとき、それは水が丘を流れ落ちてくるようにその人のもとに押し寄せてくるものだ。その目に見えないパワーは、川のような大きな流れにたとえられる。ただしその川には、普通の川とは違い二つの流れがある。一方の流れは豊かさという上流に向かって人々を運び、もう一方の流れは不幸や貧困という下流に向かって人々を運んでいくのだ（そこからは抜け出せない）。

大きな財産を築いた人たちは、この流れの存在を知っている。この川は、私たちの思考でできている。つまり、貧富の分かれ目は、考え方なのだ。ポジティブな思考をする人は幸運に導く流れに乗り、ネガティブな思考をする人は貧困に導く流れに乗る。

これは、富を築くという目的で本書を読んでいる人にとって、極めて重要な問題だ。

もしあなたが貧困を導く流れに乗っているのなら、本書は反対側の流れに乗り換えるためのオールの役割を果たすだろう。そのためには、本書の成功哲学を実践する必要がある。ただ読んでいるだけでは、効果は得られないのだ。

この二つの川の流れを行き来している人もいる。一九二九年のウォール街の株価の暴落は、何百万もの人々をポジティブな流れからネガティブな流れへと押し流した。その中には、絶望と恐怖に直面しながら、富へと向かう流れに戻ろうと奮闘している人たちもいる。本書は、そのような人のために書かれていたものだ。

貧困と富は頻繁にその立場を入れ替える。暴落は世界にこの真実を教えたが、世界はその教訓を長く覚えていないだろう。何も努力をしなければ、富はやがて貧困に置き換えられてしまう。富が貧困に取って代わるときは、しっかりとした計画を立て、それを実行したときだ。貧困には計画は不要だ。貧困は大胆かつ冷酷で、何の努力をしなくても、いつのまにか私たちをそこへ引きずり込んでしまう。

富は内気で臆病だ。だからこそ、十分に世話をしてやることが必要なのだ。

第一〇章　マスターマインド《この章のまとめ》

◎マスターマインドはアンドリュー・カーネギーの成功の秘密であり、あなたも今すぐに、望み通りに活用できる。これは、体系的知識を生涯にわたって活かしていくための最高の方法である。

◎人間の心はエネルギーである。二人以上が心を一つにして協力すると、大きなエネルギーの塊が形成され、さらにマスターマインドと呼ばれる超越的な力が生まれる。

◎豊かになるには、計画を立て、秩序立ててそれを実行しなければならない。成功したくないなら、その方法は簡単だ。計画を立てなければいい。

◎富を築くのに欠かせないエネルギーをもたらす知識の源泉は三つある。マスターマインドがあれば、それらを使いこなせるようになる。

誰もが富を願う。だが、富を築くための信頼できる方法が、豊かさへの燃えるような願望と、その実現のための明確な計画しかないことを知っている人は、ごくわずかしかいない。

第一一章

性エネルギーの転換

〈豊かさへの第一〇ステップ〉

転換とは、簡単に言うと「あるエネルギーを別のエネルギーに変えること」である。

性衝動とは、心の状態でもある。

このことがよく理解されていないために、性衝動は肉体的なものとのみ結びつけられがちだ。

また、性に関する知識も、肉体的なものに大きく偏りがちである。

性エネルギーは、三つの建設的な可能性を秘めている。

1：人類という種の繁栄
2：健康の維持（非常に良い健康効果がある）
3：エネルギーを転換することで、凡庸な能力を天才的なものに変える

性エネルギーの転換とは簡単に言えば、「性を肉体的なものだけではなく、他のエネルギーとして活用する」ということである。

性欲は、人間の欲望の中でも最も強い。

この欲望に突き動かされるとき、人は想像力や勇気、意志力、忍耐力、創造性などの能力を強烈に発揮する。性への欲望は極めて強く、人はそのために生命や名声を失う危険を冒すことさえある。この衝動を別の目的に振り向けられれば、豊かな想像力や、強い勇気などを、文学や芸術の創作活動や、さまざまな職業で活かせるようになる。もちろん、それには富の構築も含まれる。

性エネルギーを転換するには、強い意志力が必要だ。だが、それには十分な見返りがある。性欲は自然なものであり、無理に抑えようとすべきではない。だがそのエネルギーは、人間の心身を豊かにするような形でも用いられるべきだ。そうしなければ、性エネルギーには肉体的なはけ口しかないことになる。

川をせき止め、水の流れを一時的にコントロールしても、最終的にはどこかではけ口が必要になる。性エネルギーも同じだ。一時的にはコントロールできても、何らかの形で表現しなければならない。その一部を創造的な方向に転換しなければ、すべてが肉体的なはけ口に流れていくことになる。

性エネルギーを創造的な行為に昇華させる方法を見つけた人は幸運だ。それによって、計り知れない能力を発揮できるようになるからだ。

研究によって、次のような重要な事実が明らかになっている。
① 性欲が強く、それをうまく転換する術を身につけた人は、偉大な業績を上げることが多い。
② 愛する女性の存在に動機付けられて、文学や芸術、産業、建築、商業などの分野で成功し、高い評価を得た男性は多い。

これは、過去二〇〇〇年以上に及んで書かれた伝記や歴史書を対象にした研究で明らかになったものである。性エネルギーを転換することで、偉大な業績を残した人は極めて多い。

性衝動は抑えられないほど強いものである。それに突き動かされた人は、とてつもない行動力を発揮する。この真実を理解すれば、性エネルギーの転換が私たちにとてつもない力を与えてくれることの意味がよくわかるはずだ。

性の感情には、創造力の秘密が隠されている。

人間であれ動物であれ、性エネルギーを失えば、行動力の源も失われることになる。たとえば、去勢された動物はどうなるか。雄牛は去勢されると、仔羊のようにおとなしくなる。去勢は、オスから闘争心を奪い去るのである。メスの場合も同様だ。

心を刺激する一〇の項目

人間の心は刺激に反応し、それによって熱意や創造的想像力、強い願望などが生じる。代表的な刺激には次のようなものがある。

1：セックス

2：愛情
3：名声、権力、お金への燃えるような願望
4：音楽
5：友情
6：マスターマインド（人間的成長、社会的成功という同じ目的を持つ、調和に基づいた協力関係）
7：共通の苦しみ（「迫害を受けている」など）
8：自己暗示
9：恐怖
10：麻薬とアルコール

セックスを一番に挙げたのは、それが最も強く人間の心を刺激し、行動に向かわせるからだ。これらの刺激のうち八つは自然で、建設的なものだ。最後の残りの二つは有害なものである。このリストを見れば、セックスが他の刺激に比べても特に強烈なものであることがわかるはずだ。

性エネルギーの転換は、私たちに天才的な力をもたらす。それは具体的にはどのような力なのだろうか。

考えの浅い人は、天才と呼ばれる人を「長髪で、変わった食べ物を口にし、孤独な生活をし、冗談好きの笑いのタネにされる人」と言ったりする。だが、真の天才とは、「普通の思考では到達できないような知識の源泉と自由に交信する方法を習得した人」なのである。

では、その「交信」とは、いったいどんなものなのだろうか？

天才にしか到達できない知識源は、本当にあるのだろうか？　その情報源は何で、具体的にはどのようにして到達できるのだろうか？

こうした質問に答えるために、本書のこれまでの主張を裏付け、あなた自身も実際に確かめることのできる証拠を示そう。

「天才」は第六感によって育まれる

第六感が存在することについては、かなりの証拠がある。第六感とは、「創造的想像力」のことだ。大多数の人は、この創造的想像力を十分に使わないまま一生を終える。もし使うとしても、それは偶然にすぎない。意図と目的を持って創造的想像力を使う人は、わずかしかいない。この能力を自発的に、その機能を理解しながら駆使する人こそが天才なのである。

創造的想像力は、人間の有限の知性と天の無限の知性を結びつける。宗教分野における天啓や、発明分野における基礎発見や新原則などは、この創造的想像力の働きによるものである。

アイデアや概念が、一般的に「勘」と呼ばれるものを通じて人の心にひらめくとき、それは次の源から生じている。これを、本書では「ひらめきをもたらす四つの源泉」と呼ぶ。

1：無限の知性
2：潜在意識――これまでに五感を通して脳に届いたすべての感覚的印象や思考が格納されている場所
3：他人の思考――誰かが口にした思考や、アイデアや概念がヒントになる。
4：他人の潜在意識

ひらめきや勘の源は、これらしかない。

創造的想像力は、心が（何らかの刺激を受けて）活性化しているときに機能する。つまり、心が普段よりも研ぎ澄まされているときだ。

前述した一〇種類の心の刺激に反応して脳の活動が高まると、思考は高いレベルに引き上げられる。普段、仕事や日常的な問題の解決に取り組んでいるときには得られないような、広範囲に及ぶ、質の高い思考ができるようになるのだ。

この高い思考のレベルに達するのは、飛行機から地上を見下ろすのと似ている。機上からは、地上からは見えない地平線もはっきりと見渡せる。目の前に次々と現れる衣食住の問題に邪魔されることもない。日常的な些事にとらわれることなく、純粋な思考の世界に入れるのだ。

この高次元の思考の状態にいると、心は解放され、創造力が高まる。第六感が活性化し、他の状況では得られないようなアイデアが浮かんでくるようになる。この第六感を使えるかどうかが、天才と平凡を分けるのである。

第六感は、使えば使うほど、外界にあるひらめきの源泉に対して敏感に反応するようになる。この能力は、使うことで養われ、発達していくのだ。

私たちの心の声も、第六感から引き出される。

偉大な芸術家や作家、音楽家、詩人たちがなぜ偉大になれたかというと、創造的想像力によって、自らの内側から発せられる、静かで小さな声に耳を傾けることを習慣にしていたからだ。

優れた想像力を持つ人がよく知っているように、最高のアイデアは、勘によってもたらされる。

ある演説家は、目を閉じて創造的想像力を完全に発揮しなければ、優れた演説はできないと語った。なぜ演説のクライマックスの直前に目を閉じるのかと尋ねられると、彼は「自分の中から湧き上がってくる言葉を話したいから」と答えた。

アメリカで屈指の成功を収めたある資産家は、決断を下す前に二、三分間、目を閉じる習慣があった。理由を尋ねられると、彼は「目を閉じることによって、理性を超える知性の源からアイデアを引き出せるから」と答えた。

メリーランド州チェビーチェイスに住んでいた故エルマー・R・ゲイツ博士は、創造的想像力を活用して、二〇〇以上の有用な特許を生み出した。その多くは基本特許と呼ばれる、基礎的で重要なものだった。彼の創造力の活性化方法は、天才的な能力を高めたいという人にとって大きなヒントになるはずだ。ゲイツ博士は、あまり知られていないが、世界的な科学者であり、紛れもない天才だった。

ゲイツ博士の研究室には、「交信室」と名付けられた、外界からの音と光を完全に遮断した小部屋があった。室内には小さなテーブルが備え付けられ、その上には筆記用具が置かれていた。壁には照明用のボタンがあった。彼は創造的想像力を発揮したいときにこの部屋に入り、椅子に腰かけて電気を消し、研究中の発明についての既知の情報について意識を集中させ、未知のアイデアが頭の中にひらめくのを待った。

あるときなどは、アイデアが次々と浮かんできて、三時間もメモを取り続けた。ひらめきが止み、メモを調べてみると、当時の科学界の既知の情報とは比較にならないほど詳細な説明が記されていた。それまで抱いていた疑問に対する答えも、はっきりと示されていた。

ゲイツ博士はこのようにして二〇〇件以上の特許をものにした。どれも、数多の発明家が途中まで挑んだが、完成させられなかったものだ。この話が本当であることは、アメリカ特許庁に保管されている特許文書を見ればわかる。

ゲイツ博士は、依頼主である個人や企業のために、この「ひらめきを待つ」方法によってアイデアを生み出すことで生計を立てていた。いくつかの大企業は、博士がこの方法で発明行為をすることに対して、時間単位でかなりの報酬を支払っていたほどである。

推論は、基本的に個人の限られた過去の経験をベースにして行われるため、間違うことが多い。私たちが経験を通じて得る知識には、偏りがあるものだ。それに対し、第六感を働かせて得たアイデアは、限られた個人的経験を超える領域を源にしているという点で、より信頼できるものになる。

天才と普通の発明家との決定的な違いは、天才は創造的想像力を働かせているが、普通の発明家はこの能力を知らないという点にある。優れた科学的発明家（エジソンやゲイツ博士など）は、統合的想像力と創造的想像力の両方を活用している。

たとえば、天才と呼ばれるような優れた科学的発明家は、経験を通して蓄積した既知のアイデアや原理を、まず統合的想像力（推論）によって整理し、組み合わせることから発明を始める。そして、その知識で発明を完成させるのは不十分だと判断した場合、創造的想像力を使って知識の源からアイデアを引き出す。人によって細かな違いはあるだろうが、基本的には次のような方法が用いられる。

① さまざまな方法で心を刺激し、脳を活性化させる。

② 当該の発明に関する既知の要素（完成済の部分）について集中的に考え、未知の要素（未

完成の部分）の完全なイメージを心に描く。そして、そのイメージが潜在意識に焼きつけられるまで真剣に考え続ける。次に、リラックスして頭を空っぽにし、答えが頭の中にひらめくのを待つ。

はっきりとした明確な答えがすぐに浮かぶこともある。第六感や創造力がうまく働かず、望ましいアイデアがひらめかないこともある。

エジソンは、白熱電球を発明するために、統合的想像力を使って一万以上のアイデアの組み合わせを試した。蓄音機を発明した場合も同様だ。

創造的想像力の存在を裏付ける証拠はいくつもある。これは高等教育を受けずにさまざまな分野で成功した人物を分析することによって立証できるはずだ。その好例はエイブラハム・リンカーンであろう。彼は最愛の女性アン・ラトリッジにめぐり会うことで自らの才能に気づき、それを開花させた。彼の経歴は、天才はどうして生まれるのかということを研究するうえで重要な意味を持っている。

歴史書を紐解けば、性的な刺激によって創造的想像力を活性化させ、偉大な成功を収めた人物が多いことがわかる。ナポレオン・ボナパルトもその一人である。最初の妻ジョセフィーヌに励まされていたとき、彼には飛ぶ鳥を落とすような勢いがあった。だが、合理的な判断によってジョセフィーヌと離婚した後に転落し始めた。数年後には、セントヘレナ島に幽閉され、そこで死を迎えた。

アメリカにも、妻の存在を励みにして大成功を遂げたが、金と権力を手に入れ、離婚して新しい妻と再婚したのちに人生の坂道を転がり落ちた人が大勢いる。愛情に支えられた健全な性の影響を受けることが、合理的な判断で手に入れた代替物よりも強力であることに気づいたのは、ナポレオンだけではない。

人間の心は刺激に反応する。

これらの刺激の中で最も偉大で最も強力なものは、性衝動である。このエネルギーをうまく転換して活用したとき、思考を高い領域に引き上げられる。その結果、日常の些細な問題や不安から離れて、純粋な思考に集中できるようになるのである。

残念ながら、この事実に気づいているのは、ごくわずかな天才だけだ。その他大勢の人たちは、その可能性に気づいていない。

実例として、強い性エネルギーを活かして、天才と呼ばれるような傑出した業績を残した偉人たちの名前を挙げておこう。

ジョージ・ワシントン（政治家、初代アメリカ合衆国大統領）、トーマス・ジェファーソン（政治家、第三代アメリカ合衆国大統領）、エルバート・ハバード（アメリカの思想家）、ウィリアム・シェイクスピア（イングランドの作家）、エルバート・ヘンリー・ゲイリー（アメリカの実業家）、オスカー・ワイルド（アイルランドの作家）、ラルフ・ワルド・エマーソン（アメリカの思想家）、ウッドロー・ウィルソン（政治家、第二八代アメリカ合衆国大統領）、ロバート・バーンズ（スコットランドの詩人）、ジョン・ヘンリー・パターソン（アメリカの実業家）、アンドリュー・ジャクソン（アメリカの軍人・政治家）、エンリコ・カルーソー（イタリアのテノール歌手）。

伝記をよく読む人なら、さらに多くの名前を挙げられるだろう。性エネルギーを利用しないで歴史上に名前を残した人物を見つけるほうが難しいくらいだ。現代の成功者でも同様だ。性エネルギーは、天才の創造力の源だ。指導者や建築家、芸術家などで、突出した業績を上げた人たちは、みなこのエネルギーを活用してきた。それはこれからも変わらないだろう。

もちろん、だからといって性欲が強ければ誰でも天才であるということにはならない。天才的な能力を発揮するには、心を刺激して創造的想像力を働かせ、ひらめきを得なければならない。このときに心を刺激するものの中で最も重要なのが、性エネルギーなのである。このエネルギーがあるだけでは天才にはなれない。性エネルギーを別の欲求へと転換し、行動を起こす必要があるのだ。強い性欲を持ちながら、この力を活かしきれず、天才とは程遠い人生を歩んでいる人は多い。

なぜ四〇代以降で成功する人が多いのか

私は二万五〇〇〇人以上の人生を分析し、目覚ましい業績を残した男性が四〇歳までに成功することはほとんどなく、五〇歳を超えてからその真の能力を発揮することが多いという事実を発見した。驚くべき結果だったので、原因を一二年以上にわたって研究し続けた。

この研究によって、大多数の男性が四〇代や五〇代になるまで成功しない主な理由は、性衝動を性的なもののみに向けているために、エネルギーを浪費しているためであることが明らかになった。

性衝動に、肉体的なものを超越した別の可能性があることを知る人は少ない。そのことに気づく場合でも、性衝動が最も強い時期を過ぎた、四五歳から五〇歳になってからのケースがほとんどだ。五〇歳を過ぎてから優れた業績を残す人が多い。

大多数の男性は、四〇代以前は性エネルギーを性以外の方面にうまく活かしきれていない。せっかくの素晴らしいエネルギーを、淫らな方向ばかりに向けてしまっているのだ。

性衝動は人間の欲求の中でも特に強いものだ。だからこそ、それを性的なもの以外に向けることで、天才的な能力を発揮できるようになる。

ある優秀なビジネスパーソンは、「魅力的な秘書がいることで、仕事の業績を上げられた」

と率直に語っている。彼女の存在によって、創造的想像力が刺激されたというのだ。またある成功者は、「ある魅力的な若い女性の存在が一二年以上にもわたってインスピレーションの源となり、成功を手にできた」と述べている。この人物はとても有名だが、その成功の本当の秘密は知られていないというわけだ。

歴史を振り返れば、アルコールや麻薬といった人工的な刺激物を用いて天才的な能力を発揮した人物が大勢いることがわかる。

作家のエドガー・アラン・ポーは酒に酔いながら『大鴉』を書き、この作品の一節にあるように、「普通の人が決して夢見ようとしなかったこと」を夢見た。詩人のジェームズ・ウィットコム・ライリーも、自身の最高傑作を酒に溺れながら書いた。おそらく彼はこのようにして「現実と夢の規則的な交わり、川の上の製粉所、川の上の霧」といった彼の作品に描かれた光景を見たのだろう。ロバート・バーンズもアルコール中毒の中で、「友よ、懐かしき日々のために　盃を酌み交わそう」という一節で知られる、『オールド・ラング・サイン』〔訳注：『蛍の光』の原曲〕を書いている。

だが、こうした人たちの多くが、結局は破滅的な人生を送ったことを忘れてはならない。酒や麻薬などの人工物に頼らなくても、自然には、人間の精神を安全に刺激できる薬がある。私たちはそれによって、精妙な高次元の思考に同調できるのである。人間は、この自然の刺激物の代わりになるものを見つけていないのだ。

性的な衝動と精神的な探求には密接な関係があることは、心理学ではよく知られた事実だ。この事実は、復活祭の前の謝肉祭で乱痴気騒ぎをする人々の原始的な行動にも表れている。

この世界を支配しているのも、文明を築いてきたのも、人間の感情である。人の行動は理性よりも「感情」に影響されているのだ。人の創造的想像力は、冷たい理性ではなく、感情によって発揮される。そして、人間の感情の中で最も強力なのはセックスの感情だ。他にも心を刺激するものはあるが、セックスの比ではない。

心を刺激するものは、一時的、永続的に、私たちの思考を高める。代表的なのは、前述した一〇種類の刺激物だ。これらを媒介にして、人は無限の知性と交信したり、自分や他人の潜在意識に自由に出入りしたりできる。それが、天才的な能力につながるのだ。

三万人以上の営業担当者を指導してきた講師が、性に関心の高い男性ほど営業成績が良いという驚きの発見をした。その理由は、人の魅力は、性的な魅力と深く結びついているからだという。

性に関心の高い人は、魅力的な人でもある。この魅力をよく理解し、磨くことで、人間関係で大きな利点が得られる。この魅力は、次のような形で他人に伝えられる。

① 握手。手の感触によって、魅力は瞬時に伝わる。

② 声のトーン。性エネルギーは、ツヤや張りがあり、音楽的な響きのある声を生む。

③ 姿勢と動作。性的な魅力のある人は、身のこなしがきびきびとしていて、優雅で、余裕がある。
④ 思考。思考を性的な感情と組み合わせることで、周りの人に影響を与えられる。
⑤ 外観。性に関心の高い人は、外見に注意を払い、自分の性格や体格などに似合う服を選ぶ。

営業担当者を雇うとき、有能なセールスマネージャーなら、第一条件として、人間的魅力を求める。性エネルギーが不足している人は、情熱が弱く、熱意で相手を説得することが難しい。何を売るにしても、営業担当者にとって熱意ほど大切なものもない。

講演家、牧師、弁護士、営業担当者など、他人の心を動かさなければならない仕事をしている人にとって、性エネルギーを活用することは大切だ。人の心は、感情に訴えられたときに一番反応しやすい。だからこそ、営業担当者にとって性エネルギーが高いことは重要なのだ。優れた営業担当者は、意識的、無意識的に、性エネルギーを転換して情熱的なセールスをする。性エネルギーの転換は、現実の世界で実際に役立っているのである。

性エネルギーを、性的な目的に向けるときと同じくらいの熱意と決意を持ってセールスに向ける方法を知っている営業担当者は、それに自覚的であるかないかにかかわらず、性エネルギー転換の技術を習得している。この技術を、無自覚に実践している人も多い。

この転換には、強い意志力が必要だ。だが、それは訓練によって鍛えられる。そして、その労力の見返りとして得られるものは大きい。

性については大きな誤解がある。性衝動は、無知で愚かな人たちによって誤解され、中傷され、茶化されてきた。そのため、セックスは公の場で語るべき話題とはされていない。性欲が強いことは、本来は健全で祝福されるべきなのに、卑しいことだと見なされてしまう。

これだけ文明が開かれた社会にあっても、性欲が強いのは悪いことだという誤った考えのために、劣等感を抱いている人は多い。もちろん、だからといって性にだらしないことを正当化するわけではない。性エネルギーは、知的かつ分別を持って用いるべきだ。間違った使い方をすれば、私たちの心と体を堕落させてしまう。

女性に触発されて偉大な成功を収めた人物は多い。私はそのことは非常に重要な意味があると考えている。愛人に触発されたような例外的なケースを除けば、こうした女性の名前が世に出ることはめったにない。一般的に、妻は謙虚で控えめであることが多いからだ。だから、この事実はあまり知られていない。

性にだらしないことは、飲酒や過食と同様に有害である。世界大戦以降、世の中では人々の性生活の乱れが一般的になった。それが、現代に偉大な人物が少ない理由かもしれない。性エネルギーを浪費すれば、創造的想像力を十分に発揮できなくなるからだ。このような性の乱れが見られるのは人間だけだ。動物は、生殖という目的のために、節度ある性の営みをする。発情期のある動物も多いが、人間は年中発情している。

聡明な人なら誰でも、アルコールや麻薬の過剰摂取が、脳や体にとって有害であることを知っている。だが、セックスに耽溺しすぎることが同様に有害で、創造的行為の妨げになることはほとんど知られていない。

つまり、セックス中毒は、麻薬中毒と大差ないのである。どちらも理性と意志力をコントロールできなくなっている。病気不安症など、精神的な病につながることもある。

このように、性エネルギーの転換について知っているかいないかは、大きな違いに結びつくのである。

性についての誤解が多いのは、この問題が謎に包まれ、沈黙に覆われているからでもある。人は、禁じられるとそれを知りたくなるものだ。その結果、若者たちは性への偏った好奇心を高まらせている。また、若者の性教育に責任を持つ政治家や医師なども、性について本当に大切なことを知っていないのが現状だ。

分野を問わず、四〇歳になる前に、創造力を発揮した独創的な仕事をする人は少ない。創造力が最大限に高まるのは、一般的に四〇代から五〇代にかけてである。これは数千人を対象にした分析によって明らかになったことだ。この事実は、四〇歳になるまでに成功できなかった人や、中年期を迎えることに怯えている人にとって励みになるはずだ。人生は、四〇代に入ってから実りの時を迎えることが多い。だからこそ、恐れや怯えではなく、希望と熱い期待を持ってこの年代に臨むべきだ。

成功者の例を調べれば、四〇歳以降に成功した人が多いことがよくわかる。ヘンリー・フォードが頭角を現したのは四〇歳を過ぎてからだったし、アンドリュー・カーネギーの努力が実り始めたのも四〇歳をはるかに過ぎてからだ。ジェームズ・ヒルも四〇歳のときはまだ電信のキーを叩いていて、それから何年も経ってから驚異的な業績を上げ始めた。アメリカの実業家や資産家の伝記を読めば、四〇代から五〇代が人間にとって最も生産的な時期であることの証拠がたくさん見つかる。

一般的に、人が性エネルギーを転換する方法を学び始めるのは三〇歳から四〇歳のあいだである。この学びは、たいていは偶然によるものであり、本人もそれを自覚していないことが多い。単に三五歳から四〇歳にかけて仕事上の能力が高まったと感じているだけで、それをもたらした本当の原因については知らないのである。三〇代にかけて、人間の愛とセックスの感情は、大自然の働きによって調和し始める。それは、私たちの内なる優れた能力を引き出すための刺激になるのだ。

性衝動は、私たちを行動に向かわせる強いエネルギーだ。だがその力はサイクロンのように激しく、制御が難しい。しかし、そこに愛情が加わると、目標を冷静に設定し、心を落ち着かせ、正確に判断し、バランスを保てるようになる。四〇歳になってもこの事実に気づかず、自らの経験によってそれを裏付けられないのは、とても残念なことだ。

性エネルギーを性的な行為だけに向けている人でも、偉大な業績を上げられることはあるだろう。だが、その行動によって身を亡ぼすこともある。強い性欲に駆られていると、人は盗みや浮気をしたり、殺人を犯したりすることさえあるからだ。しかし、そこに愛情が伴うことで、健全でバランスのとれた理性的な行動を取れるようになる。

犯罪学は、冷酷な犯罪者でも女性の愛情によって更生できることを明らかにした。しかし、性的な影響だけで犯罪者が更生したという記録はない。原因はよくわかっていないが、それは更生には、理性ではなく感情が大きく影響しているからだろう。更生とは心の変化であり、頭の変化ではないのだ。人は理性によって、望ましくない行動を変えることもある。だが真の更生は、心の変化、すなわち変わりたいという願望によってのみもたらされるのである。

愛、ロマンス、セックスはどれも、人間を偉業の高みへと駆り立ててくれる感情である。愛は安全弁のようなもので、バランスや心の平穏を保ち、建設的な努力を支えてくれる感情である。これら三つの感情を組み合わせると、人は天才的な能力を発揮しやすくなる。ただし、愛情とは無縁の天才もいる。正義や公正を重視せず、邪悪な行為に手を染めることもある。産業界や金融界には、他人の権利を容赦なく侵害する天才がごまんといる。こうした人たちはまったく良心が欠けているように見える。読者にも思い当たる人がいるだろう。

感情は心の状態だ。大自然は、化学の原理に似た方法で作用する「心の化学」を人に与えている。化学者は、無害な元素を混合して猛毒をつくり出せる。感情も、組み合わせによっては猛毒になる。セックスと嫉妬の感情が混ざり合うと、人は恐ろしい野獣に変わることがある。

複数のネガティブな感情が化学反応を起こして猛毒に変わると、正義感や公平心、さらには理性すら破壊されることもある。

セックス、愛、ロマンスの感情を培い、それをうまく手なずけて活用することで、天才的な能力を引き出しやすくなる。その手順はこうだ。

まず、これらのポジティブな感情を抱くようにし、ネガティブな感情は持たないようにする。心は習慣の生き物であり、日常的に抱いている感情や思考に強く影響される。人は意志力によって、ある感情を促し、別の感情を抑えられる。忍耐力と習慣があれば、心をコントロールするのは難しくはない。そのカギを握るのは転換だ。ネガティブな感情が心の中に現れたら、それをポジティブな感情に変えるのだ。

この自発的な努力以外に、天才への道はない。性エネルギーの力だけで、成功をつかめる人はいるだろう。だが歴史を見ればわかるように、そういう人の幸運はいつまでも続かないのである。これは分析し、熟考するに値する事実である。男性だけでなく、女性にも役立つだろう。この事実を無視したために、富を手にしていたにもかかわらず、幸せを失った人は大勢いる。

愛とセックスの両方の感情で満たされていると、それは表情にも表れる。性欲だけに駆られている人は、目つきや顔つきでわかるものだ。愛の感情がセックスの感情と混ざり合うと、人の表情は和らぎ、美しくなる。性格テストをしなくても、観察すれば判断できる。

愛は人間の芸術的、美的な性質を引き出し、発展させる。その火が消えてしまったあとでも、魂に印象を残す。

愛の記憶は決して消え去らない。その源が薄れたあとも、長く残り、私たちを導き、影響を与え続ける。これは古くから知られていることだ。真実の愛を経験した人なら誰でも、それが人間の心に永遠の痕跡を残すことを知っている。

愛の効果は永続する。それは愛が精神的なものだからだ。愛の力があるのに、それを刺激にして何かを成し遂げようという意欲を抱かない人がいるのは残念なことだ。それは、生きる屍であるに等しい。

愛の記憶でさえ、創造行為を高次元に引き上げてくれる。愛の大きな力は、炎のように自らをも燃やし尽くしてしまうかもしれない。それでも、そこには消すことのできない痕跡が残る。愛が過ぎ去っても、私たちの心はさらに大きな愛を受け入れようとし始める。

時には過去を振り返り、愛の美しい思い出に浸ってみよう。それは現在の悩みや不安を和らげてくれるはずだ。現実の苦しさを忘れることもできるだろう。そして、その幻想の世界に浸ることで、経済的、精神的に人生を変えてくれるようなアイデアや計画が浮かぶとも限らないのだ。

失恋をしたという理由で自分を不幸な人間だと思い込んでいるのなら、そんな考えは捨ててほしい。誰かを心から愛した人のもとには、また愛がやってくる。

愛は気まぐれだ。はかなく、移ろいやすい。好きなときにやってきては、何の前触れもなく去っていく。愛が訪れたのなら、それを受け入れて楽しめばいい。愛が旅立っても、いつまでも悲しんでいてはいけない。悲しんでも、その愛は二度と戻ってこないからだ。

愛は一度しかやってこない、という考えも捨てるべきだ。愛は何度も現れて、去っていくものだ。愛には一つとして同じものはない。誰にとっても、他よりも心に深い痕跡を残す愛の経験はあるはずだ。それでも、失ったときに恨んだりシニカルになったりする人を除けば、どんな愛もその人の糧になってくれる。

愛に失望すべきではない。愛とセックスの違いを理解していれば、失望することはないだろう。愛は精神的なものであり、セックスは肉体的なものである。無知や嫉妬がない限り、精神的に他人と心を触れ合わせるのは素晴らしい経験になる。

愛は、人生で最も素晴らしいものだ。それは無限の知性との交信をもたらす。愛に、ロマンスとセックスの感情が加わると、創造力の高みに届きやすくなる。愛、セックス、ロマンスの感情は、何かを達成する天才的能力の三角形を構成している。自然はこの三つの要素だけで、天才を生み出すのである。

愛はさまざまな側面や影、色彩を持つ感情だ。私たちが親や子どもに対して感じる愛は、恋人に感じる愛とはまったく違う。一方にセックスの感情はないが、他方にはある。

友人に対して感じる愛は、恋人や親、子どもに感じる愛と同じではない。それでも、愛の一形態である。大自然がつくり出したものなど、生命のないものへの愛も存在する。

しかし、これらのさまざまな愛の中で最も激しく燃え上がるのは、セックスの感情を伴う愛である。愛情だけではなく、セックスの面でも相性が良くない相手との結婚は長続きしにくい。愛だけでも、セックスだけでも、結婚生活は幸せにはならない。この二つの美しい感情が交じり合うとき、結婚はこれ以上ないほどの幸福感をもたらしてくれるのである。

愛とセックスの感情にロマンスの感情が加わると、人間の有限の心と無限の知性のあいだにある壁が取り除かれる。そして、天才的な境地が開かれるのである。

これは、一般的にセックスという言葉から連想されるものとはまったく異なる考え方だ。そこでは、セックスは神の手の中にある粘土のようなものに引き上げられる。神はこの粘土を使って、美しく感動的なものをつくる。このことを正しく理解していれば、結婚生活から混乱を取り除き、調和をもたらせるだろう。不平や小言に象徴される結婚生活の不和は、性に関する知識不足が原因である場合が多い。愛とロマンスとセックスの正しい知識があれば、不和はなくなるはずだ。

愛とロマンスとセックスの関係を正しく理解している妻のいる男性は幸運である。この三つの神聖な感情を原動力にしていれば、どんな労働も辛くはなくなる。そこに、愛を見出せるからだ。

「夫を生かすも殺すも妻次第」という古いことわざがある。これは、妻が愛とロマンスとセックスを正しく理解しているかどうかにかかっている。

男性は生物学的に見れば、複数の女性を求めるようにできていると言える。とはいえ、まったく相性の悪い女性と結婚していない限り、妻ほど男性に大きな影響を与える女性はいない。もし夫が妻に興味を失い、他の女性に気を移すことがあれば、それはたいてい、妻がセックス、愛、ロマンスに対して無知や無関心であるためである。もちろん、それは夫婦に以前、真の愛があったことが前提になる。同じことは、妻から興味を失われた夫にも当てはまる。夫婦は些細なことで喧嘩をするものだが、その本当の原因も同様だ。

男性の最大の原動力は、女性を喜ばせたいという願望である。原始時代の男たちも、女たちに偉大だと思われたいがために狩りにいそしんだ。この点で、男性の本質は現代でも変わっていない。今日の〝ハンター〟は、野生の獲物ではなく、高級な服や自動車、富を持ち帰ることで、女性に好かれようとしている。

女性を喜ばせたいという願望は、原始時代と変わりはない。唯一変わったのは、喜ばせる方法だ。男性が富を築き、権力や名声を得ようとするのは、女性を喜ばせたいからというのが大きな理由だ。女性がいなければ、男性にとって富はほとんど意味がなくなる。このように、男性は女性を喜ばそうという願望によって動かされている。だからこそ、夫を生かすも殺すも妻次第なのである。

男性のこの性質をよく理解し、うまく機転を利かせて男性を動かせる女性は、他の女性とのライバル争いを恐れる必要はない。男性は、他の男性といるときは一筋縄ではいかない存在かもしれないが、好きな女性には簡単に操られてしまうものだ。

男性は、自分が好きな女性の掌で転がされているのを認めたがらない。女性よりも強い存在でありたいと思うのが男性の性質だからだ。賢い女性はこの男性の本質を知っていて、操っているということを表面には出さない。

妻や恋人、母親、姉妹などに影響されているのに気づいていながら、それに抗わない男性もいる。**女性の影響力なしでは、男性は幸せになれないと知っているからだ。**

この重要な事実を知らない男性は、何よりも素晴らしい成功の原動力を、自ら放棄してしまっているのである。

第二章　性エネルギーの転換《この章のまとめ》

◎性エネルギーに関する驚異の事実は、個人のパワーの源泉に対する新しい洞察をもたらす。性エネルギーは、強力な天才的行為の源となりうる。

◎性エネルギーは、熱意や創造的想像力、強い願望、忍耐力など、富と幸福を得るための大きな力になる。

◎性エネルギーをうまく転換させ、日常的な思考から離れて高次の思考に集中することで、ひらめきを得やすくなる。また、他の人の潜在意識にあるアイデアの宝庫にも同調しやすくなる。

◎才能ある発明家は、シンプルだが驚異的な二段階の方法でアイデアを生み出している。性エネルギーを転換するほど、「理性」が役に立たない領域に入れるようになる。性エネルギーは自然なものであるが、それをセックス以外の方向にも向けることが大切である。

第一二章

潜在意識

有限の心と無限の知性をつなぐ絆——〈豊かさへの第一一ステップ〉

潜在意識とは、五感を介して意識に到達した情報を分類し、記録するための脳の領域である。潜在意識に格納された情報は、ファイリングキャビネットから書類を取り出すように、呼び起こしたり、引き出したりできる。

潜在意識は、あらゆる印象や思考を、その性質に関係なく受け入れ、ファイリングする。ということは、潜在意識には、あなたが物質やお金に変えたいと思っている計画やアイデア、目的も、自由に植えつけられるということだ。

また潜在意識は、信念などの感情を伴う強い願望に対して特に作用する。

このことを、第二章「願望」で説明した「願望実現のための六ステップ」と、第七章「計画」で説明した指示との関連で考えてみていただきたい。つまり、潜在意識に何かを伝えようとするとき、信念を込めることが極めて重要になるのだ。

潜在意識は昼夜を問わず働いている。潜在意識は、人間には詳しく知ることのできない方法によって無限の知性と交信し、最も確実な目的達成の方法を用いて、願望を現実に変えてしまうのである。

潜在意識は完全にはコントロールできないが、実現したい計画や願望、目的を委ねることはできる。これについては、第四章「自己暗示」に記した「潜在意識を働かすための三ステップ」についての説明をもう一度読んでいただきたい。

「潜在意識は人間の有限の心と宇宙の無限の知性をつなぐ絆である」という考えを裏付ける証

拠はたくさんある。私たちは潜在意識を媒介として、無限の知性の力を自由に引き出せるのである。潜在意識は、秘密のプロセスによって思考を現実の同等物に変える。また、私たちの切なる願望を聞き届けることができるのも潜在意識なのだ。

潜在意識と創造力が結びつくとき、その可能性は計り知れないほど大きくなる。それは人間に畏怖の念を起こさせるほどに偉大である。

潜在意識について語るとき、私は無力感や劣等感を抱かずにはいられない。このテーマに関する人間の知識が、哀れなほどに乏しいからだ。脳の小さな領域である潜在意識が、人間の思考と無限の知性とのあいだのコミュニケーションの媒介であるという事実自体が、私たちの理性を麻痺させるほど不思議なものである。

あなたがこの事実を受け入れ、潜在意識に願望を実現させる能力があることが理解できるならば、第二章「願望」の内容をさらに納得できるようになるだろう。また、なぜ「願望を明確にすること」「目標を紙に書き出すこと」と何度も忠告されたのか、これらの指示を実践するのにいかに大きな忍耐力が必要か、ということも理解できるはずだ。

本書が説明する「豊かさへの一三ステップ」は、潜在意識に到達し、影響を与える能力を得るための刺激なのである。最初の試みでうまくいかなかったとしても、落胆しないように。潜在意識は、第三章「信念」で説明した指示に従い、それを習慣化することで初めて思うように動かしていけるようになるものだからだ。あなたはまだ、信念を築くための十分な時間をかけていないのかもしれない。辛抱強く、粘り強く続けよう。

潜在意識を最大限に活用するためには、第三章「信念」と第四章「自己暗示」を読み返してほしい。**潜在意識は、こちらから何も働きかけなくても、自動的に動作している**ことを忘れないようにしよう。当然、恐怖や貧困などについてのネガティブな考えも、潜在意識への刺激になる。つまり、私たちがポジティブな思考を届けようとしない限り、潜在意識にはネガティブな思考が入り込んでいくのだ。

潜在意識は休みなく働いている。すでに説明したように、そこにはポジティブなもの、ネガティブなものを問わず、さまざまな思考が絶えず届けられている。そのため、私たちが意図的に願望を送り込まなければ、他の思考が受け取られ、栄養にされてしまうのである。

毎日、私たちが知らないうちに、さまざまな思考が潜在意識に到達している。そのことを忘れないようにしよう。その思考には、ネガティブなものとポジティブなものがある。そのため、ネガティブな思考ではなく、ポジティブな思考、すなわち「願望」を潜在意識に届けることが重要になる。

これができるようになれば、潜在意識への扉を開く鍵を手に入れたも同然だ。さらに、その扉を自由に開閉できるので、望ましくない思考に潜在意識が影響されるのを防ぐこともできる。

人間が創造するものはすべて、思考から始まる。頭に思い浮かべていないものは、創造できないのだ。思考は、想像力の助けを借りることで計画に組み込める。想像力を駆使することで、目標を実現するための計画を立てられるのである。

潜在意識に植えつけた願望、すなわち〝現実化したい思考〟は、想像力の働きによって信念と結びつける必要がある。計画や目的を信念と組み合わせて潜在意識に届けるためには、想像力が必要なのだ。

このことからも、潜在意識を自在にコントロールするには、本書で紹介してきた「豊かさへの一三ステップ」すべてを活用する必要があることがわかるだろう。

詩人のエラ・ウィーラー・ウィルコックスの次の詩の一節からは、彼女が潜在意識の力を理解していることがよくわかる。

思考が何をするのかはわからない
もたらされるのが、憎しみなのか、愛なのかも
思考は現実になり、伝書鳩よりも速く飛ぶ
思考は宇宙の法則に従っている
あらゆるものは、自らを再生する

だから、あなたは何であれ頭に浮かべたことを
手にすることになるのだ

ウィルコックスは、真実を理解していた。つまり、私たちが頭に浮かべた思考は、何であれ潜在意識の奥深くに届き、磁石やパターン、青写真のように機能して、それを現実化するように潜在意識に働きかけるようになるということだ。人間が生み出すあらゆる物質は、思考から始まる。まさにその意味において、思考は現実化するのである。

潜在意識は、理性よりも感情に対して敏感に反応する。感情と結びついた思考は、潜在意識により強く作用する。それを裏付ける証拠は多くある。感情や気分が人間の行動を大きく左右するのは誰もが知る事実だ。潜在意識が感情を伴う思考に敏感に反応し、影響を受けやすいというのが事実であるなら、私たちは感情について詳しく理解しておくべきだろう。感情にはポジティブなものとネガティブなものがあり、それぞれ主なものが七つある。ネガティブな感情は、私たちが何もしなくても思考と組み合わさり、潜在意識に入り込んでいく。だがポジティブな感情を思考と組み合わせて潜在意識に届けるには、自己暗示の力を借りなければならない（その手順については、第四章「自己暗示」を参照）。

これらの感情や気分は、パンを焼くときの酵母にたとえられる。酵母によってパンがふくらむように、感情は、思考を私たちの行動に結びつける力になるからだ。感情と組み合わされた

思考が、頭で考えただけの思考よりも行動につながりやすいことは、少し想像すれば簡単にわかるはずだ。

では、潜在意識の「受信機」に願望を届けて、それを現実化させるための方法を見ていこう。まず、この受信機にアプローチするには、伝わりやすい言葉で話しかけなければならない。前述のように、潜在意識は感情や気分に敏感に反応する。そのために、それぞれ七つある主なポジティブ感情とネガティブ感情を理解していこう。潜在意識に指示を出すときには、ポジティブな感情を使い、ネガティブな感情を避けることが大切になるからだ。

・七つの主なポジティブ感情

1：欲望
2：信念
3：愛
4：セックス
5：情熱
6：ロマンス
7：希望

他にもあるが、この七つは最も強力で、創造的行為で最もよく使われるものだ。まずはこの七つをマスターすれば（使うことでしかマスターできない）、他のポジティブな感情も必要に応じて使えるようになる。前述したように、本書の大きな目的は、「お金のことを常に意識する」状態になることだ。そのために、心をポジティブな感情で満たすことが重要だ。ネガティブな感情で心をいっぱいにしていても、それは実現できない。

・七つの主な（避けるべき）ネガティブ感情

1：恐怖
2：嫉妬
3：憎悪
4：恨み
5：貪欲
6：迷信
7：怒り

ポジティブ感情とネガティブ感情は、同時に心を占拠することはできない。必ず、どちらか一方が優勢でなければならないのだ。あなたは、ポジティブな感情で自分の心を満たすことに責任を持たなければならない。ここで役に立つのが習慣の法則だ。ポジティブな感情を抱くことを、習慣にしよう。この習慣が身につけば、ネガティブ感情が入り込む余地を減らせる。

これらの指示に従うことで、潜在意識を思い通りにコントロールできるようになる。その際、妥協は禁物だ。たとえ少しでもネガティブな感情があると、潜在意識の建設的な働きは壊れてしまうからだ。

人間観察の能力がある人なら、何もかもがうまくいかなくなったあとに、祈りに頼る人が多いことに気づいているのではないだろうか。だが、失敗したあとに恐れや疑念で心をいっぱいにして祈っても、逆効果になる。潜在意識がネガティブな感情を受け止め、それを実現しようとしてしまうからだ。

ネガティブな感情に心を支配された状態でただ祈っても、効果は見込めない。実現したいことを具体的に祈らなければ、意味はないのだ。

祈りによって、願った内容が実現することもある。そのような経験がある人は、そのときにどんな心の状態で祈っていたかを思い出そう。そうすれば、今ここで説明した理論には、理論以上のものがあることがわかるはずだ。

いずれ、アメリカの学校や教育機関が「祈りの科学」を教える時代が来るだろう。その時、祈りは科学と見なされているかもしれない。その時が来れば（人類にその準備ができ、それを要求すれば、すぐに来るだろう）、誰も恐れで心をいっぱいにして祈ったりはしなくなるだろう。なぜなら、その時には恐れという感情が存在しなくなっているはずだからだ。無知や迷信などの誤った考えも消え去り、人間は無限の知性の子どもとして、真の地位を獲得するだろう。現在、この祝福を得ている者はわずかにいる。

この予言が現実離れしていると思うなら、人類史を振り返ってみてほしい。一〇〇年足らず前、稲妻は神の怒りと見なされ、人々から恐れられていた。今、人類は稲妻のメカニズムを解き明かし、それを産業の推進力にしている。それは人類が、〝信念〟の力によって思考を現実に変えてきたおかげだ。

一〇〇年足らず前、惑星間の空間は何もない広大な無の広がりにすぎないと信じられていた。今、惑星間の空間には、高度な波動が充満していることが知られている。すべての物質の原子に浸透し、空間を満たすこの振動エネルギーが、人間同士の脳を結びつけていることも。

このエネルギーが、人間の脳を無限の知性とつなげる役割を果たしていないと考えてはいけない理由は何だろうか？

人間の有限の心と無限の知性とのあいだに料金所はない。両者のコミュニケーションには、忍耐力や信念、粘り強さ、理解、交信したいという純粋な願望以外には、何の費用もかからない。さらに、それは自分自身にしか行えない。有料で誰かに代わりに祈ってもらっても、価値はない。無限の知性は、代理ではビジネスを行わない。だから、あなたは自分で直接コミュニケーションするか、しないかのどちらかしかないのだ。

祈りの言葉をただ唱えるだけでは、効果は見込めない。無限の知性に伝えたい思考は、あなた自身の潜在意識を通してのみ与えられるような変換を受けなければならない。

それは、電波によって音声を通信するのとよく似ている。ラジオの仕組みを知っている人なら、音声が人間には感知できない高い周波数の振動に変調されて通信されることを知っているだろう。音声は放送局で何百万倍もの高い周波数に変調され、それによって音のエネルギーは空間に広がっていくのである。そのエネルギーをラジオで受信し、もとの振動に変えることで、私たちに聞こえる音になるのだ。

潜在意識は、私たちの願望を無限の知性がわかる言葉に翻訳して伝え、それを現実化するための明確な計画やアイデアにして返してくれる。この原則を理解すれば、なぜ祈りの言葉をただ読み上げるだけでは、人間の心と無限の知性を結びつけられないかが理解できるはずだ。

私は、人間の願望は、無限の知性に届く前に、スピリチュアルな力を与えられると考えている。その媒介になっているのが信念だ。信念と恐怖は水と油だ。どちらか一方が存在するときに、もう一方は存在できないのだ。

第二章　潜在意識《この章のまとめ》

◎潜在意識は、破滅や失敗をもたらす思考であれ、成功や富をもたらす思考であれ、何でも無差別に受け入れる。だからこそ、潜在意識に何を与えるかが重要になる。それが、成功するか失敗するかを左右する。

◎感情には、ポジティブなものとネガティブなものがそれぞれ主に七つある。ネガティブな感情が心の中に入り込まないようにし、ポジティブな感情を認識して活用することが大切だ。

◎私たちの心の外側には、潜在意識を通して電波のように送受信できる「無限の知性」がある。この宇宙のエネルギーに触れることで、願望は実現しやすくなる。

◎日々、潜在意識を活用する術を身につけることで、計画や行動を成功に導く原始的な力が高まるようになる。

第一三章

脳 思考の発信局と受信機

〈豊かさへの第一三ステップ〉

二〇年以上前、私は故アレキサンダー・グラハム・ベル博士、エルマー・R・ゲイツ博士との共同研究を通して、人間の脳は思考の振動の発信局であり、受信機であることを発見した。人間の脳は、無線通信と同様の方法で、他人の脳が発した思考を拾えるのである。

このことは、第六章「想像力」で紹介した創造的想像力との関係で考えてほしい。創造的想像力は、他人の脳から発信された思考を受信する、脳の〝受信装置〟なのである。それは私たちの意識や理性と、「ひらめきをもたらす四つの源泉」(「無限の知性」「潜在意識」「他人の思考」「他人の潜在意識」)とを結ぶ役割を司っているのだ。

ポジティブまたはネガティブな感情によって心が刺激され、振動率が高められると、外部から届く思考をより受け入れやすくなる。感情は、思考を増幅させるのだ。感情によって振動率が増幅された思考は、ある脳から別の脳へと伝わりやすくなる。

人間の感情の中で、最も強烈で推進力が大きいのがセックスの感情である。脳は、セックスの感情によって刺激を受けると、猛烈なスピードで回転し始める。

性エネルギーが転換されると、創造的想像力は、さらに敏感にアイデアを受信するようになる。一方、脳の回転が速くなれば、他人の脳から発信された思考やアイデアを引き寄せるだけでなく、それらと組み合わされた感情も察知できるようになる。

感情と組み合わされた思考は、このような仕組みで潜在意識に伝えられているのである。

潜在意識は脳の発信局であり、ここから思考が発信される。創造的想像力はそれをキャッチする受信機だ。

つまり、潜在意識と創造的想像力は、心の交信システムを構成しているのである。ではここで、放送局を機能させるために必要な自己暗示の原則について考えてみよう。

第四章「自己暗示」では、願望をお金に変換する方法を説明した。

あなたの心の放送局は、簡単な方法で機能させられる。それは、潜在意識、創造的想像力、自己暗示の三つの原則に従うことだ。これまで見てきたように、この三つの原則を実践するための原動力となるのは、願望である。

この世を支配する「見えない力」

大恐慌を経験したことで、人々は目に見えない力の大きさについて考えるようになった。これまで、人間は知識を得るのに、見たり、触ったり、量ったり、測ったりできる物理的なものに頼りすぎてきた。

だが幸い、私たちは今、これまでにないほど素晴らしい時代を迎えている。つまり現代人は、世界を取り巻く目に見えない力を理解し始めたのだ。私たちはもうじき、目に見えない「もう一人の自分」が、鏡に映る自分よりも大きな力を持っていることを学ぶだろう。

人はよく、「それは五感では感知できないものだ」などと言うことがある。それは、「人間は、見ることも触れることもできない大きな力に支配されている」と私たちが考えていることの裏付けでもある。

人間は、海に波を起こしている無形の力に対して無力である。この小さな地球を広大な宇宙に浮かべたり、万物を地球に引き付けたりしている重力にも、逆らったり制御したりできないのはもちろん、よく理解することすらできない。雷雨をもたらす力にもなす術がないし、電気の前でもまったくの無力である。こうした無形の力がいったい何であり、どんな目的を持って、どんな仕組みで生じているのかを、私たちはまだよく理解していないのである。

目に見えないものや無形のものに対する人間の無知はこれだけではない。私たちは、大地の中にある無形の力（や知性）も理解していない。こうした無形の力が、私たちの食べ物や服、お金を生み出しているというのに。

脳の驚異的な働き

最後に、人間がいかなる文化や教育をもってしてもほとんど理解していない無形の力（しかも、無形の力の中で最大のもの）である、思考の力について考えてみよう。脳の生理学的な仕組みや、思考を現実化する際に作用する複雑かつ広大な脳内のネットワークについてはほとんど知られていない。しかし人類は今、この問題についての理解を深める時代に入っている。科学者たちはこの脳という驚異的な器官についての研究に着手している。現時点では、その研究は人間の一生にたとえればまだ幼稚園の段階ではあるが、人間の脳の中央制御装置や、脳細胞同士をつなぐ神経線維の数についての謎を少しずつ解明し始めている。

「その数字は、驚くほど膨大だ」と、シカゴ大学のジャドソン・ヘリック博士は語っている。「それは、何億光年という数字を扱う天文学も足下に及ばないくらいだ。人間の大脳皮質には一〇〇億個から一四〇億個の神経細胞があり、それらが規則正しく配列されている。最近開発された電気生理学的手法によって、神経細胞から生じる活動電流を捕捉して増幅し、一〇〇万分の一ボルトまでの電位差を記録できるようになっている」

これほどの複雑な組織が、単に肉体の成長と維持のために存在するとは考えにくい。何十億もの脳細胞同士のコミュニケーションを可能にするこの驚異のシステムは、目に見えない力と交信するための手段でもあるとは考えられないだろうか？

ニューヨーク・タイムズ紙に、本章と次章の内容を裏付ける研究に関する記事が掲載された。それはデューク大学のライン博士らによる、ある心理現象に関する研究だった。

一カ月前、本欄では、デューク大学のライン博士らが行った、「テレパシー」と「透視」の存在を確認するための一〇万以上の実験から得られた注目すべき結果の一部を引用した。これらの結果は、ハーパーズ誌に掲載された二つの記事に要約されている。現在掲載されている二番目の記事の著者E・H・ライトは、これらの「超感覚」的な知覚モードに関して、これまでにわかっていること、推論できることをまとめている。

ライン博士らの実験の結果、一部の科学者たちは、テレパシーや透視能力が存在する可能性はかなり高いと考えるようになっている。被験者となった霊能力者たちは、特別な箱に入ったカードに何が書かれているかを、視覚や触覚を含む一切の感覚を使わずに当てるように求められた。その結果、偶然では考えられないような確率でカードの内容を当てた被験者が大勢いることがわかった。「これが完全な偶然である可能性は、一兆分の一という天文学的な数字になる」という。

霊能力者たちは、どうやってカードの内容を言い当てたのだろう？　もしこれらの力が存在すると仮定すると、それは感覚的なものではないようだ。人間には、そのようなことを可能にする器官はない。実験では、数百キロも離れた場所にあるカードの内容を当てさせた場合でも、室内で行ったのと同じような結果が見られた。

これについてライトは、テレパシーや透視は放射線の物理的な理論では説明できないと述べている。つまり、放射エネルギーは距離の二乗に反比例して減少するが、テレパシーや透視は距離には無関係なのだ。だがそれは人間の他の精神力がそうであるように、肉体的な状況によって変化する。

これまでの推測に反して、テレパシーや透視は覚醒時に発揮され、眠っていたり、眠りかけていたりするときには低下する。ライン博士によれば、睡眠薬は逆効果になるが、興奮剤はプラスに作用するという。よほど優秀な霊能力者でも、最善を尽くさなければパフォーマンスは発揮できないようだ。

ライトは、テレパシーと透視は同じ能力だと結論付けている。つまり、テーブルの上に伏せられたカードの内容を読み取る能力は、他人の考えを読み取る能力とまったく同じだというのだ。実際に、どちらか一つの能力を持つ人には、もう一つの能力があることが確認されている。また、仕切りや壁、距離もこの二つの能力にまったく影響しない。

ライトはさらに、他の超感覚的な経験、予知夢、災害の予感なども、また、同じ能力の一部であり、それは誰もが持っている「勘」の延長であるかもしれないと推察している。もちろん読者はこの考えを信じる必要はないが、ライン博士らが積み上げてきた研究結果が印象的なものであることは間違いない。

私は、ライン博士が示した「超感覚的」な知覚モードの状態に入る条件に、さらに一つを加えたい。これは、次章で説明する第六感を発揮するための、理想的な条件である。これは、私がスタッフ二人との仕事を通じて発見したものだ。私たちは、(次章で説明する「架空の相談役」の原理を用いることで)特殊な知覚モードに入る方法を見つけた。この方法によって三人が心を一つに団結させることで、顧客が抱えるさまざまな問題の解決策を見つけやすくなった。

手順は簡単だ。三人で会議室のテーブルの前に座り、検討中の問題について、まずは何が本当の問題なのかを確認し、それから議論を開始する。それぞれが、頭に浮かんだことを何でも述べていく。

しばらく続けていくうちに、不思議なことが起こる。心が刺激され、自分が知らないことや、経験したこともないようなことがアイデアとして浮かんでくるのだ。

そう、これは第一〇章で説明したマスターマインドの原理の応用である。

三人が、あるテーマについての調和を保ちながら集中して議論をすることは、マスターマインドのシンプルかつ実践的な使い方だ。

同じような方法を採用することで、本書の成功哲学を実践しようとする人は、冒頭で紹介したカーネギーの公式が身についていくだろう。この時点ではまだその実感が持てない人は、このページに印をつけて、本書を最後まで読み通したあとに、再び読み返してほしい。

第一三章　脳《この章のまとめ》

◎「潜在意識」「創造的想像力」「自己暗示」という三つの原則を活用することで、思考の達成の力を引き出し、他人にはない大きな影響力を発揮できるようになる。

◎科学の発見は、自己改善の強力な道具になる。これは成功の大きなカギを握っている。

◎無数の脳細胞がさまざまに組み合わさってネットワークをつくり、あなたの忠実な召使いとなって思考パターンや想像力、意思を形成している。この働きによって、富を得るための知恵が無尽蔵に集まるようになる。

恐慌は不幸な出来事であったが、良い側面もあった。
それは世界中の人々を新しいスタート地点に立たせ、
全員に新たなチャンスを与えたことだ。

第一四章

第六感

知恵の神殿への扉——〈豊かさへの第一三ステップ〉

一三の成功哲学の一三番目、最後の原則は、第六感である。私たちはこの第六感を通して、意図的な努力をしなくても、無限の知性と交信できる。

第六感は、この成功哲学の頂点だ。まず他の一二の原則をマスターすることによってのみ、理解し、会得し、使いこなせるようになる。

第六感は、創造的想像力と呼ばれている潜在意識の一部だ。アイデアや計画、思考のひらめき（「勘」や「インスピレーション」と呼ばれることもある）をキャッチする「受信機」でもある。

第六感を言葉で説明するのは難しい。それは、この成功哲学の他の原理を習得していない人にはうまく説明できないのだ。なぜなら、そのような人は、この成功哲学の文脈における第六感と類似した経験をしたことがほとんどないからだ。第六感の理解は、内面を静かに見つめることによって育まれる。第六感は、人間の有限の心と天の無限の知性をつなぐ媒介であり、それは人智を超えた領域とも重なっている。それは、人間の心が宇宙の精神と触れ合うポイントなのだ。

この本で説明した成功哲学の原則を習得すれば、次のような考えを受け入れられるようになるだろう。

第六感が養われてくると、危険を事前に察知したり、チャンスに気づけたりするようになる。あなたを助け、あなたの命令を実行するために「守護天使」のような神秘的な力が働き、知恵の神殿への扉を開いてくれる。

これらが本当のことなのかどうかは、本書の成功哲学を実践しながら、実際にあなた自身の経験として確かめていただくほかはない。

私は奇跡を信じていないし、その擁護者でもない。なぜなら、この世界は大自然の法則に従って動いており、決してそこから逸脱しないことを理解しているからだ。とはいえ、この大自然の法則の中にも、どうしても「奇跡」と思わざるを得ないような不思議なものがある。第六感は、私がこれまで経験したことのあるどんなものよりも奇跡に近い。ただしそう見えるのは、その仕組みを私が理解していないからにすぎない。

私は、この世界にはあらゆる物質の原子にまで行き渡り、私たちを取り巻くあらゆるエネルギーを突き動かしている「原動力」や「知性」のようなものがあると考えている。それは本書で何度も言及してきた、宇宙を司る「無限の知性」と呼ばれるものでもある。この力が、ドングリをオークの木に成長させ、重力の法則に従って水を低地へと流れさせ、昼の次には夜を、冬の次には春が来るように、森羅万象を秩序立てて動かしているのだ。

本書で説明してきた成功哲学の原理を通じて、願望を物質に変える働きをしているのも、この英知なのである。私がそれを知っているのは、自分自身でそれを実験し、経験してきたからである。

これまで本書で段階的に説明してきた一三の成功哲学をよく理解していれば、以降の説明を懐疑的にならずに受け入れられるはずだ。

誰もがそうであるように、私も若い頃、偉大な人物たちに憧れを抱いていた。そして、よくこうした偉人の真似をしていた。そのとき、偉人に完全になり切ることが大切だということを知った。

このような英雄崇拝をする年代を過ぎた今も、まだその習慣は残っている。なぜなら経験上、偉大な人間になるための次善策は、偉大な人間にできるだけなり切ることだと学んだからだ。

本を執筆したり、人前で講演をしたりするようになるずっと前から、私は尊敬する九人の偉人の真似をすることで、自分の性格を改善しようと努めてきた。

この九人とは、エマーソン（詩人・思想家）、バーバンク（植物学者）、ナポレオン（軍人）、ペイン（哲学者）、ダーウィン（自然科学者）、リンカーン（政治家）、カーネギー（鉄鋼王）、フォード（自動車王）、エジソン（発明王）である。

私は長年にわたって毎晩、「架空の相談役」と名付けたこれらの集団と空想上の会議を開いていた。

手順はこうだ。毎晩、夜寝る直前に目を閉じ、相談役たちとテーブルを囲む。この九人と一緒にいられるだけでも幸せなのだが、私はそこで、なんと議長を務めている。

この会議をすることには、明確な目的があった。空想上の人物たちの性格を自分の性格に取り込み、自己成長をすることだ。私は、無知や迷信の多い環境で育ったというハンディを克服しなければならないと自覚していた。そこで、この空想の会議を活用しようとしたのだ。

自己暗示による人格形成

私は人間心理を熱心に学んでいたので、**人は自分が考えた通りの人間になる**ことを知っていた。心を占めている思考や願望がその人をつくることも、心の奥底にある願望がそれを実現させるために私たちを行動に向かわせることも知っていた。自己暗示が、人格形成に大きな役割を果たしていることも。実際には、自己暗示は人格形成における唯一の原則であるとも言えるのだ。

こうした知識は、人格を改善しようとする試みにおいて大いに役立った。私は架空の会議で、知りたいことを偉人たちに尋ねた。

「エマーソンさん、どうすればあなたのような自然に対する深い理解を持てるのですか？　大自然の法則を知り尽くすための方法を教えてくれませんか？」

「バーバンクさん、どうやってあのトゲだらけのサボテンを食用にする方法を思いついたのですか？　単子葉植物しか育たないところに、双子葉植物を育てられた秘訣は？」

「ナポレオンさん、人を奮い立たせ、勇気を持って立ち上がらせるあなたの能力を見習いたいのです。敗北を勝利に変え、困難を乗り越えることを可能にした、あなたのような不屈の信念はどうすればいいのですか?」

「ペインさん、あなたのような思考の自由さと、信念を表現する勇気と明晰さを身につけるにはどうすればいいのですか?」

「ダーウィンさん、あなたが自然科学の分野で見せた驚異的な忍耐力と、偏見や先入観を持たずに原因と結果を研究する能力にあやかりたいです」

「リンカーンさん、あなたの正義感、忍耐力、不断の精神、ユーモアのセンス、人を理解する力、寛容さを私の人格にも取り入れたいのです」

「カーネギーさん、あなたがライフワークを与えてくれたおかげで、幸福感と心の平穏が得られました。あなたを実業家として大成功に導いた、優れた組織をつくる力を学びたいと思っています」

「フォードさん、あなたほど私の仕事に欠かせない情報を与えてくれた人はいません。私はあなたが貧しさを乗り越え、効率的な組織をつくることに役立った、忍耐力や決断力、冷静さ、自信を手に入れたいと思っています。それを文章にすることで、読者があなたと同じような足跡をたどれるようにしたいのです」

「エジソンさん、私はこの空想の会議であなたを自分の隣に座らせています。それは、成功と失敗の原因についての私の研究に、あなたが協力してくれたからです。私は、自然の秘密を解き明かそうとする強い信念、数々の失敗を成功に結びつけた不断の努力の精神を、あなたから学びたいのです」

会議で誰に話しかけるかは、そのとき私が自分の性格のどんな部分を改善したいかによって変わった。私は彼らの人生の歩みを丹念にたどった。数カ月間、毎晩この会議を続けていたら、想像上の人物たちが実際にその場にいるとしか思えないような感覚に陥るようになった。

この九人は全員、実に個性的だった。たとえば、リンカーンはたいてい遅れて会議に姿を現し、厳粛な雰囲気で手を後ろで組み、ゆっくりと歩いてきた。通りすがりに立ち止まり、私の肩に手を置くこともあった。いつも真剣な表情をしていて、めったに微笑んだりしなかった。南北に分断された当時のこの国の状況を、憂いていたからだ。

他の偉人たちは違った。バーバンクとペインは機知に富んだ会話の応酬を繰り広げ、周りを驚かせることもあった。ある晩には、ペインは私に「理性の時代」と題した講義を、私が以前通っていた教会で行うよう提案した。みんなが笑ったが、ナポレオンだけは不機嫌な顔をして大声で反対した。彼にとって教会は国家の手先でしかなく、大衆運動の好都合な扇動者として利用されるものだったのだ。

ある会議では、遅れてやってきたバーバンクが、興奮した様子で「遅れたのは実験をしていたからだ」と言い訳した。実験の目的は、どんな種類の木でもリンゴの実を成らせるようにすることだという。ペインが、リンゴは男と女のトラブルの元になるぞ、と冷やかした。ダーウィンがほくそ笑みながら、リンゴを採りに森に入るときは、小さなヘビに気をつけるように、と言った。なぜなら、その小さなヘビはいつか大蛇に進化するからだ。エマーソンは「ヘビがいないところにはリンゴもない」と言い、ナポレオンは「リンゴがないところに国家なし！」と叫んだ。

会議のテーブルから最後に離れるのはいつもリンカーンだった。あるとき、彼は会議のあと、テーブルの端に寄りかかったまま腕を組み、しばらくじっとしていた。ようやく立ち上がってドアまで歩くと、向きを変えて戻ってきて、私の肩に手を置いて言った。「人生の目的を貫くには、勇気が必要だ。困難に見舞われても、世間の人たちを信じるように。逆境を経験すれば、人は強くなれる」。

ある夜、エジソンが一足早くやってきて、いつもエマーソンが座っている私の左隣の席に座って言った。「君はいずれ生命の秘密を発見する。そのとき、生命が大きなエネルギーの塊であり、人間と同じくらい知的だということに気づくだろう。この会議は、君にとってとても有益なものだ。メンバーの人生に役立ったのと同じ生命エネルギーを、君も得ることになる。その力は永遠だ。君の思考と願望は、生命の大海原から、適切なエネルギーを引き寄せる磁石の役割を果たすのだ」

他のメンバーが部屋に入ってきた。エジソンは立ち上がると、ゆっくりと自分の席に歩いていった。このとき、エジソンはまだ存命だった。私は感銘を受け、実際に本物の彼に会いに行き、この経験について話した。エジソンは満面の笑みを浮かべて言った。「その夢は、君が想像している以上に現実味があるものだね」。彼はそれ以上、何も言わなかった。

このように、会議があまりにもリアルなものになってきたので、私は怖くなって数カ月間中断した。これが自分の想像上の会議であるという事実を見失ってしまうのではないかと恐れたのだ。

半年ほど経ったある夜、私はベッドの隣にリンカーンが立っているのに気づいて目が覚めた。彼は言った。「世界は今すぐにも君の力を必要としている。人々は信念を失い、混乱している。このまま努力を続け、成功哲学を完成させてほしい。それが君の人生の使命だ。どんな理由であれそれを怠れば、君は再びただの凡人として生きることになるだろう」

翌朝目覚めたとき、それが夢だったのか、現実だったのかがわからなかった。未だに、よくわかっていない。いずれにしても、その体験があまりにも鮮明だったので、私は翌日の夜から空想上の会議を再開した。

次の会議では、メンバーが一斉に部屋に入ってきて、テーブルのいつもの場所に座った。リンカーンがグラスを掲げて言った。「諸君、復帰した友人に乾杯しよう」

それ以来、私はこの会議に新しいメンバーを次々と加えていき、今ではその数は五〇人以上にもなっている。キリスト、聖パウロ、ガリレオ、コペルニクス、アリストテレス、プラトン、ソクラテス、ホメロス、ボルテール、ジョルダーノ・ブルーノ、スピノザ、ジョン・ドラモンド、カント、ショーペンハウアー、ニュートン、孔子、エルバート・ハバード、シャルル・ブラン、ジャレド・インガソル、ウッドロー・ウィルソン、ウィリアム・ジェームズなどだ。

このことを書くのは今回が初めてである。これまで沈黙を守ってきたのは、経験上、こうした体験を語ると誤解されるのがわかっていたからだ。今回勇気を出してこの体験について書いたのは、世間が言うことを以前ほど気にしなくなったからでもある。人間、経験を重ねて成熟していくと、誤解を恐れずに真実を語れるようになるものだ。

お断りしておくが、あの会議は、紛れもなく想像上のものである。ただし、架空のものであったとしても、それが私を輝かしい冒険の道にいざない、真に偉大なものは何かを考えさせ、創造的な努力を促し、この真実を発表する大胆さを与えてくれたのは間違いないのである。

脳細胞のどこかに、「勘」と呼ばれる思考を受け取る器官がある。科学はまだその位置を正確には突き止めてはいないが、人間は五感以外の器官を通して情報を受け取っているのだ。それは、心が強い刺激の影響下にある場合が多い。感情が刺激され、心臓の鼓動がいつもより速い緊急事態では、第六感は働きやすくなる。運転中に事故に遭いそうになり、第六感のおかげで、間一髪で危機を免れたことがある人は、そのことを知っている。

私自身、例の架空の会議を通して、第六感による素晴らしいアイデアがひらめきやすくなった。まさに、架空の相談役たちのおかげである。

その後の人生では、何十回もさまざまなピンチに直面し、なかには命が危険にさらされたこともあったが、架空の相談役の力で奇跡的に難を乗り越えられた。

当初、想像上の会議を開く目的は、自己暗示の力を借りて、自分が望む性格を潜在意識に印象付けることだった。だが最近は違う。仕事上の顧客が抱えている問題を、架空の相談役たちに相談するのだ。彼らに任せきりにしているわけではないが、毎回、素晴らしい答えが得られる。

前述のように、この章のテーマは世間にほとんど知られていないものだ。第六感は、巨万の富を築きたい人にとって大きな興味と利益をもたらすテーマだが、大きな望みのない人にとっては関心を持ちにくいものかもしれない。

ヘンリー・フォードは、間違いなく第六感を理解し、活用している。彼が巨大な事業を営むためには、それが必要だった。トーマス・エジソンも、特許（特に基本特許）に関する発明で第六感を活用した。エジソンは、自らの経験や知識が乏しい領域で発明するときに、特に第六感を使った。蓄音機や映写機も、そのようにして発明されたのである。

ナポレオンやビスマルク、ジャンヌ・ダルク、キリスト、仏陀、孔子、ムハンマドといった偉大な指導者たちは、第六感を理解し、活用していた。この原理を知っていたからこそ、偉大な何かを成し遂げられたのだとも言える。

第六感は、そう簡単に操れるものではない。このとてつもない能力は、成功哲学を体得しながら少しずつ身についていくものなのである。それができるようになるのは四〇歳以下では珍しく、たいていは五〇歳を過ぎてからだ。第六感はスピリチュアルな力とも関係しているため、長年にわたって内面を見つめ、自己分析し、真摯な思考を積み重ねていくことが大切になる。

とはいえ、あなたが誰であるか、本書を読む目的が何であるかにかかわらず、本章で説明した原理を理解しなくても、第六感の恩恵は何らかの形で受けられるだろう。あなたの主な目的がお金や他の物質的なものを得ることである場合は、特にそうだ。

第六感をテーマにした章を設けたのは、本書を〝人が人生に求めるものを何でも実現できる完全な成功哲学を提示するもの〟にしたかったからだ。あらゆる達成の出発点は願望だ。その到達点は、自分や他人、大自然の法則、幸福の真の理解へと私たちを導く知恵を得ることにある。

この種の理解は、第六感の原理に精通し、活用することによって得られるものだ。だからこそ、お金以上のものを求める人のために、第六感の原理をこの成功哲学に加える必要があったのだ。

あなたはこの章を読み、心が高揚したのではないだろうか。それは素晴らしいことだ。今から一カ月後に、もう一度この章を読み返してみよう。そうすれば、さらなる精神の高まりを感じることだろう。その時点でどれだけこの成功哲学を体得しているかにかかわらず、折に触れてこの章を読み返そう。

最終的には、失望から立ち直り、恐怖を捨て、先延ばしを克服し、想像力を自由に引き出す力を得ていることに気づくはずだ。そのときあなたは、偉大な思想家や指導者、芸術家、音楽家、作家、政治家の心を動かしてきた未知の「何か」に触れている。そうすれば、ちょっとしたことで簡単に諦めたりせずに、願望を現実化できるようになるのである。

「信念」対「恐怖」

本書ではこれまで、自己暗示、願望、潜在意識を通じて信念を育てる方法を説明してきた。最終章となる次の第一五章では、恐怖を乗り越えるための方法を詳しく説明する。

失望や臆病さ、先延ばし、無関心、優柔不断の原因である「六つの恐怖」について、詳しく見ていこう。これらの恐怖が、野心や自立、自発性、自制心、熱意の欠如を招いているのである。

これらの六つの敵は潜在意識に隠れていることもあるため、見つけるためには自分自身としっかり向き合う必要がある。

また、後述する「恐怖の六つの原因」を分析するときにも、それは単なる想像力の産物であることを覚えておこう。

これらは、制御を失った想像力の産物ではあるが、それでも私たちが自分の心に与えるダメージのほとんどを引き起こしている。それは、実在のものと同じくらい危険な存在なのだ。

一九二九年に人々の心を襲った貧困の恐怖は、アメリカ市場最悪の景気後退を引き起こしたほど現実味があった。
しかもそれは、今でも人々を怖がらせているのである。

第一四章　第六感《この章のまとめ》

◎創造的想像力、つまり第六感を開発することで、インスピレーションや「勘」の力を活用できるようになる。

◎ヒル博士がヘンリー・フォードらを「架空の相談役」に選んだように、あなたもこの方法を活用することで成功に近づける。

◎いつの時代にも偉人たちとともにあった、未知の〝何か〟の大きな力が、芸術や科学、ビジネスなどの分野で奇跡を起こしている。

◎富を築くことを目指しているのなら、この章の内容は特に重要である。

第一五章

六つの恐怖の原因

成功を妨げる壁を取り除く

この成功哲学を活用するには、そのための心の準備が必要だ。

といっても、難しいことをするわけではない。まずは、あなたが乗り越えなければならない三つの敵を研究し、分析し、理解するところから始まる。

それらは、**優柔不断、疑念、恐怖**である。

この三つの敵が心の中にあると、第六感は働かない。

このトリオは密接に関係している。だから、一つが見つかれば、他の二つもすぐそばにいると考えて間違いない。

恐怖は優柔不断から生まれる。優柔不断はしばらくすると疑念になり、そして恐怖になる。この過程には時間がかかる。そのため、なかなかその存在に気づきにくい。そこが、この三つの敵が厄介である大きな理由でもある。

本章では、この成功哲学を実践する前に注意すべき事項について説明する。多くの人が貧しさから抜け出せない理由や、経済的なものであれ、精神的なものであれ、豊かさを得ることを目指す人が知っておくべき真実についても見ていこう。

この章の目的は、六つの主な恐怖の原因とその対策にスポットライトを当てることである。これらの恐怖に打ち勝つには、その名称や習性、居場所を把握しておくことが大切だ。六つの恐怖のうち、どれが自分に当てはまるかを考えながら読み進めていただきたい。

敵の巧妙さに騙されてはいけない。これらの恐怖は潜在意識に隠れていることもあり、見つけるのはもちろん、取り除くことはさらに難しい。

六つの主な恐怖

主な恐怖は六つある。誰もが、このうちのどれかに苦しめられている。どれにも悩まされていないのだとしたら、かなり幸運な人だろう。最も代表的なものから順番に挙げていこう。

1：貧しさの恐怖
2：批判の恐怖
3：病気の恐怖
（ここまでの三つが、特に一般的な恐怖である）
4：愛の喪失の恐怖
5：老いの恐怖
6：死の恐怖

他のあらゆる恐怖は、この六つの恐怖のどれかに分類できる。
これらの恐怖は、疫病神のように世の中に周期的に蔓延する。たとえば大恐慌が起きてからの六年間、人々は貧しさの恐怖に苦しんできた。世界大戦中は、死の恐怖に襲われていた。戦争直後には世界中でスペイン風邪が流行し、誰もが病気の恐怖に慄《おのの》いた。

恐怖は心の状態にすぎない。そして、心の状態はコントロールできる。医師は病気を恐れない。だから、一般人より感染症に罹りにくい。医師は天然痘などの伝染病に苦しむ大勢の患者に、自らは感染することなく、日々接している。病気を恐れず、適切に対策をしているからこそ、感染しにくいのである。

人は、心に浮かんだもの以外は創造できない。そして、人間の思考は、自発的であるか非自発的であるかにかかわらず、現実化される。つまり、**単なる思いつきも、意図的、計画的な思考と同じように、私たちの経済的、職業的、社会的な運命を決定するものになりうる**のだ。

能力や教育、経験のレベルが同じくらいでも、不幸な人もいれば、幸せな人もいる。それは、なぜだろうか?

人は誰でも、自分の心を完全にコントロールできる。大切なのは、この力を活用して、心を外界のノイズから遮断し、大切な思考に集中させられるかどうかなのだ。

大自然は、人間に絶対的な支配力をただ一つ与えた。それは、思考である。

この事実を、人間が創造するあらゆるものは思考から始まるという事実と合わせて考えれば、恐怖に対処する方法が見えてくる。

もし、**思考が現実化する**のであれば(これは、疑う余地のない真実である)、恐怖や貧困の思考も現実化する。こうした思考は、勇気や富をもたらさない。

アメリカ人は、一九二九年に株価が大暴落して以来、貧困について考え始めた。その思考は、着実に「不況」という形で現実化していった。これは、起こるべくして起こったことなのである。

貧しさの恐怖

貧しさと豊かさは相容れない。貧乏に至る道と、金持ちに至る道は、正反対なのだ。豊かになりたいのなら、貧しさにつながる状況を受け入れてはいけない（ここで言う「豊かさ」とは、経済面だけでなく、精神面も含んだ幅広いものを指している）。

第二章の「願望」で説明したように、豊かさにつながる道の出発点は願望である。

本章では、願望を活用するために、恐怖とどう付き合えばいいのかを詳しく見ていこう。

また、本章を読むことで、あなたはこの成功哲学をどれくらい理解しているかを確認できるだろう。それは、あなたの将来を占うものにもなる。つまり、本章を読んでもまだまだ貧しさを受け入れるような考え方をしているのなら、実際にそうなってしまうということだ。

富を得たいのなら、まずは、どのような方法で、どのくらいの金額を手にしたいのかを明確にしよう。

あなたは富に至る道のりを知っているし、そのための地図も与えられている。あとは、その道を進むだけだ。出発をためらったり、途中でやめたりすれば、それは他の誰でもない、あなたの責任である。言い訳は通用しない。富を得られるかどうかは、あなたが心の中でできると思うか、思わないかによって決まる。そして、その決意はあなたが自分でつくるしかない。それは、お金を払えば手に入れられるようなものではないのだ。

貧しさの恐怖は、単なる心の状態である。だが、それは人生を破滅させるほどの大きな力を持っている。それは、この不況下で痛々しいほどまでに明らかになった真実だ。

この恐怖は、理性を麻痺させ、想像力を破壊し、自立心を殺し、熱意を消し去り、自発性を低下させ、目的を不明確にし、先延ばしを促し、やる気を失わせ、自制心をくじく。人の魅力を奪い、明晰な思考を台無しにし、集中力をそらし、忍耐力をぐらつかせ、意志力を押しつぶし、野心を壊し、記憶を曇らせ、あらゆる形で失敗を招こうとする。

貧しさの恐怖は愛を奪い、繊細な感情を蒸発させ、友情を妨げ、無数の大惨事を生じさせ、不眠や惨めさ、不幸を招き寄せる。どんなものでも望みさえすれば手に入るという豊かな世界で生きているのに、この恐怖のために何も手に入れずに人生を終えてしまう人は多いのである。

貧しさの恐怖は、六つの恐怖の中でも最も破壊的で、最も克服しがたい。だからこそ、リストの先頭に置かれているのである。

この恐怖の源について真実を述べることにも、それを受け入れることにも勇気がいる。貧しさの恐怖は、経済的に仲間を食い物にしてしまうという人間本来の習性から生まれたものである。

本能に従って生きている動物は、思考能力が限られているため、共食いをすることがある。だが、理性や思考能力を持つ人間は、仲間の肉体を食べるのではなく、金銭的に食い物にしてしまう。

人間は極めて貪欲な生き物だ。だからこそ、同じ人間から自分の財産を守るための無数の法律がつくられてきたのである。

有史以来、現代ほど金の価値が高く評価される時代もない。お金を持っていない者は、ゴミのように扱われる。どんな手段でお金を手に入れたかは問われない。お金さえあれば、王様や大物になれる。大富豪は法律以上の存在であり、政治やビジネスの世界を牛耳り、誰もが頭を下げる。

貧困ほど人間を苦しめ、卑屈にするものはない。貧しさを経験した人なら、その意味がよくわかるだろう。

人が貧しさを恐れるのも不思議ではない。私たちは、何世代にもわたって受け継がれてきた経験から、お金や財産が関わっているところでは、信用できない人もいることを学んできた。残念ながら、これは紛れもない真実だ。

財産目当てで結婚する者も多い。だからこそ、離婚法廷がいつも忙しいのである。

人間は、何としてでも富を手に入れようとする。その結果、非合法的な方法に手を出す者もいる。

自己分析すれば、本当は知りたくもない自分の弱点が明らかになることもある。だが、平凡で惨めな一生を送りたくないなら、本当の自分と直面すべきだ。裁判所にいるつもりで、自分を点検してみよう。あなたは裁判官や検察官であり、弁護人、原告、被告、そして傍聴人でもある。真正面から真実と向き合おう。

自分に対して厳しい質問を行い、正直に答えなければならない。それによって、初めて真の自分の姿を知ることができる。自分では公平な判断ができそうもないなら、身近な人に立ち会ってもらうのもいい。真実を知ることは何よりも大切だ。どんな代償を払ってでも、徹底した自己分析をしよう。

「今、一番何を恐れていますか?」と尋ねられて、「何も怖いものはありません」と答える人は多い。だがたいていの場合、この答えは正しくはない。なぜなら、自分が何らかの恐怖によって縛られ、壁にぶつかり、心身に重い負担を背負っていることに自覚的な人は少ないからだ。

恐怖は私たちの心の奥底に巣くっている。そのため、その存在に気づかずに、恐怖を背負って生きている人は多い。勇気を出して、この敵を白日のもとにさらしてみよう。自己分析では、自分の深層心理を探る必要がある。貧しさの恐怖があることを示す、主な症状を見てみよう。

・貧しさの恐怖の症状

①【**無関心**】野心がなく、貧しさから逃れようとしない。現実をただ受け入れ、怠惰な生活をし、想像力や熱意、自制心に欠けている。

②【**優柔不断**】自分で物事を考えようとせず、成り行き任せ、他人任せにしている。

③【**疑念**】成功の可能性を疑っている。だから失敗しても、それを隠したり、言い訳したりして、努力しようとしない。成功者に嫉妬し、陰口を言う。

④【**不安**】他人のあら探しをしたり、自分の収入以上の出費をしたり、身だしなみに気をつけなかったり、すぐにしかめっ面をしたり、眉をひそめたりする。アルコールや麻薬に依存する。神経質で、落ち着きがなく、自意識過剰で、自立心に欠けている。

⑤【**過度の警戒心**】物事の悪い側面ばかりに目を向ける。成功ではなく、失敗する可能性しか考えない。そのくせ、失敗を避けようとする方法を考えようとはしない。計画を実行に移すための絶好のタイミングが訪れるのを、いつまでも待っている。失敗事例ばかり覚えていて、成功事例は忘れてしまう（ドーナツの穴だけを見て、ドーナツを見ていないようなものだ）。こうした悲観主義は、体調不良や不機嫌にさえつながる。

⑥【**先延ばし**】はるか前にできたことを明日に延ばそうとする。言い訳や弁解ばかりしている。責任から逃げ回り、困難に立ち向かおうとせず、簡単に諦める。豊かさや富、充実感、

幸福を求めず、人生を安売りする。挑戦せず、失敗したときのことばかりを考える。自信がなく、目的を持っていない。自制心や積極性、向上心、倹約の精神、健全な推論能力に欠けている。富を求めず、貧しさをただ受け入れる。成功者から学ぼうとせず、貧しさから抜け出そうとしない人たちとばかり付き合う。

お金は物を言う

本書を世に出したことで、「なぜお金についての本を書いたのですか？　なぜ幸せをお金だけで測ろうとするのですか？」と私に尋ねる人もいるだろう。

人生には、お金よりも大切なものがある――そうした考えを持つのは当然のことだ。たしかに、世の中にはお金では測れないものがある。

それでも、「お金さえあれば、自分の幸せを叶えるものは何でも手に入る」と考える人が大勢いるのも事実なのである。

私がこの本を書いた最大の理由は、大恐慌以降、何百万もの人々が貧しさの恐怖を経験しているからである。この恐怖が人に与える影響を、ジャーナリストのウェストブルック・ペグラーがニューヨーク・ワールド・テレグラム紙で次のように説明している。

お金とは、貝殻や丸い金属、紙切れにすぎない。私たちの心には、お金では買えない宝物がある。だが、お金がないときには、そんなことは考えていられない。失業し、職を求めて街をさまよい歩いている人の背中や、歩き方、目つきには、人生の悲哀がにじみ出ている。たとえ性格や知性、能力では他人に負けていないと思っていても、定職のある人に劣等感を抱いてしまう。

定職のある人は、たとえ相手が友人であっても、失業者に対して優越感を持ち、無意識のうちに負け犬と見なしている。職を失っても、しばらくは借金で食いつなげるかもしれないが、いつまでもそうしてはいられない。生きるために借金をしなければならないことは苦痛であり、金を稼ごうとする意欲まで奪ってしまう。根っからの怠け者は絶望などしないかもしれないが、向上心や自立心のある普通の人間にとっては耐え難いものだ。

同じように生活に困窮している人間でも、女性の場合は話が少し違ってくる。女性は食料の配給所ではめったに見かけないし、町中で施しを受けている姿もまず目にしない。それに、男性の場合の失業者なら人混みの中でもすぐに見分けがつくが、女性の失業者は外観からはよくわからない。私が言っているのは、いかにも生活に困窮しているといった風貌で街をうろついている人たちのことだ。そういう人たちの中に、女性はほとんどいない。それまではまともに働いていたのに、失業して生活に困窮している女性は一定数いるはずだ。だが、社会の目からは見えにくい。

失業者には、時間だけはある。遠くまで仕事の話を聞きに行っても、すでにその職が埋まっていたり、基本給がまったくないフルコミッション制の仕事で、まず誰も買わないような代物を売る仕事内容だと知ったりする。肩を落とし、あてもなく通りを歩く。自分には手の届かない贅沢品が陳列されたショーウィンドウを見つめ、惨めな気持ちを味わい、他の客がいるのに気づいて場所を譲る。駅の構内をうろついたり、図書館の椅子に座ったりして足を休め、暑さをしのぐ。だが、そんなふうに時間を無駄にしていても仕事にはありつけないことを思い出し、また動き出す。本人は自覚していなくても、彼が失業者であることは周囲の目には明らかだ。定職についていた頃の服を着ていたとしても、ごまかせはしない。

経理担当者や事務員、薬剤師、運転手などが仕事に追われているのを見て、心の底からうらやましく思う。働いている人たちは、自立心や自尊心に満ち溢れている。どれだけ自分に言い聞かせようとしても、彼らと同じような自信が持てない。

その違いを生み出しているのはお金だ。お金さえあれば、元の自分に戻れるのだ。

失業者の足元を見て、週一二ドル、週一五ドルといった悲惨な報酬の求人を貼り出すひどい雇用主もいる。週一八ドルだと魅力的で、週二五ドルだとかなり恵まれたほうだが、そういう求人はめったに出ない。私は、地元の新聞に掲載されたある求人広告の切り抜きを保管している。それは、サンドイッチショップの電話注文を午前一一時から午後二時まで受け付けるという仕事で、優秀で清潔な身なりの事務員を月八ドルで求めるというものだった。週八ドルではなく、月八ドルだ。広告には、応募者の信仰する宗教まで指定してあった。それほど優秀で清潔な事務員を時給換算でわずか一一セントで雇おうとするとは、どれほど残忍で厚かましいのだろう。だが、それが失業者が直面する現実なのだ。

批判の恐怖

なぜ人が批判を恐れるのか、はっきりとした原因はよくわかっていない。確実なのは、この恐怖が人々の心の奥底に巣くっていることだ。この恐怖は、政治が職業化された時代に現れたと考える人もいるし、女性の衣服がファッションとして定着した時代にさかのぼると考える人もいる。

私は、この恐怖は先天的なものだと考えている。人間には、他人を批判することで自分の行動を正当化したがる習性がある。泥棒は、盗んだ相手の悪口を言う。政治家は、自らの能力を示すのではなく、相手を貶めて選挙に勝とうとする。

批判に対する恐怖はさまざまな形を取るが、その原因のほとんどは些細なものにすぎない。たとえば、男性の頭が禿げているのは、批判に対する恐怖があるからだ。つまり、きついバンドの帽子をかぶることで、頭の血行が悪くなり、禿げてしまうのである。男性が帽子をかぶるのは、必要だからではなく、誰もがかぶっているからだ。他人に批判されないように帽子をかぶることで、髪の毛が薄くなってしまったのだ。男性に比べ女性は禿げ頭や薄毛になることが少ないのは、頭にゆるくフィットする帽子をかぶっているからだ。

とはいえ、女性は批判の恐怖から自由であるわけではない。たとえば一八九〇年代には、女性は自分だけかぶらないと批判されるのが怖くて、あの派手で大きな帽子をかぶっていた。

アパレルメーカーは、全人類に共通するこの批判の恐怖を、巧みに利用している。毎シーズン、衣料品の流行は変化する。この流行をつくっているのは誰か？　もちろん、消費者ではなく、メーカーだ。そうすることで、商品が売れるからだ。

自動車メーカーが、シーズンごとに車のモデルチェンジをするのもそのためだ。毎回、どうしても必要だからそうしているわけではない。モデルチェンジをしたほうが売れるから、というのが主な理由なのだ。その結果、モデルチェンジ前の型のほうが車としての出来は良かったりする。それでも、旧型車に乗りたがる人はめったにいない。

私たちは、他人から批判されるのが怖いという理由で、些細なことにもビクビクしながら生きている。この恐怖は、重要な人間関係にも影響を与えている。たとえば、精神的に成熟した年齢（一般的に三五歳から四〇歳まで）に達した人たちは、数十年前には信じられていたような宗教的な寓話が事実に基づいているとは考えていない。

だが、そのことを公言する勇気のある人はめったにいない。これだけ科学や教育が発達した時代でも、宗教関連の寓話を信じていないと正直には認めにくいのだ。なぜなら、批判を恐れているからだ。

昔は、時の政府を批判すると厳罰に処せられることもあった。今でも、一部の国ではそうである。大昔には、幽霊が存在すると言ったことで火あぶりにされた人もいた。現代人が、未だに批判を恐れていても不思議ではない。

批判への恐れは、人間の自発性や想像力、個性、自立心を奪う。批判ばかりする親は、子どもに取り返しのつかない心の傷を負わせる。私の少年時代の友人は、毎日のように母親から鞭で叩かれ、「このままだと、お前は二〇歳になる前に刑務所行きだよ！」と叱られていた。実際、彼は一七歳で少年院に送られた。

人間は他人を批判したがる。求められてもいないのに、あれこれと口を出してしまう。家族がその典型だ。親に不要に批判されると、子どもは劣等感を抱くようになる。これは一種の（しかも、最悪の）犯罪行為と見なすべきだ。人間の本質をよく知る雇用主は、批判ではなく建設的な助言をすることで従業員の力を引き出す。親も、こうした態度で子どもと接するべきだ。批判は相手の心に恐怖や恨みを植えつける。これでは愛情は育たない。

・批判の恐怖の症状

この恐怖は、貧しさの恐怖と同じくらい普遍的なものであり、成功の致命的な妨げになる。

その主な理由は、この恐怖が自発性を壊し、想像力を妨げるからである。この恐怖の主な症状は以下の通りだ。

①**【自意識過剰】**神経質で、人と話すときや、初対面の人と会うときにオドオドして、仕草がぎこちなく、視線が落ち着かない。

②**【落ち着きのなさ】**声が小さく、人前で緊張し、姿勢が悪く、記憶力が悪い。

③**【気弱さ】**決断力に欠け、人間的な魅力が薄く、自分の意見をはっきり表現できない。問題に正面から向き合わずに、すぐに逃げ道を探そうとする。よく考えずに相手の意見に同意してしまう。

④**【劣等感】**コンプレックスを隠すために、自分を大きく見せようとする。他人に良い印象を与えるために、難しそうな言葉を（本当の意味を知らずに）使う。服装や話し方、マナーなどで他人の真似をする。大袈裟な自慢話をする。すべては優越感を得たいためである。

⑤**【見栄を張る】**人並み以上の生活をしていることを周りに示そうとして、収入以上のお金を使う。

⑥**【自発性の欠如】**自己成長の機会を受け入れられない。自分の考えに自信がなく、意見を述べることを恐れる。質問にはぐらかすような答えをする。態度や話し方にためらいがあり、言動にごまかしが見られる。

⑦【向上心の欠如】精神的にも肉体的にも怠惰である。自己主張をせず、決断が遅く、他人の意見に流される。陰で他人を批判し、表向きではお世辞を言う。抵抗なく敗北を受け入れる。他人に反対されるとすぐに物事をやめる。理由もなく他人を疑う。機転が利かない。ミスの責任を負いたがらない。

病気の恐怖

この恐怖には、肉体的なものと社会的なものがある。これは老いや死の恐怖とも密接に結びついている。病気の恐怖は、私たちがよくは知らないが、恐ろしいものだと散々聞かされてきた忌まわしい世界を連想させる。世の中には、この恐怖を利用して人々に健康器具や食品を売りつける悪質な業者もいる。

私たちが病気を恐れるのは、死を過度に恐れているからである。また、治療のための莫大な医療費を払わなければならないことも恐れている。

ある著名な医師によれば、治療を求めて病院を訪れる人のうち実にその七五%が病気不安症(本当はどこも悪くないのに、病気になったと思い込むこと)であるという。病気の恐怖があると、本当に病気の症状を引き起こすことがある。

人間の心には、恐怖はこれほどまでに強力なのだ。それは私たちを成功に導くこともあれば、破滅に導くこともある。

一部の医薬関係者は病気の恐怖という人間の弱点につけ込んで大儲けをしている。ある週刊誌は、こうした非倫理的な業者を痛烈に批判している。

数年前に行われた実験によって、人は暗示によって病気になることが証明された。

実験では、被験者のもとに三人の知人を訪問させ、それぞれに「どうしたの？　ひどく具合が悪そうだけど」と質問させた。被験者は、一人目の知人にそう言われても、ニヤリと笑い、「何も問題ない。大丈夫だよ」と答えていた。しかし、二人目にそう言われると、「よくわからないけど、気分が悪いんだ」と答えた。三人目に尋ねられたときは、「うん、実は体調を崩しているんだ」と認めた。

この実験結果を疑うなら、知り合いに試してみてほしい。ただし、その際は十分に注意すること。ある宗教団体は、呪いをかけて相手に復讐をすることがある。人の言葉には、それくらい強い影響力があるのだ。

ネガティブな考えが病気につながることを示す証拠は多い。自分の考えだけではなく、他人に言われた言葉が暗示となり、病気になることもある。誰かに気分を尋ねられたら、実際以上に元気だと答えるのがいいのかもしれない。

医者は、患者の環境を変えることがある。気分を変えることが、回復に役立つと知っているからだ。私たちの心には、病気への不安の種子がある。それは不安や恐れ、落胆、恋愛や仕事での失望によって発芽し、成長する。近年の不況のせいで、医者は多忙を極めた。さまざまなマイナス思考を抱いた人たちが、実際に病気になったからだ。

人は失恋や事業の失敗を経験すると、病気になることがある。ある若者が失恋に苦しんで入院を余儀なくされ、数カ月間、生死の境をさまよった。心理療法家が、その若者を担当する看護師を、魅力的な若い女性に替えた。

その看護師は（心理療法家との事前の取り決めにより）赴任初日から患者に好意を寄せた。患者はみるみる回復し、それから三週間も経たないうちに退院した。だが、今度は別の病に罹っていた。そう、新しい恋の病だ。治療のための芝居が、本物の恋になったのだ。二人は結婚し、幸せに暮らしている。

・病気の恐怖の症状

この一般的な恐怖の症状を見ていこう。

①**【自己暗示】**自分は病気に罹っていると信じ、その証拠となる症状を探そうとする。想像上の病気になったことを半ば楽しみ、あたかもそれが現実のものかのように話す。専門家の指導を受けずに、怪しげな食事療法や運動法、民間療法に片っ端から手を出す。

②【病気不安症】病気のことばかり考え、病気になることを期待し、実際に神経がやられてしまう。この性癖は薬では治しにくい。マイナス思考によって引き起こされたものであるため、プラス思考でしか治せない。この不安症は実際に病気になるのと同じくらいのダメージをもたらすと言われている。神経の病気はこうした想像上の病気が原因であることが多い。

③【運動不足】病気の恐怖を抱いていると、屋外に出るのを避けがちになり、運動不足や体重過多につながる。

④【抵抗力の低下】病気の恐怖は体の抵抗力を弱め、病原菌に感染しやすい条件をつくり出す。この恐怖は、貧しさの恐怖とも結びつきやすい。特に病気不安症の人の場合、高額の治療費への不安がつきまとう。病気や死、自分の葬式や墓の心配ばかりしているケースも多い。

⑤【自己溺愛】仮病を使って周りの同情を誘う（仕事を休みたいときによくこの手を使う）。怠惰の言い訳、向上心の欠如のために病気に罹ったふりをする。

⑥【不摂生】頭痛や神経痛などの痛みを、原因を取り除こうとせず、アルコールや麻薬で抑えようとする。そのくせ、病気のことをやたらと気にしていたりする。

愛の喪失の恐怖

この恐怖の源を詳しく説明する必要はないだろう。それは、人間が多くの愛を求め、愛する人を他人と奪い合う場合があることから生じている。

愛する人を誰かに奪われてしまうかもしれないという不安は、嫉妬を募らせる。この恐怖は、六つの恐怖の中でも特に強い苦しみを伴う。精神的に大きなダメージを被るケースも少なくない。

愛の喪失の恐怖は、原始時代からあったものだ。当時、男は力ずくで他の男から女を奪っていた。現代の男性も同じことをしているが、腕力に頼るのではなく、言葉で口説いたり、服や車を買ったりするという手を使って女性から好意を得ようとしている。やっていることは太古の昔と同じだが、方法が変わったというわけだ。

研究によれば、女性は男性よりもこの恐怖に弱い。その理由は簡単に説明できる。女性は経験から、男性は気が多いため、ライバルの手に渡してはいけないことを知っているのだ。

・愛の喪失の恐怖の症状

この恐怖の主な症状は以下の通りだ。

① **【嫉妬】** 十分な根拠のある合理的な証拠がないのに、友人や愛する人を疑う（嫉妬は、

正当な理由もなく暴力的になることがある）。相手を信用せず、誰に対しても疑念を抱く。

②**【相手のあら探しをする】**些細なことをきっかけにして、友人や家族、同僚、恋人、配偶者のあら探しをする。

③**【金遣いが荒くなる】**愛する人に貢ぐ金を稼ぐために、ギャンブルに手を出したり、時には盗みや不正行為などの危険な行為に走ったりする。愛はお金で買うことができると信じて、借金までして愛する人への贈り物を買う。不眠症や神経質、落ち着きのなさ、意志の弱さ、自制心の欠如、感情の乱れなどの特徴も見られる。

老いの恐怖

この恐怖の原因は主に二つある。一つは、老いが貧困をもたらすかもしれないという考え。もう一つは、〝老人は周りから邪魔者扱いされる〟といった、老いにまつわる忌まわしい寓話や通説から生じているものである。

老いることへの不安を感じる根本的な理由は他にもある。財産を誰かに奪われてしまうかもしれないという不信感や、あの世について人間が本能的に抱いている恐ろしいイメージから生じるものだ。

年を取るにつれて病気になる可能性が高まってくることも、この恐怖の一因だ。性的魅力が衰えていくという考えも同様である。

だが、人々が老いを恐れるのは、何といっても貧困の問題が大きい。救貧院〔訳注：生活苦に陥った高齢者のための居住施設〕に入ることを想像するのは、楽しいものではない。こうした場で人生の最後を過ごさなければならないと考えると、誰でも気が滅入るものだ。

また、老いることで肉体的、経済的な自由が失われ、自由や自立を保ちにくくなることもこの恐怖の一因だ。

・老いの恐怖の症状

この恐怖の代表的な症状には次のようなものがある。

① **【心が老け込む】** 精神的に成熟してくる四〇歳前後で、早くも老人気分になり、行動がおっくうになり、劣等感を抱く（実際には、人間の精神が最も充実するのは四〇歳から六〇歳のあいだである）。

四〇代や五〇代になって知恵や分別がついたことに感謝し、自信を持てばいいのに、「もう年だから」と弁解して何事にも消極的になる。

② **【年齢に不釣り合いな言動】** 年齢を言い訳にして、積極的に新しいことに挑戦しようと

せず、古い考えにしがみつき、自信を失う。その一方で、無理に若作りした身なりをしたり、若者っぽく振る舞ったりして、周りから顰蹙を買う。

死の恐怖

この恐怖ほど残酷なものもない。その理由は言うまでもない。人を狂信的な信仰に駆り立てるのも、死を想像することに伴う恐ろしい苦しみだ。

一般的に、未開人は文明人よりも死を恐れていない。太古の昔から、人間は〝自分たちはどこから来て、どこへ向かうのか〟という、簡単には答えようのない問いについて考え続けてきた。

歴史上の暗黒の時代には、狡猾で悪賢い者たちが、人々にこうした疑問の答えを示すのと引きかえにして、金を要求した。

宗派の指導者たちは、「私のもとに来て、信条や教義を受け入れなさい。そうすれば、死んだときに天国に行ける切符を与えよう」と大衆に呼びかけた。「私のもとに来なければ、悪魔に連れ去られ、地獄で永遠に火あぶりの刑に処せられるだろう」

永遠に火あぶりにされると脅されれば、人々は死を恐れ、理性も失う。そのような状態に陥れば、人生への興味を失い、幸せもつかめなくなる。

私は本書の執筆のための調査の一環として、『神々のカタログ』という書物に目を通した。そこには、人類がこれまでに崇拝してきた三万の神々がリストアップされていた。想像してみてほしい。ザリガニの形をしたものから、人間の姿をしたものまで、ありとあらゆる形態の神が三万もいるのだ。これだけの神々から〝死は恐ろしいもの〟と諭されてきたのだから、人々が死に怯えるようになったのも無理はない。

宗教指導者は、私たちを確実に天国に連れていってくれるとは限らないだろう。その宗教を信じなかった人が、地獄に落ちるわけでもないだろう。にもかかわらず、地獄に落ちることを想像するとあまりにも恐ろしいので、人々は理性を失い、死の恐怖に縛りつけられてしまうのだ。

実際には、天国と地獄がどのような場所なのかは誰も知らない。これらの場所が本当に存在するかどうかを知っている者もない。この正しい知識を欠いていると、さまざまな手を尽くし、もっともらしいつくり話をするペテン師たちに騙され、心を操られてしまう。

今死の恐怖は、大学や高等教育機関がなかった過去の時代ほど一般的ではなくなっている。科学者がこの世界に真実のスポットライトを当てたことで、人々は死の恐怖から急速に解放されるようになった。大学に通う若者は、もはや火あぶりや地獄の責め苦といった脅し文句には簡単には動じない。生物学や天文学、地質学などの科学のおかげで、人々の心を手玉に取り、理性を台無しにした暗黒時代の恐怖は払拭されたのである。

とはいえ現在でも、精神病院は、死の恐怖のために精神を病んだ人たちでいっぱいだ。

この恐怖は役に立たない。何を考えたところで、誰のもとにも死はやってくるからだ。死を必然のものとして受け入れ、不要な恐怖を頭から追い払おう。死は必然であり、誰も逃れられない。

おそらく死は、私たちが想像しているほど悪いものではない。

この世界は、エネルギーと物質という二つの要素で構成されている。物理学の授業では、物質とエネルギー（人間にとっての唯一のリアリティ）は、人間の手でつくり出すことも壊すこともできないと教わる。つまり、物質もエネルギーも形を変えるが、その最小単位は破壊もされないし、消滅もしないのだ。

生命とは、エネルギーである。エネルギーと物質は、不滅のものである。この観点からすれば、生命も不滅だと言える。生命は、他のエネルギー形態と同じく、さまざまに形を変え、移行していくが、消滅はしない。つまり、死とは単なる移行なのである。

もし、死が単なる変化や移行ではないとしても、死のあとに続くのは、永遠の安らかな眠りでしかない。眠りは恐れるものではない。そう考えれば、死の恐怖を払拭できるはずだ。

・死の恐怖の症状

第一五章　六つの恐怖の原因《この章のまとめ》

◎恐怖はよくあることであり、その一部は正当なものである。だがその他のものは、不安のもととなる優柔不断と疑念を取り除かない限り、知らないうちに根を張り、成長してしまう。

◎言い訳は、あなた自身について多くを物語っている。言い訳が成功の妨げになってはいけない。

◎富には、お金で測れるものも、測れないものもある。だが、お金が幸福や長寿、喜び、心の平安を得るのに役立つものであることも確かだ。

◎恐怖を乗り越えることで、はるか遠くの成功をつかめるようになる。

この恐怖の一般的な症状は以下の通りである。

【死のことばかり考える】より良く生きることではなく、死についてばかり考えている。その主な原因は、人生の目的がなかったり、仕事に恵まれていなかったりすることだ。

この症状は高齢者によくみられるが、若者が当てはまる場合もある。**死の恐怖への対処策の中で一番効果があるのは、世の中への貢献につながる意義ある目標を達成することへの、燃えるような願望を持つこと**である。人は忙しいとき、死について考えたりはしない。毎日が面白くて、死を憂うヒマがないのだ。

死の恐怖は、自分の死によって愛する人が貧困に陥るかもしれないという、貧しさの恐怖とも結びつきやすい。病気や老衰への恐怖と関係していることもある。これらの主な原因は、健康不良、貧困、仕事や愛情に恵まれていないこと、正気を失うこと、狂信的な信仰などである。

不安は心がつくり出したもの

不安とは、恐怖に基づく心の状態である。それはゆっくりとだが、着実にふくらんでいく。

不安は陰険で、巧みに心に入り込んでいく。少しずつ根を張り、理性を麻痺させ、自信や意欲をくじいていく。だが、不安はコントロールできる。まずは、それが優柔不断によって引き起こされる恐怖の一形態であることを認識しよう。

心が不安定なのは辛いものだ。私たちの心を不安定にしているものは、優柔不断である。常に迅速に決断を下し、その後もその決断に対して迷いを持たないという人は少ない。さらに、経済的な不安の多い時期（まさに近年の世界が経験した状況）には、誰もが迷いを持つため、集団的な優柔不断に影響されることになる。

大恐慌のあいだ、世界中に〝不安という名のインフルエンザや熱病〟が蔓延した。この精神的な病原菌は、一九二九年のウォール街の株価の大暴落のあとに広がり始めた。その治療薬はただ一つ。迅速かつ確固とした決断の習慣だ。また、この決断は誰かに代わりにしてもらうことはできない。すべて自力で行わなければならないのである。

取るべき行動を明確にし、断固とした決断を下せば、もう迷う必要はなくなる。

私は以前、二時間後に電気椅子で処刑される予定の死刑囚にインタビューしたことがある。彼は、そのとき死刑執行を待っていた八人の中で一番落ち着いていた。もうすぐ永遠の眠りにつくことになるのがわかっているのはどんな気分かと尋ねると、彼は笑顔を浮かべてこう言った。

「いい気分です。だって、一切の面倒から解放されるのですから。これまでは、苦労ばかりしてきました。服や食べ物を手に入れるのは大変でした。もう、そんな心配は不要です。もうじき死ぬと知って以来、私は元気になりました。自分の運命を前向きに受け入れようと決心したのです」

彼はそう言いながら、三人分の夕食を平らげた。まるで災難など何も待ち受けていないかのように、食事を楽しんでいた。決断したことで、彼は運命に対する諦めの気持ちを抱いたのだ。

同じように、決断は、〝私は、この望ましくない状況を断固として受け入れない〟という決心にも使える。

決断を避けていると、六つの恐怖は不安を生む。だから、決断をしよう。

死の恐怖から解放されるには、死を避けられない出来事として受け入れる決断をすることだ。

貧しさの恐怖を消し去るには、確実に稼げる範囲のお金で不安なく生きていこうと決断をすることだ。

批判の恐怖に打ち勝つには、〝他人の考えや発言、行動は一切気にしない〟と決断することだ。

老いの恐怖を取り除くには、年を重ねることを、若者にはない知恵や自制心、賢さをもたらす大きな恵みとして受け入れる決断をすることだ。

病気の恐怖から逃れるには、根拠もなく病気の心配はしないと決断をすることだ。

愛の喪失の恐怖を乗り越えるには、〝必要なら、愛がなくても生きていける〟と決断をすることだ。

あらゆる種類の不安の習慣をなくすには、人生で起こることは何であれ特に心配する価値はないという決断をすることだ。それによって、心の平穏が得られ、冷静に物事を考えられるようになり、幸福感が高まる。

心が恐怖で占められてしまうと、知的に考えて行動することができなくなるだけでなく、周りにも悪影響を及ぼしてしまう。

犬や馬でさえ、飼い主が恐怖に怯えていることを察知する。飼い主が発する負の波動を受け取るのだ。さらに知能が低い動物ですら、恐怖を敏感に感じ取れる。たとえば、人はハチを恐れると刺されてしまうものだ。そのメカニズムは解明されていないが、とにかくハチは、怖がっていない人のことはめったに刺さない。

恐怖の波動は、人間の声が電波に乗って放送局からラジオの受信機に伝わるのと同じくらい速く、確実に、同じような仕組みによって、ある心から別の心に伝わる。

テレパシーは存在する。思考は、ある人の心から別の人の心へと自発的に移動する。本人たちがそれをどう自覚しているかは関係ない。

ネガティブな言葉を発すれば、それは自分のところに返ってくる。周りにマイナス思考を振りまいていると、それを言葉にしなくても、さまざまな形で自分のところに返ってくるものなのだ。

まず、マイナス思考に陥っていると、創造的想像力が働かなくなる。また、周りの人に嫌悪感を抱かせるので、敵をつくる。さらに、周りに害を与えるだけではなく、**自分自身の潜在意識にマイナス思考を植えつけてしまい**、それが人格の一部になってしまう。

思考は、それを表現するだけでは終わらない。表現された思考は波動となって周りに広がっていくが、それは本人の潜在意識の中にも刻まれるのだ。

あなたは、成功を望んでいるはずだ。成功の条件とは、心を平穏に保ち、物質的な豊かさを手に入れ、幸福を味わうことだ。それらはすべて、思考から始まる。

あなたは、自分の心をコントロールできる。自分が選んだ思考を、心の糧にできるのだ。だからこそ、この素晴らしい力は建設的な方法で使うべきだ。自分の思考をコントロールできるということは、自分の運命をコントロールできるということだ。運命をコントロールして望み通りの人生を生きるか、その努力を怠り、大海に身を任せた木の葉のように、本意ではない人生を生きるかだ。

第七の悪魔

六つの基本的な恐怖に加えて、もう一つ、世の中の人々を苦しめる悪魔がいる。それは、失敗の種を大きく育てるための土壌になっている。また、その存在に気づきにくいほど、とらえにくいものでもある。この苦しみは、恐怖には分類できないものである。**それは六つの恐怖よ**

りも根深く、致命的だ。この悪魔に適切な名前を与えるのは難しいが、便宜上、ここでは、「負の影響の受けやすさ」と呼んでおこう。

富を築く人は、常にこの悪魔から身を守っている。だが、貧しさに苦しむ人はこの悪魔に対して無防備だ。どんな職業であれ、成功するためには、この悪魔に抵抗するための心の準備をしなければならない。

自分が負の影響を受けやすいかどうかを判断するためには、しっかりとした自己分析が必要だ。それを怠れば、願望を達成する権利を失うことになる。以降のページに記載したこの自己分析のための質問に、正直に回答していただきたい。敵を待ち伏せするのと同じくらい慎重に自分を分析し、敵と戦うときと同じように自分の欠点に対処しよう。

強盗から身を守るのは特に難しくはない。法律や警察が助けてくれるからだ。けれどもこの第七の悪魔はそうではない。あなたがその存在に気づいていないときに、寝ているか起きているかにかかわらず、容赦なく襲ってくるからだ。そのうえ、この悪魔は目に見えない。なぜなら、それはあなたの心の状態であるからだ。この悪魔は、相手に合わせて形を変えてくる。あるときは身近な人からの善意の言葉としてあなたの心の中に入ってくるし、またあるときはあなた自身の心から生じてくる。この悪魔に襲われても、すぐに命取りにはならないかもしれない。だが、これは毒と同じように致命的なのだ。

負の影響から身を守る方法

自分自身がつくり出したものであれ、周りにいるネガティブな考えを持つ人たちから生じたものであれ、負の影響から身を守るためには、自分に意志力があることを自覚し、それを使って、心の中に負の影響を防ぐための壁を築くことだ。

人間は誰でも、自らの欠点を改善しようとすることについては怠け者であり、無関心である。そして、欠点を肯定するような考えを受け入れやすい。

自分が「六つの恐怖」に影響を受けやすいことを認識して、それらに打ち勝つための習慣を身につけよう。

負の影響は潜在意識を介して作用することが多いため、見つけるのは難しい。あなたを落ち込ませたり、やる気を失わせたりする人たちとは、距離を置こう。

常備薬をすべて捨ててしまうような気持ちで、自分を甘やかすものを身の回りから一掃しよう。ちょっとした風邪や痛み、仮病に逃げ込まないようにしよう。

自分で考え、行動するように促してくれる人たちの近くにいよう。

悪いことが起こることばかり考えてはいけない。考えていると、本当に起きてしまうからだ。

全人類に共通する弱点がある。それは、不用意に、負の影響に自分の心をさらしてしまうこ

とだ。このことを自覚している人は少ないため、よけいにダメージは大きい。自覚していても、手遅れになるまでこの悪魔を放置していることが多い。

以下に、正直に自分を見つめ直すための質問リストを用意した。質問を読み、声に出して答えてみよう。自分の声を聞くことで、自分自身に正直になりやすくなるからだ。

・自己分析テスト

・「気分が悪い」と訴えることがよくありますか？　もしそうなら、その原因は何ですか？
・ちょっとしたことで人のあら探しをしますか？
・仕事でよくミスをしますか？　もしそうなら、その理由は何ですか？
・誰かと話をしているとき、皮肉を言ったり攻撃的になったりすることが多いですか？
・人と会うのが面倒だと思うことはありますか？　もしそうなら、その理由は何ですか？
・よく消化不良を起こしますか？　もしそうなら、その原因は何ですか？
・人生が無駄だと感じたり、将来に希望が持てないと感じたりすることがありますか？　もしそうなら、その理由は何ですか？
・自分の仕事が好きですか？　好きではないなら、その理由は何ですか？
・自分を哀れに思うことがありますか？　もしそうなら、その理由は何ですか？

・自分より能力が優れた人をうらやましく思うことがありますか？
・成功について考えることと、失敗について考えることのどちらに多くの時間を費やしていますか？
・年を取るにつれて自信は高まっていますか、それとも低下していますか？
・どんな失敗からも価値ある教訓を学んでいますか？
・家族や知人を心配させていますか？　もしそうなら、その理由は何ですか？
・弱気になったり、意気消沈したりすることがありますか？
・一番良い影響を与えてくれるのは誰ですか？　その理由は何ですか？
・負の影響や落胆させられるような影響を受け入れていますか？
・自分の外見に無頓着ですか？　もしそうなら、それはどんなときで、その理由は何ですか？
・悩みを紛らわすために、わざと忙しく過ごすことはありますか？
・他人の意見に流されたとき、自分のことを「意気地のない弱虫」だと思いますか？
・自分を大切にすることで、不機嫌になったり、怒りっぽくなったりするのを防いでいますか？
・防ぐことができる悩みの種はどれくらいありますか？　なぜそれを放置しているのですか？

・神経を鎮めるために酒や麻薬、タバコに頼っていますか？　もしそうなら、これらの代わりに意志力で神経を鎮めようとしない理由は何ですか？
・誰かに煩わされることはありますか？　もしそうなら、その理由は何ですか？
・人生の明確な目的はありますか？　もしそうなら、それは何ですか？　達成のためにどんな計画を立てていますか？
・六つの恐怖のどれかに悩まされていますか？　もしそうなら、それは具体的にどれですか？
・他人の負の影響から自分を守る方法を実践していますか？
・心を前向きに保つために、自己暗示を使っていますか？
・物質的な財産と、自分の思考をコントロールできる能力のどちらに価値があると思いますか？
・自分の判断に影響されやすいほうですか？
・今日、有意義な知識を得たり、心が豊かになるような経験をしたりしましたか？
・苦しい状況に正面から向き合っていますか？　それとも責任から逃れようとしていますか？
・ミスや失敗を分析し、それを糧にしようとしていますか？　それとも、そんなことをする必要はないという態度を取っていますか？

・あなたの最大の弱点を三つ挙げてください。それを正すために、何かをしていますか？
・周りの人の悩みを積極的に聞き、共感を示していますか？
・日々の経験を、自分の成長に役立てていますか？
・他人に悪影響を与えていますか？
・他人のどんな習慣に一番イライラしますか？
・自分の意見を持っていますか？　それとも周りの意見に影響されやすいですか？
・負の影響から自分を守るための方法を持っていますか？
・今の仕事は自信や希望を与えてくれますか？
・さまざまな恐怖から自分の心を守るための精神力を培っていますか？
・宗教を信じていますか？　それはあなたの心を前向きに保つのに役立っていますか？
・他人の悩みを聞くことが自分の務めだと思っていますか？　もしそうなら、その理由は何ですか？
・「類は友を呼ぶ」の考えに基づき、周りの友人たちから自分自身のことを学ぼうとしていますか？
・身近な人から不幸をもたらされたことがありますか？　もしあるとしたら、それは何ですか？
・友人だと思っている人が、実はあなたにひどい悪影響を与えている可能性はありますか？

・有益な人と有害な人を、どんな基準で区別していますか？
・仲の良い友人は、あなたより精神的に優れていますか？　それとも劣っていますか？
・次のことについて、一日のうちどのくらいの時間を割いていますか？
　a．仕事
　b．睡眠
　c．余暇や休養
　d．勉強
　e．無駄な時間
・知人の中で、次のことに一番当てはまる人は誰ですか？
　a．励ましてくれる。
　b．注意を促してくれる。
　c．落胆させられる。
　d．さまざまな形で助けてくれる。
・最大の悩みは何ですか？　なぜそれを我慢しているのですか？
・こちらから求めていないのに他人がアドバイスをくれたとき、それを疑うことなく受け入れますか、それとも相手の動機を探りますか？
・最大の願望は何ですか？　それを実現させようとしていますか？　他の楽しみを犠牲にす

る覚悟がありますか？　実現のために、毎日どのくらいの時間を費やしていますか？
・よく気が変わりますか？　もしそうなら、その理由は何ですか？
・何事も最後までやり抜きますか？
・他人の肩書きや学歴などに影響されやすいですか？
・他人の考えや言葉に影響されやすいですか？
・相手の社会的地位や裕福さにつられて近づこうとしますか？
・今生きている人の中で、誰が最も偉大だと思いますか？　その人はどんな点であなたより優れていると思いますか？
・これまでの質問について考え、答えるためにどのくらいの時間がかかりますか？（時間をかけてすべての質問の答えを真剣に考えるには、丸一日は必要だ）

すべての質問に正直に答えることで、自分自身についての理解が大きく深まる。これから数カ月間、週に一度、これらの質問に答えることを続けてほしい。質問に正直に答えるという簡単な方法によって、驚くほど有意義な学びが得られることがわかるはずだ。自分では答えにくい質問については、第三者に協力してもらい、客観的に評価してもらってもいい。それは価値ある経験になるはずだ。

あなたには、一つだけ完全にコントロールできるものがある。それは、自分自身の思考だ。

人類がこれまでに知り得た事実の中で、これほど重要で、感動的なものはない。それは人間に秘められた神聖さの表れでもある。この天から授かった特権こそが、あなたが自分の運命をコントロールできる唯一の手段なのである。自分の心をコントロールできなければ、他のものはコントロールできない。

もしあなたが自分の財産に無頓着でいるつもりなら、その対象は物質的な財産だけにしよう。なぜなら、あなたには心という大切な財産があるからだ。天から授かったこの財産を大切に扱おう。私たちはそのために、「意志力」を与えられている。

残念ながら、世の中には、〝意図的または無自覚のうちに否定的な暗示によって他人の心にマイナスの影響を及ぼす者〟に対する法的な罰則はない。本来なら、このような有害な振る舞いには罰則が科せられるべきである。なぜなら、こうした行為によって、私たちがお金や物質を獲得する機会が台無しになる場合が多いからだ。

ネガティブ思考の人たちは、トーマス・エジソンに「人間の声を録音して再生する機械などはつくれない」と言った。その理由は「これまでに誰もそんな機械をつくったことがないから」というものだった。だがエジソンは信じなかった。人間が考え、信じるものは何であれ実現できることを知っていたからだ。その知識こそが、エジソンを歴史的な偉人にしたのである。

ネガティブ思考の人たちは、フランク・ウィン・フィールド・ウールワースに、「五セントショップや一〇セントショップをつくっても、失敗して破産するだろう」と言った。だがウールワースは信じなかった。信念に従って計画を実行すれば、理に適っていることなら実現できることを知っていたからだ。他人の否定的な言葉に耳を貸さなかったことで、彼は巨万の富を築いた。

ネガティブ思考の人たちは、ジョージ・ワシントンに、「圧倒的な勢力を誇るイギリス軍に勝てるわけがない」と言った。だがワシントンは信じなかった。そして、自分の信念を貫くという、天与の権利を行使した。その結果として、本書はアメリカ国家の保護のもとで出版されている。その一方で、イギリス軍総司令官、コーンウォリス伯爵の名は完全に忘れ去られている。

ヘンリー・フォードがデトロイトの路上で試作品の自動車の試運転を行ったとき、ネガティブ思考の人たちから「実用化は無理だ」「こんなものに金を払う人はいない」と嘲笑われた。**だがフォードは「そのうち地球上の道路は自動車で溢れるようになる」と断言した。この言葉は現実のものになった。**フォードは自分を信じたことで、何世代にもわたる彼の子孫が使いきれないほどの大きな財産を築いたのである。

真剣に富を求めるなら、**ヘンリー・フォードとその他大勢の人たちを分けている唯一の違いは、フォードが自分の心をコントロールしていることであるという事実を覚えておいてほしい。**

本書でヘンリー・フォードに何度も言及してきたのは、彼が「心をコントロールすれば、人は大きなことを成し遂げられる」ということの素晴らしい実例だからだ。フォードの成功の記録は、「私にはチャンスがなかった」という使い古された言い訳を打ち砕くものだ。彼もチャンスに恵まれていなかった。だが**自らチャンスをつくって道を切り開き、成功するまで忍耐強く努力を続けた**のだ。

心をコントロールするためには、自己鍛錬と習慣が必要だ。心は、コントロールするか、されるかのどちらかだ。その中間はない。心をコントロールするための最善策は、明確な目的を持ち、その実現のための明確な計画を立て、その実行に集中することだ。有名な成功者の記録を調べれば、その人が心をコントロールし、はっきりとした目標に向かっていたことがわかる。心をコントロールしなければ、成功はできない。

成功しない人のよくある言い訳

成功しない人には共通した特徴がある。失敗する理由を知っていて、それでいて、自分を正当化する言い訳をすることだ。

これらの言い訳には巧妙なものもあれば、事実である場合もある。だが、言い訳をしていても富は築けない。成功したいのなら、言い訳ばかりしているべきではない。

人間心理の専門家が、代表的な言い訳の一覧を作成している。どれくらい自分に当てはまるか、考えてみよう。

本書で紹介してきた成功哲学を実践すれば、こうした言い訳を口癖にしたりはしなくなるはずだ。

もし、配偶者や子どもがいなかったら……
もし、コネがあったら……
もし、お金があったら……
もし、いい学校を出ていたら……
もし、仕事にありつけたら……
もし、体さえ丈夫だったら……
もし、時間さえあったら……
もし、タイミングが良かったら……
もし、私のことをもっと知っていてくれたら……
もし、状況が少し違っていたら……
もし、人生をもう一度やり直せたら……
もし、世間の噂を気にしなければ……
もし、あのときチャンスに恵まれていたら……
もし、今、チャンスがあれば……

もし、他人から目のかたきにされなければ……
もし、引き止められさえしなかったら……
もし、もう少し若かったら……
もし、望みどおりにやっていたら……
もし、裕福な家に生まれていたら……
もし、ましな人たちと知り合っていたら……
もし、人並みの能力があったら……
もし、もっと自己主張ができたら……
もし、あのときチャンスを活かしていたら……
もし、他人から気にさわることをされなければ……
もし、家族を養う必要がなかったら……
もし、少しでも貯金があったら……
もし、上司から正しく評価されていたら……
もし、あのとき誰かが助けてくれていたら……
もし、家族から理解されていたら……
もし、都会に住んでいたら……
もし、やり直しがきくなら……

もし、自由の身であるなら……
もし、あの人たちのような個性があったら……
もし、太っていなかったら……
もし、自分の才能が世の中に知られていたら……
もし、もっと休息できたら……
もし、借金さえなかったら……
もし、あのとき失敗さえしなければ……
もし、やり方さえ知っていれば……
もし、誰からも反対されなければ……
もし、こんなに多くの心配事がなければ……
もし、もっといい人と結婚していれば……
もし、周りの人がこんなに愚かでなかったら……
もし、家族がもう少し倹約してくれていたら……
もし、もっと自信があったら……
もし、ツキに見放されていなかったら……
もし、悪い星のもとに生まれていなかったら……
もし、「為せば成る」という言葉が自分にも当てはまれば……

もし、こんなに働かなくてよければ……
もし、あのとき損をしていなかったら……
もし、近所の人にもっと恵まれていたら……
もし、私に「過去」がなかったら……
もし、これが自分の会社だったら……
もし、誰かが話を聞いてくれてさえいたら……

「もし」から始まる言葉の中で一番重要なのは、次のようなものだ。
「もし、自分の本当の姿を直視する勇気があったら、自分の欠点がわかるし、改善もできる。そうすれば、過去の失敗から学び、他人の経験から何かをつかめるだろう。自分の弱点を知っていれば、あらゆることが学びの機会になるからだ。弱点の分析に時間を費やし、言い訳をする時間を減らせば、もっと人間として成長できる」

自分が成功していないことの言い訳を考えるのは、人々の得意技だ。この習慣は人類の歴史と同じくらい古く、成功にとっては致命的なものになる。なぜ人は言い訳にしがみつくのか？それは、その言い訳が自分でつくったものだからだ。言い訳は想像力の産物だ。自分がつくり出したものを弁護しようとするのは、人間の本能である。

言い訳は根深い習慣であり、これをやめるのは難しい。特に、自分を正当化しようとしている場合は。古代ギリシアの哲学者プラトンはこの真実について、こう語っている。「最良の勝利は自己を征服することである。自己に征服されることは、あらゆる物事の中で最も恥ずべき、下劣なことである」

別の哲学者は、「他人に見られる醜さが、私自身の本性の反映にすぎないと気づいたのは、大きな驚きだった」と言った。

思想家のエルバート・ハバードも、「実に不思議だ。なぜ人は自分の弱点を隠すために言い訳をし、自らを欺くことに多くの時間を費やしているのだろう。同じ時間で弱点を治せば、言い訳などする必要がなくなるのに」と述べている。

最後に、読者にこの言葉を贈ろう。「人生は、時間を相手にプレーするチェスゲームのようなものだ。あなたがためらっていると、あなたの優柔不断を見逃さない相手に、駒を取られてしまう」

あなたはこれまで、願いを実現しようとしなかったことについて、もっともらしい言い訳をしてきたかもしれない。だが、それはもう過去のことだ。本書を読み終えたあなたは、豊かな人生への扉を開くマスターキーを手にしているのだから。

このマスターキーは目に見えないが、強力である。それは、あなたの心の中に、富への燃えるような願望をつくり出す。このキーを使っても何の罰則もないが、使わなければ代償を支払わなければならない。それは、人生に失敗することだ。もしこのキーを活用すれば、とてつもない報酬が得られる。それは、自分に打ち勝ち、人生で成し遂げたいことをすべて実現することで手に入る満足感だ。

この見返りは、努力するだけの価値がある。今すぐスタートを切ろう。そうすれば、きっと納得してもらえるはずだ。

不朽の詩人エマーソンは、「縁があれば、私たちは出会うだろう」と言った。

私はあなたにこう言いたい。

「私たちには縁があった。だから、本書を通して出会ったのだ」

◉実践マニュアル

ようこそ！　達成と富と幸福に満ちた素晴らしい新世界へ！　あなたはこれから行動への第一歩を踏み出す。成功を重ね、大いなる富を築き、生涯の夢を叶える黄金の目標に向かう道のりに向かって、歩き出すのだ。

まずは、人類史上屈指の売り上げ部数を誇るベストセラー、本書『Think and Grow Rich』を読んでいただきたい。そうすれば、世界中の大勢の人々が、この驚異の書物を手にした理由がわかるだろう。アメリカのコンバイン・インシュアランス・カンパニーの社長であるW・クレメント・ストーン氏が本書について「現在手に入る書物の中で、成功へのモチベーションを高めるうえでこれ以上の一冊はない」と断言した理由も、宝箱に無限の富を注ぐ方法を万人に向けて明らかにした著者のナポレオン・ヒル博士に世界中から感謝状が殺到している理由も、よくわかるはずだ。

すでに本書を読み終えた人は、この実践マニュアルを実践することで、新たな視点でこの素晴らしい本をもう一度読むことになる。ここから先は『Think and Grow Rich』の各章の流れに沿って実践していくよう構成されている。

ナポレオン・ヒル博士が提示する富を築くための簡単な方法を自分のものにできるこの本自

体が、自分の能力を信じるすべての人を豊かさに導いてくれるものである。

それに加えて、この実践マニュアルは、あなたの希望や夢、財産、大きな目標に合わせたガイドになるのである。

注意事項

成功は、モチベーションに左右される。

成功を心から望み、それを実現させることについて考えていない限り、ただ本を読むだけでは成功はできない。大切なのは、考えることだ。あなたの成功について、あなた以上に考えられる人はいない。他の誰も、あなたの代わりに考えてはくれないのだ。

大切なのは、本書を読みながらよく考え、自問自答することである。推論し、判断し、想像力やイメージ力を使って、他の成功者のエピソードに自分を重ね合わせよう。

本書を読みながらアイデアを考え、計画を立てられるのはあなただけだ。自分の目標を達成するための手段を探そう。不可能と思えることは実際には可能であり、可能だと思えばますます実現に近づくことを忘れないようにしよう。

また、理性だけに基づいて行動すべきではない点も覚えておいていただきたい。人間には、感情や気分、本能、習慣など、理性以外の側面がある。それらを活かし、うまくコントロールすることで、目標の実現に向けて意欲を高められるのである。

ナポレオン・ヒル博士が言うように、「成功は心の状態から始まる」のだ。

あなたは、成功を手に入れる準備ができているだろうか？　準備を整えたら、豊かで幸せな人生、成功した人生への着実な道のりを、すぐに始めよう。

まずは、これから始まる大冒険のための準備をしよう。あなたの内部に潜む成功の力を、引き出す作業に取り組もう。

ペンとメモ用紙、そして3×5インチ程度の大きさの情報カードを手元に用意していただきたい。

誰にも邪魔されない静かな場所で、毎日同じ時間に、一日三〇分程度、本書を読み進めよう。週に四、五日で十分だが、毎日同じ時間に行うことが望ましい。家族にも、これが成功のために必要な時間であることを伝えて了解を得ておこう。あなたが本気であることも示しておくこと。冗談半分ではなく、この問題に真剣に取り組んでいることを理解してもらうのだ。

毎日、その日の成功の原則に取り組む前に、前日までに学んだ内容を簡単に復習し、それまでの段階を十分に理解していることを確認しよう。望む結果を達成するために前進するだけでなく、正しい道を歩んでいることも点検する必要があるからだ。

この方法に従うことで、W・クレメント・ストーンが述べているように、「富や真の豊かさを得るという目標を達成するために、白熱した強い願望のもとで前進を続けられる」ようになるのである。このような状態になれば、願望や夢は迅速かつ確実に実現に向かっていくようになる。

実践マニュアルの進め方①——目次の気になる部分に傍線を引く

まずは、自分がどこに向かおうとしているのか、また目印となる道標を明確にするために、本書の「心の地図」を描こう。

本書の目次を開き、現在の自分にとって特に重要だと思われる語句に傍線を引いていこう。これは、本書の「心の地図」を描くのに役立つだけでなく、あなた自身についての理解も深められる。人によって、どの語句に惹かれるか、気になるかは異なる。

例を見てみよう。ある人は、目次の次のページに傍線を引いていた。

・「思考の力」で、トーマス・エジソンの共同事業者になった男　・あと一メートル先の金鉱脈　・「執念の五〇セント」の教訓　・あなたは自分の運命の支配者であり、自分の魂の指揮官である　・願望は天の定めをも超える　・信念を育むには　・信念とは自己暗示によって誘発される心の状態である　・一〇億ドルの価値を生んだ、ディナー後のスピーチ同じ箇所で、別の人はこのように傍線を引いた。

・「思考の力」で、トーマス・エジソンの共同事業者になった男　・あと一メートル先の金鉱脈　・「執念の五〇セント」の教訓　・あなたは自分の運命の支配者であり、自分の魂の指揮官である　・願望は天の定めをも超える　・信念を育むには　・信念とは自己暗示によって誘発される心の状態である　・一〇億ドルの価値を生んだ、ディナー後のスピーチ

これが終わったら、本書全体にざっと目を通そう。気になる章タイトルや小見出し、文章があれば、傍線を引いたり、書き込みをしたりしよう。本に書き込みをしてはいけないと教えられて育った人もいるだろうが、これは〝普通〟の本ではない。これはあなたの生涯のガイドになる本である。自分にとって重要な箇所に印を付け、余白に書き込みをするほど、あなたにとって役立つものになる。

実践マニュアルの進め方②——冒頭部分を読む

本書の冒頭の「出版社からのことば」と「著者まえがき」を読み、重要だと思われる箇所に傍線を引いていただきたい。

読み終えたらいったん手を止めよう。

これで、あなたは本書の概要が理解できたはずだ。本書の核となるアイデアが、読者の心の準備ができたときに、ページから飛び出してきて目の前に現れる「秘密」に基づいていることも。

ナポレオン・ヒル博士が「豊かさへの一三ステップ」を提示していることも、人生のさまざまな側面がつながりあっているのと同じように、これらのステップが密接に結びついていることもわかっただろう。

あなたは一年以内に、本書の購入代の千倍、一万倍の富を得ることになるだろう。

実践マニュアルの進め方③——本書全体を一章ずつ読み進める

これから、本書を最初から最後まで読み通していく。ただし、それは特殊な形の読書になる。一章ごとに、この実践マニュアルがあなたのガイドになる。このマニュアルには、効果が実証された指示が書かれてある。

この指示に従い、手を動かしながら各章を読み進めよう。

・読み進める際の注意事項

本全体を通して、特に自分にとって重要だと思われる語句や文章には、傍線を引きながら読んでいただきたい（印をつけてもいい）。

付箋やメモ用紙に書き込みをして、当該のページに貼ってもいい。自分の考えや、その箇所に関連する自分の体験など、有益だと思うことを何でも書き留めながら読み進めよう。

実践マニュアル自体にも書き込み用のスペースがある。何を書けばいいのかについての指示が書いてある箇所もあるので、それに従って書き込みをしよう。

これで、実践マニュアルを実践するための準備ができた。時間をかけて、読みながら考え、考えながら読んでいただきたい。

第一章「はじめに」を読む

章の最初から最後までを読むこと。ただし、章末の「この章のまとめ」は読まないこと（あとで読む）。傍線を引いたり、印をつけたり、注釈をつけたり、必要に応じてメモを追加したりしよう。「本にすべてを語らせる」ような読み方はしない。自分が考えたことや感じたことを書き込みながら読んでいこう。

読み進めていくと、「実践マニュアルの進め方①」で傍線を引いた小見出しに出会うだろう。この時点では、自分にとって重要だと思われる小見出しが変わっているかもしれない。それは問題ない。それは、あなたの視点が変わったということだ。一回目の傍線と区別するために、赤鉛筆などを使ってもいいだろう。もちろん、本文にも傍線を引いていこう。自分の心に響いた語句や文であれば、なんでもいい。

この章を読むことで、あなたは「思考は現実化する」という考えを学んだ。思考は、明確で建設的な行動と不可分の関係にある。つまり、あらゆる行動に先立つものが思考なのだ。

この章では、エドウィン・C・バーンズは、彼にとって特別な意味を持つ「エジソンの共同事業者になる」という願望（成功の思考）を強く抱いたからこそ実現に成功した。お金がなくても、みすぼらしい外見をしていても、関係なかった。一方、ダービーは鉱脈を掘り当てる一歩手前で諦めた（失敗の思考）ために、莫大な富を手にするチャンスを逃した。また、大の大人を相手に五〇セントを手に入れた勇気ある子どものエピソードも印象的だ。どれも、目標を真剣に追い求めることの価値を教えてくれる。

第一章の「この章のまとめ」を読む前に、この章の内容を要約してみよう。著者がどうこの章をまとめたかではなく、あなたにとってこの章のポイントと思われることを、箇条書きで簡潔に書き出すこと。

傍線を引いたり、メモを加えたり、要点をまとめたりすることには、正解も不正解もない。

たとえば、ある男性はダービーの話を読んで、「鉱業はリスクの高い事業だ」とメモ書きをしたが、別の人は「必要なときは専門家にアドバイスをもらうこと。そうすれば、専門的な知識に基づいて判断ができる」と書いている。どちらも正しい。とはいえ、自分とは異なる視点の人の意見を見聞きするのは興味深いことだ。ダービーの物語についての自分の解釈を著書の解釈と比べるのも(どちらもそれを章のまとめに含めていた場合)、とても興味深いものになるはずだ。

自分のまとめを書いたら、ヒル博士によるこの章のまとめを読み、内容を比べてみよう。考えが同じところ、違っているところはどこだろうか。自分は要点として挙げたが、ヒル博士は挙げていないものは何だろうか。ヒル博士のまとめについて同意できない点があれば、その理由を考えてみよう。自分が間違っていると考えるのではなく、なぜそう思うのかを探ってみるのだ。

では、次に自分の章のまとめはいったん脇に置いて、ヒル博士の章のまとめについて、非常に有意義な演習をしてみよう。それは、章のまとめを、自分に向けた質問につくり変えるというものだ。

質問をつくる際には、定番の「5W1H」の方式に従ってみよう。すなわち、「いつ(WHEN)」「どこで(WHERE)」「誰が(WHO)」「何を(WHAT)」「なぜ(WHY)」「どのように(HOW)」という6つの疑問詞を使って質問をつくるのだ。例を見てみよう。

「私は、目標を達成したいという、燃えるような願望があったために、大きな障害を乗り越えた経験があるだろうか？　それはいつ、どこで起きただろうか？」

「それはどのような経過をたどり、最終的に結果として何をもたらしたか？」

「私は信念を他人に伝えることで、誰かの役に立ったことがあるだろうか？」

これらは、あなたに当てはまる質問ではないかもしれない。自分自身にとって意味のある質問を考えてみよう。過去を振り返り、成功や報酬を得たこと、そのために効果的な努力をしたことなどを思い出して、成功の糸口を探るのに役立つような質問をつくろう。

人は誰でも、年月の経過とともに記憶から薄れているだけで、数多くの成功体験をしているものだ。過去を振り返ってみれば、さまざまな種類の成功の記憶が蘇ってくるはずだ。あなたにも、自分の持てる力を発揮して何かを成し遂げたことが、これまでに何度もあったはずだ。そのときのあなたと、今のあなたは同一人物なのである。そしてあなたは今、富を築くために再び持てる力を十分に発揮しようとしているのだ。

このことが理解できたら、次章に進もう。

第二章「願望」（豊かさへの第一ステップ）を読む

第二章の本文を、最後まで読もう。ただし前の章と同じく、「この章のまとめ」は読まないこと。読みながら傍線を引き、余白またはカードにメモを書き留めよう。準備段階で傍線を引いた小見出しと同じ小見出しを重要だと感じるかもしれないし、別の箇所が重要だと思うかもしれない。前述の通り、これはまったく問題ない。

この章は、エドウィン・C・バーンズが、失敗する可能性を考えずにひたすらに前進して成功をつかんだ事例を描いている。「願望実現のための六ステップ」についても紹介した。強い願望を抱き、見事に夢を実現させた何人もの人物も登場する。成功者の多くが、挫折を経験していることも説明されている。

前向きな気持ちで生きることの大切さを描いた詩も紹介されている。何度も繰り返し読む価値のある詩である。また、ナポレオン・ヒル博士の息子の話もあった。彼は願望と忍耐力によって聴覚障害というハンディを乗り越えた。

ではここで、ヒル博士の「願望実現のための六ステップ」に関するテストをしてみよう。空白部分に適切な文字を書き込み、文を完成させよう。

願望実現のための六ステップ

① 望むもの（お金の場合は金額）を□□にすること。「□□がたくさん欲しい」では□□である。具体的な□□を決めること（次章で説明するように、これには心理学的な理由がある）。
② 望みのものを得る引き換えに、何を□□するかを決めること（□□あるものを差し出さずに、富は得られない）。
③ 望むものをいつまでに得るか、□□□□□を決めること。
④ 願望実現のための明確な□□を立て、（たとえ準備が整っていなくても）すぐに□□を始めること。
⑤「□□もの」「□□するもの」「□□」「実現のための□□」を記した、簡潔な文章を作成すること。
⑥ □日□回、就寝前と起床時に、この文章を声に出して読むこと。**音読しながら、すでに□□□□□を□□している自分の姿をありありと想像し、それを□□すること。**

このように、実践マニュアルだけではなく、本書の本文中にも実践すべき指示が記載されている。実践マニュアルに記載されていない限り、本文中の指示に従おう。特に、この「願望実現のための六ステップ」の六ステップ目の指示は、あなたの人生で最も重要な行動を実行するように導く、極めて価値の高い指示である。

ではここで、この章に記載された詩を再び見てみよう。

私は人生を安売りした
人生はそれ以上払ってくれない
私が乏しい蓄えを数えて
夕方に物乞いをしても

人生は雇い主と同じ
こちらが求めた額だけ払ってくれる
だが一度賃金を決めたら
ずっとその仕事を続けなければならない

私は下働きの給料で働いた
そしてようやく気づいた

人生はこちらが求めたどんな額でも
喜んで払ってくれるのだと

では次に、前章と同様、この章のまとめを作成しよう。ヒル博士の観点ではなく、自分が重要だと思ったポイントを、箇条書きで簡潔に書き出す。

まとめをつくったら、ヒル博士のまとめと比べてみよう。前章と同じく、共通している点を探し、その理由を考えてみよう。

ヒル博士のまとめを基にして、「5W1H」に従った質問をつくってみよう。深く考えさせられるような、本質を突く質問にしよう。

ここでは、前章と同じ指示をあえて繰り返した。あなたに手順をよく覚えてもらい、しっかりと過去の記憶を探りながら、成功に役立つヒントや自分の強みを思い出してもらいたいからだ。

「願望実現のための六ステップ」については二つ以上、前述の詩についても一つ以上質問をつくっていただきたい。この詩によって、どれだけ多くの人が、自分にふさわしい報酬を求めるようになり、望みを実現し、喜びに溢れた豊かな人生を送れるようになったかを考えてみてほしい。

その詩に自分を当てはめてみてほしい。これまでの人生の中で、たとえ短い期間であっても、自信に満ち溢れていた時期があるのではないだろうか。その時の感覚を思い出そう。そのときのあなたと、今のあなたは同一人物である。最初は一瞬でもいい。数時間、数日、数週間とその感覚を長く保つようにしていけば、確かな自信を取り戻せるようになるはずだ。

次の重要な考えを忘れないようにしてほしい。**〝自分は豊かになれる、実際に豊かになっている〟と心から信じられるまでは、豊かになるための本当の準備はできていない。それは単なる希望や憧れではなく、信念でなければならないのである。**

この章を正しく理解し、価値ある教えを自分のものにできたと感じたら、次の章に進もう。

第三章「信念」（豊かさへの第二ステップ）を読む

第三章の本文を、これまでと同様、ペンを持ち、注意を払いながら、自分のペースで読もう。重要だと思われる語句に傍線を引く。特に自分に向けて語りかけているというふうに感じる箇所があったら、その段落全体を括弧で囲んでもいいだろう。繰り返すが、目次を読んだときに傍線を引いた箇所と違う箇所が重要だと思っても、何ら問題はない。

この章では「信念」について学んだ。信念は薬剤師のように、あなたの思考を強力な精神的触媒と混ぜ合わせ、その効果を何倍も高めてくれる。信念は、あなたに見つけられるのをじっと待っている。あなたは、それを見つけるだけでいい。信念は、幸運な少数の人だけが手にできる贈り物ではないのだ。潜在意識（次章で詳しく説明する）に命令を与えるのは、信念を育み、それを活用して思考を現実化するための確かな方法である。

思考を現実の富に変えるには——豊かな人生を送りたいという思考を、本物の豊かな人生に変えるには——運を天に任せるような生き方はやめなければならない。幸運という概念を信じるべきではない。それは、努力が報われた結果なのだ。同じく、悪運という概念も信じるべきではない。それは、ネガティブなことが起きるとばかり考え、それが潜在意識に伝わった結果、貧困や失敗という形で現実化したものなのである。

この章では、感情が持つ力についても学んだ。感情は類似した思考を引き寄せる（それは計画を立て、それを実行する際に大きな影響を与える）。また、五つの項目からなる「自信を育むための公式」についても学んだ。四番目の項目では、人生の目的を言葉にして書き出すことの大切さが説かれている。

では、実際に「自信を育むための公式」の指示に従って、自分の目標を言葉にして書き出してみよう。なお、当然ながら、本書への書き込みやノートに書き留めたメモは、誰にも見せる必要はない。

この章では、次のような詩も紹介されている。

打ちのめされると思えば、本当に打ちのめされる

絶対に打ちのめされないと思っていれば、打ちのめされない
いくら勝ちたくても、心の底で勝てないと思っていては、勝利はつかめない

負けると思ったら本当に負ける
世の中をよく見てみればいい
成功が、志から始まることがわかるはずだ
すべては心の持ちようなのだ

劣っていると思えば、実際にそうなる
高みに上るには、強い気持ちがいる
自信がなければ、闘いには勝てない

強い者、速い者が勝つとは限らない
結局勝つのは、**勝てると思っている者**なのだ

また、若い頃の挫折を乗り越えて大きな成功をつかんだエイブラハム・リンカーンの偉大な物語も登場する。本書は富についての本だが、愛の力の大切さについても書かれている。リン

カーンの人生は、愛の持つ大きな力を教えてくれる。

この章では、富が思考から始まることの実例として、チャールズ・M・シュワブの晩餐会でのスピーチがUSスチールの誕生と製鉄業界の再編をもたらしたエピソードも紹介されている。ではあなたの観点で、この章のポイントを簡潔にまとめてみよう。書き終えたら、ヒル博士のまとめと比較しよう。

5W1Hの疑問詞を使って、質問を考えよう。「自信を育むための公式」について、二つ以上の質問をつくってみよう。あなたはいつ、どこで、誰と、何をしているときに、どんなふうに自信を感じるだろうか？　その理由は何だろうか？

次の重要な言葉を覚えておこう。**「良いものであれ悪いものであれ、人は自分に繰り返し語りかけることを信じるようになる。そして、それは現実のものになる」**

ラルフ・ワルド・エマーソンもこう述べている。「人は、いつも自分が考えているような人になる」。

第四章「自己暗示」（豊かさへの第三ステップ）を読む

第四章「自己暗示」の本文を読もう。「この章のまとめ」は読まないこと。これまでと同様、傍線を引く、括弧でくくる、書き込みをするなどしながら読み進めよう。

この章にもあるように、潜在意識は畑に似ている。良い種子を蒔かないと、たちまち雑草が生えてくる。思考の種子を蒔くときに役立つのが、自己暗示の力だ。

潜在意識は、届けられた命令を忠実に実行しようとする。潜在意識に命令を伝え、それを定着させるためには、何度も繰り返すことが必要だ。

あなたは自分の潜在意識に、目標とする額のお金がどうしても必要であることを伝えなければならない。そのお金は、あなたの手に渡ることを待っていると潜在意識に信じ込ませるのだ。そうすることで、無意識のレベルで願望を抱けるようになる（お金をすでに手にしていることをありありと想像して、そのことを潜在意識に浸透させなければ、お金持ちにはなれないのである）。価値あるものを世の中に提供し、その対価としてお金を稼いでいる自分を想像しよう。

この章には、「潜在意識を働かすための三ステップ」が書かれている。これは第二章の「願望実現のための六ステップ」に基づいたものである。それらを組み合わせる方法も説明されている。「潜在意識を働かすための三ステップ」を読み返さずに、次のクイズに挑戦してみよう。各質問に「はい」か「いいえ」で答えること。

・富を得ることについての宣言文には、条件を記載しておくべきですか？　つまり、「もしすべてがうまくいったら」、望む額のお金を手に入れられると書くべきですか？

（　）はい　（　）いいえ

・この宣言文には、いつまでにお金を手に入れるかを明確に記載すべきですか？
（　）はい　（　）いいえ
・望む富を手に入れるためには、幸運を引き当てなければなりませんか？
（　）はい　（　）いいえ
・望む富を手に入れるには、その対価を世の中に提供しなければなりませんか？
（　）はい　（　）いいえ
・暗記できるという自信があれば、決意は宣言文として文章にしなくても問題ありませんか？
（　）はい　（　）いいえ

正解は次の通りである。「いいえ」「はい」「いいえ」「はい」「いいえ」。

不正解が一つでもあれば、この章と第二章をもう一度読んでいただきたい。

では、この章のまとめを書き、ヒル博士のまとめと比較してみよう。じっくり考え、必要に応じて重要な部分を読み返そう。

「5W1H」式の質問をつくろう。先延ばしをしたことでチャンスを逃した経験を思い出してみよう。そして、ためらわずに前進したことで何かを成し遂げた経験を思い返してみよう（こちらのほうが重要だ）。

次の重要な言葉を忘れないようにしよう。**「人間には、潜在意識に届く命令をコントロールできる能力がある」**

この章の内容を十分に理解したと思ったら、次章に進もう。

第五章「専門知識」（豊かさへの第四ステップ）を読む

これまでと同じく、ペンを手に第五章の本文を読もう。自分にとって重要と思われる箇所に傍線を引き、書き込みをする。もう、どのように読み進めるべきかは明確になったはずだ。また、自分がどんなところを重要だと思うかについての傾向もわかってきたのではないだろうか。そこに、あなた自身を深く理解するための大きな手掛かりがある。

この章では、世間の人々が見逃している事実について学んだ。それは、どんな知識も力になりうるが、一般的知識を力にするためには、体系的に整理し、専門知識や行動計画でバックアップしなければならないということである。

学校教育は、学びの一つの形態にすぎない。通信教育を途中でやめたくなったというヒル博士の経験談を読んで、共感して思わずニヤリとしてしまった人もいるのではないだろうか。また、正しい仕事を見つけるためには努力が必要であることもよくわかったはずだ。

次の文を読んで、正しいと思う場合は「はい」を、間違っていると思う場合は「いいえ」を選ぶこと。

・まともな教育を受けなくても、社会で生きていく術さえ身につければ、高い教育を受けるよりも必ず多くのお金を稼げる。

（ ）はい　（ ）いいえ

はいと答えた場合は、もう一度この章を読んでいただきたい。この章のポイントは、教育を受けたほうがよい、受けないほうがよいというような話ではない。重要なのは、どんな方法であれ、必要な知識をしっかりと獲得し、明確な方向性を持ってそれを使うべきだということだ。学校を卒業してかなりの年月が経っている人でも、学び直すことはできる。通信教育などを利用して自主的に学習すれば、受け身で学校に通っていた頃よりもはるかに知識を吸収できるだろう。いったん社会に出たあとに学び直すと、多くの知識が得られるものだ。明確な目的を持ち、学びたいことを学んでいるからだ。

この章では、信頼できる知識源が五つ挙げられている。自分がこれらをどれくらい活用しているか、確認してみよう。この章で示された計画に基づいて学ぶことで、一〇年先のキャリアに到達することができるようになる。

では、この章のまとめを書き、それをヒル博士のまとめと比較し、じっくりと考えよう。ヒル博士のまとめに基づいて、自分への質問を考えてみよう。他人の視点で質問を考えてもいい。たとえば、「私が経験から得た学びのおかげで、恩恵を受けたのはいつだろうか?」といった質問だけでなく、「私の友人の中で、経験から得た学びによって恩恵を受けた人は誰だろうか? どんな形でそれを得ただろうか?」と質問するのだ。自分だけではなく、他人の経験から教訓を探すのである。

次の重要な言葉を心に留めておいていただきたい。**「現代の学校教育の欠点は、教師が生徒にただ知識を詰め込もうとするだけで、その知識を整理し、活用する方法を教えていないことである」**

この章の内容を理解したら、次章に進もう。

第六章「想像力」(豊かさへの第五ステップ)を読む

第六章の本文を、書き込みやメモ取りをしながら読み進めよう。

想像力には統合的なものと創造的なものがあり、どちらにも利点がある。

私たちは想像力を通して、自分の心や、世の中を動かしている。人間の思考の唯一の限界は想像力だ。逆に言えば、想像力をうまくコントロールし、それを思考と組み合わせることができれば、宇宙を支配するエネルギーが手に入る。この普遍的かつ不変の法則を、価値ある人生や富を築くための計り知れない助けにできるのだ。

「コカ・コーラ」の誕生物語では、古びたやかんの中でつくられた混合物が、世界的な大企業を生んだ経緯が語られている。想像力がもたらしたアイデアが願望と結びついて人に行動を向かわせれば、これほど大きな力になるのである。理想とする学校の設立資金のために一〇〇万ドルを手に入れようとした牧師の物語も、願望を想像力によって視覚化することの強大な力を証明している。この章や本書全体を通して、「一見すると単なる幸運と思えるものの背後には、それ以上のものが潜んでいる」ことがわかったのではないだろうか。誰でも、この普遍的な力をコントロールできるのである。

では、この章のまとめをつくり、ヒル博士のまとめと比較して、相違点があれば、それについてじっくりと考えてみよう。それによって、自分自身をよく知ることができるようになる。ヒル博士のまとめに基づいて、質問をつくろう。できる限り幅広い質問を考えてみること。

「**人生を変える幸運は、あなたの想像力の中で待っている**」という言葉を覚えておこう。

この章は短いが重要な成功哲学が詰まっている。内容をよく理解できたと思ったら、次章に進もう。

第七章「計画」（豊かさへの第六ステップ）を読む

この章は、前章までのおさらいという意味もあるため、多くのページが割かれている。計画をテーマにしたこの章の内容をしっかりと学ぶために、これまでとは少し違う方法で取り組んでみよう。

まずは、これまでと同様、本文を傍線や印、注釈などを書き込みながら「この章のまとめ」の手前まで読み進めよう。ただし、「自己分析のための二八の質問」だけは飛ばし読みすること。

この章は、マスターマインド関連の原則の説明から始まった。この重要な原則については、第一〇章「マスターマインド」で詳しく見ていく。ここでは、「どれだけ経験や教育、能力、知識があっても、他人の協力がなければ富は築けない」ということを覚えておこう。

といっても、それは富を築くための最善策を自力で見つけようとする独立の精神となんら矛盾するものではない。どんな人でも、社会との関わりの中で生きているということだ。

失敗とは何か？　それは、強くなるための踏み台である。失敗とは、もう一度挑戦するための合図なのだ。少し失敗したからといってすぐに諦めているようでは、経験を活かせない。諦めていれば成功できない。勝者は決して諦めない。

この章では、良いリーダーになるための条件として一一の条件が挙げられている。この条件が自分に当てはまるかどうか、五段階で評価してみよう。最低が「1」で、最高が「5」になる。各条件を自己評価することで、成功に役立つ貴重な情報が得られる。この評価は、定期的に何度も行って、自分の成長度合いを確認してほしい。

また、「ダメなリーダーの一〇の特徴」の各項目をもう一度よく読み、自分に当てはまるかどうかを考えてみよう。客観的かつ正直に自分を見つめて答えを出し、次の項目に進もう。

最後まで答えたら、もう一度最初の項目に戻り、否定の文章を肯定の文章に変えて読んでみよう。たとえば、「細部に目が行

	1	2	3	4	5
揺るぎない勇気がある					
自己管理ができる					
正義感が強い					
決断力がある					
計画性がある					
報酬以上の仕事をする					
人当たりが良い					
思いやりと理解がある					
業務の細部に精通している					
責任感がある					
協調性がある					

き届かない」は、「細部に目が行き届く」と読み替えてみる。そして、「私には、タスクやスケジュールなどを整然と管理する能力があり、実際に実行している」と自分に言い聞かせてみよう。

「求職者が自分を売り込む方法」は、求職中ではない人も目を通しておいてほしい。リーダーとしての素養がある人は、誰かの職探しを手伝う機会が多いからだ。同じ理由で、「履歴書の書き方」も読んでおいてほしい。

「望むポジションを得る方法」も同様だ。自分は好きな仕事をしていたとしても、誰かが望む仕事を得ようとすることを助ける機会はあるからだ。これらの七つの基準を知ることで、同僚にアドバイスをしたり、あなたの上司に問題があることに気づいたりする。望む仕事をすることは、人生にとって極めて重要なことだ。雇用する側もされる側も、項目五の「自分が会社に何を提供できるかを考えることに集中する」の重要性を理解すべきだ。この考え方に従って、大きな成功を手にした人は大勢いる。

これを「QQS」の公式と結びつけてみよう。その直後に、アンドリュー・カーネギーがこのサービス精神を重視し、協調性のある人を採用していたという事実が紹介されている。ヘンリー・フォードも大勢の従業員を雇っていたが、対人能力に優れ、人を動かす力のある者を大切にしていた。チャールズ・シュワブも、この能力に長けていることで有名だった。

「人生に失敗する三〇の原因」について、ヒル博士は「どれくらい自分に当てはまるか、それがいかに成功を妨げているかを考えながら読んでいただきたい」と述べている。このアドバイスに従おう。さらに、各原因（「人生の目的がない」「自己規律が欠けている」「不健康」など）を、「自分に当てはまる」「自分に当てはまらない」の二つに分類してみよう。

よく考えて分類しよう。この作業が終わったら、「自分に当てはまる」に分類した項目を、さらに「改善策あり」「改善策なし」の二つのカテゴリーに分類しよう。

ただし、「改善策なし」に項目を分類する前に、もう一度よく考えてみよう。「どうしてもなんとかしなければならないとしたら、どうするだろうか？」と発想を変え

「自分に当てはまる」	「自分に当てはまらない」

てみれば、諦めの気持ちが、改善に取り組もうという決意に変わるかもしれない。「改善策なし」に項目を書き込もうとした瞬間、釈然としない気持ちになり、突然テーブルを叩いて、「なぜ改善できないと思ったんだろう！」と叫びたくなることもあるだろう。

ヒル博士が言うように、人生には乗り越えられない壁というものはめったにない。成功に至る道筋はいくつもある。壁は迂回したり、正面から突き破ったり、飛び越えたりできるのである。

ではここで、先ほど読むのを保留していた「自己分析のための二八の質問」に戻ろう。これらは基本的に、「はい」または「いいえ」で答えられるものである。二八番目の質問に答えるには、少々時間がかか

「改善策あり」	「改善策なし」

る。だが、時間をかける価値は大いにある（この質問は総合的なものなので、この成功の基本原則をよく理解するためにもう一度本書全体を振り返る必要がある）。

二八の質問にすべて答えてみよう。本に直接答えを書き込んでもいい。答えが長くなる場合は、付箋などに書いてそれを貼り付けてもいいだろう。

この章の本文と二八の質問の内容をよく理解したことを確認しよう。この章の大部分は質問と回答で構成されているので、まとめをつくる必要はない。ヒル博士のまとめを読んで、内容を確認しよう。

次の重要な考えを覚えておこう。**「お金は単なる物質であり、動くことも、考えることも、話すこともできない。だが、お金は、それに対する願望を持つ人の声を『聞く』ことができるのである」**

では、次章に進もう。

第八章「決断」（豊かさへの第七ステップ）を読む

これで、「豊かさへの一三ステップ」の中間地点に来たことになる。本書の内容を深く理解するために、このマニュアルに従い、各章をどう読み進めればよいのか、もう要領はつかめたはずだ。ここからは、細かい指示は省略する。

この短い章の中心は、独立宣言の物語だ。注意深く読んでいただきたい。これは世間一般に知られているよりも、はるかに深く、人間心理を知るうえで重要な示唆に富んだ実話である。

この物語に、「豊かさへの一三ステップ」の六つの要素が見出せることにも注目しよう。

あなたにとって決断とは何だろうか？ 自分にはどれくらい決断力があるだろうか？ 他人についてはどうだろうか？ 自分だけでなく他人を観察することで、決断力について何を学べるだろうか？

まず下の表に、あなたが知っている人を一〇人挙げてほしい。次に、その人が「決断力がある」または「優柔不断」か、当てはまると思う方に丸をつけよう。

	名前	決断力がある	優柔不断	成功している	成功していない
1.					
2.					
3.					
4.					
5.					
6.					
7.					
8.					
9.					
10.					
11.					

最後に、その人が「成功している」か「成功していない」か、当てはまると思うほうに○をつけよう。この場合の成功とは、その人が置かれた状況の中で充実した人生を送っているかどうかという意味である。たとえば、育児中で働いていない人でも、毎日生き生きと生活していれば成功者だと言えるし、大きなお金を動かすような仕事をしている人でも、人生が充実していなければ成功者とは言えない。

おそらくあなたが書いた表を見ると、「決断力がある」人は「優柔不断」な人に比べて、「成功している」割合が高くなっているのではないだろうか。それが人生というものなのだ。

最後に、この章のまとめをつくり、それをヒル博士のまとめと比較しよう。

この重要な考えをよく覚えておこう。**「成功者は、自分の内側に決断力というパワーの源を持っている」**

この章の内容をよく理解したと思えたら、次章に進もう。

第九章「忍耐力」(豊かさへの第八ステップ)を読む

これまでと同様、「この章のまとめ」までの本文を読もう。

忍耐力と決断力は深く結びついている。いくら決断をしても、忍耐力がなければ行動は続かない。忍耐力を持ってやり抜けば、最終的に間違っていたと気づいたとしても、その経験は糧になる。そして、再び次の道に向かって迷わず突き進んでいけるようになるのである。

本書では何度も、「お金のことを常に意識する」状態になることの重要性が説かれている。お金はそれを引き寄せる心の準備をしている人のところに引き寄せられる。貧しさもまた、それを引き寄せる心の状態をしている人のところに引き寄せられるのである。そして注意すべきは、貧しさは特にそれを引き寄せようとしていなくてもやってくるということだ。

人間は、潜在意識に支配されている。意識は、潜在意識という「主人」の代理人にすぎない。それでも、私たちは意識を介して潜在意識に命令を送ることができる。それによって、自分の思うように潜在意識を働かせることができるのだ。

ファニー・ハーストやケイト・スミスの成功物語は、忍耐力の持つ計り知れない可能性を教えてくれる。この章では、忍耐力を培うための八つの動機も紹介されている。これをもう一度読み、次の穴埋めクイズで理解度を確認してみよう。

・明確な□□があること
・強い□□を抱くこと
・揺るぎない□□を持つこと
・具体的な□□を立てること

・正確な□□を持っていること
・他人と□□すること
・□□□で計画の実行を支えていること
・□□が身についていること

「忍耐力不足を示す一六の症状」は、これまで本書で説明されてきた重要なポイントが反映されている。理解が不十分だと思うものがあれば、第一章、第二章、第六章、第七章を読み返してみよう。この一六の症状は、本書全体の内容を十分に理解できているかどうかを確認するためのチェックリストにも使える。

ムハンマドの物語を注意深く読もう。アメリカ独立宣言の物語と同じく、ここにも成功のための示唆に富むヒントが詰まっている。

この神秘的な物語を、現代的な意味合いに置き換えながら読んでみよう。あなたの仕事上や日常の問題に当てはまる要素はないか、自問自答してみよう。「自分も、ムハンマドのような信念を持って生きているだろうか?」と考えてみよう。これは、宗教的な意味での信念ではない。

「過去の預言者や哲学者、『奇跡』を起こした人、宗教指導者などを詳しく研究すると、その業績の主な原動力が、忍耐力、集中的な努力、目的の明確さであったことがよくわかる」という部分にも注目してみよう。

これまで、あなたが経験した「お金のことを常に意識する」状態であったことを示す実例を、五つ書き出してみよう。もし見つからなければ、知人の例を書き出してみよう。そして、信念に裏打ちされたこの心の状態がどんな結果をもたらしたかを確認してみよう。

「お金のことを常に意識する」という言葉は誤解されやすい。これは、お金を貯めることに汲々としているようなしみったれた精神のことではない。また、人間の価値をお金だけの観点から測るような考え方でもない。この心の状態から目指すものは、世の中に価値を提供し、その対価として十分なお金を稼ぐ人間になることであり、実際にそれを実践しているという自分への信頼を持つことなのである。

では、この章のまとめを考え、それをヒル博士のまとめと比較しよう。「お金のことを常に意識する」状態であったことを示す実例を自分のまとめにしてもいいだろう。

次の言葉を覚えておこう。**「願望が弱ければ十分な成果は望めない。忍耐力は、誰でも学ぶことができる」**

この章の内容を十分に理解できたと思ったら、次章に進もう。

第一〇章「マスターマインド」（豊かさへの第九ステップ）を読む

例の通り、ペンを片手に「この章のまとめ」までの本文を読もう。

この章では、人が協力して何かを成し遂げるための素晴らしい方法が説明されている。このマスターマインドの原則は、無限の可能性を秘めている。

アンドリュー・カーネギーほどの大物になると、約五〇人もの相談役を抱えていることもある。だが普通の人間であれば、数人の友人の協力があれば十分に人生に素晴らしい変化を起こせるだろう。

この実践マニュアルでは、マスターマインドを活用するための詳しい方法を紹介しよう。

① 最初はよく知っている二、三人から始めてみよう。お互いに調和を保つこと。この同盟の主目的は、メンバー全員が精神的に成長することである。

② 政治や宗教など、デリケートな話題には触れないようにすること。この同盟の目的は、それぞれの経験に基づいた知識を持ちより、助け合うことである。誰もが、他のメンバーにはない経験をしているはずだ。全体の協力的な雰囲気を壊すような話題を持ち込まないこと。

③ 秘密厳守を徹底する。グループ内で話し合ったことは、すべて部外秘にする。そのうえ

で、全員が自由に意見を述べられるようにすること。

④全員の同意を得て、新しいメンバーをグループに追加する。ただし、数が増えすぎてコントロールが効かなくなるようにはしないこと。新メンバーには、他のメンバーとうまくやっていけるかどうかを確認するための仮参加期間を設けるのもいいだろう。

⑤メンバーには経験や性格に応じて考え方の違いがあるだろうが、根本的な成功哲学については全員が同意しておく必要がある。本書の成功哲学は多くの人にとって非常に有益なものであり、無条件に推奨できる。

⑥議長は持ち回りで担当する。議長は、発言が偏らないように、発言時間を決めるなどして全員が意見を述べられるよう配慮すること。また、各メンバーに忌憚のない意見を述べるように促すことも大切である。

⑦企業内でマスターマインド・グループをつくる場合、経営陣をメンバーに含めると、従業員全体に大きな利益がもたらされやすい。

⑧マスターマインド・グループには、当面の目的以外の目的も持たせよう。グループ以外の人たちにも恩恵をもたらすものを目指すべきだ。たとえば、何らかの公共の問題解決に取り組んでもいいだろう。若者の活動を支援してもよい。

マスターマインド・グループは、他人の協力を得ることが極めて有益であることを思い出させてくれる。もちろん、自分も他人に協力しよう。

この章では、重要なポイントが再び語られている。それは、「貧乏になるのに計画はいらない」ということだ。大きな川の流れのような目に見えない力が、私たちを豊かさへと向かわせ、また貧しさへと向かわせている。富を築くことへの信念を持ち、強い願望に裏打ちされた計画を持つことが、大きな流れとなって私たちを目標の達成や充実感、豊かさへと運んでくれるのである。

重要ポイントを書き留めて、この章のまとめを作成し、ヒル博士のまとめと比較しよう。質問をつくる際には、ヒル博士の次の言葉をヒントにしよう。**「貧しいままでいるのは簡単だ。貧乏になるのに計画はいらない」**

この考えの正しさを裏付けるような人たちがいる。彼らは、「どうせ自分は貧しいままだ」というマイナス思考を持っているので、たまたま人生が少し上向いても、その勢いに乗ろうとせず、再び貧しさへと向かう流れに乗ってしまうのである。そして周りの人たちに、「ほら、努力なんてしても無駄だ」と言うのである。

この言葉を忘れないようにしよう。**「他人の協力があれば、自分の頭以上の知恵を働かせられる」**

この章の内容を十分に理解できたと思えたら、次章に進もう。

第一一章「性エネルギーの転換」（豊かさへの第一〇ステップ）を読む

まず、例のように本文を読もう。

この章の内容に、賛同していただけただろうか？

あなたは、成功者たちの成功要因をセックスとの関連で考えたことがあっただろうか？　また、性エネルギーを転換させて成功者になったと思われる人が頭に浮かぶだろうか？

性エネルギーには三つの建設的な可能性がある。その一つは、人類の繁栄である。その他の二つは何か、以下の空欄に書き込んでみよう。

①
②

性エネルギーは、正しい方法で利用され、転換されることで、想像力や勇気、忍耐力、創造力の源泉になり、私たちを行動に向かわせる大きな原動力になる。この力は、文学や芸術、ビジネス、政治など、さまざまな分野で活躍する人々のエネルギーの源なのである。偉業を成し遂げ、富を築いた男性は、必ずと言っていいほど女性の存在に動機づけられているものだ。

セックスは、私たちの心が反応する刺激の中でも特に重要である。以下に、二つの刺激の組み合わせをいくつか紹介する。建設的な影響をもたらしてくれると思われる刺激に、チェックをつけよう。回答を終えたら、第一一章の本文で答えを確認しよう。

・心の刺激　良いものと悪いもの

・良いもの

□性エネルギーの発散
□目標達成への強い願望
□友情
□精神的・肉体的な苦痛が皆無
□勇気
□禁欲
□自己暗示
□マスターマインド・グループの活用
□音楽鑑賞
□愛

・悪いもの

□性的な欲求不満
□何事に対しても「どうでもいい」という態度
□孤独
□お互いにいがみ合う
□恐怖
□麻薬やアルコール
□潜在意識に働きかけない
□他人にアドバイスを求めない
□音楽鑑賞をしない
□憎しみ

心への刺激の中には、有害なものもある。自分にとって、健全で持続的な心の刺激がどれだけあるかに特に注意しておこう。

心が刺激されると、日常的な問題から離れ、普段とは違う高次元の思考ができるようになる。これは、第六感とも呼ばれ、誰にでも利用できる天才的な発想の源だ。この無尽蔵の貯蔵庫の扉を開くカギこそが、性エネルギーの転換である。

性エネルギーの転換とは、性エネルギーを失わせることを意味するのだろうか？　そうではない。それは性欲に溺れるのではなく、そのエネルギーを正しく使うということなのだ。なぜ四〇代以降に人生の黄金期を迎える人が多いのだろうか？　たしかに、これには経験も大きく関係している。だが、あまり知られてはいないが、性エネルギーをうまく転換して、思考や想像力を高め、創造力に活かすことも、成功の大きな秘訣なのである。男性の最大の原動力が、女性を喜ばせたいという願望であるという考えを受け入れよう。

「勘」はどこから生まれてくるのだろうか。本章に記載されている四つの情報源を読み、よく考えてみよう。自分の勘のパターンについて自問自答してみよう。勘が働きやすいのは、夕方に仕事を終える頃だろうか？　朝、目が覚めたときだろうか？　髭を剃っているときだろうか？　これらを自覚しておくことには、大きな価値があるはずだ。直感が冴えているときは、重要な決断をするのに最適なタイミングになる。

勘に従ったときにどんな結果が得られたかについても考えてみよう。直感に従ったときと、単なる漠然とした希望に従ったときに、どんな違いがあったかを思い出してみよう。

この章のまとめをつくり、ヒル博士のまとめと比較しよう。

次の重要な言葉を覚えておこう。「**天才的な能力の源は、あなたの内側にある**」

この章の内容をよく理解したと思えたら、次章に進もう。

第一二章「潜在意識」（豊かさへの第一一ステップ）を読む

じっくりと考えながらこの章の本文を読もう。

章の前半にある「潜在意識は完全にはコントロールできないが、実現したい計画や願望、目的を委ねることはできる」という文言に傍線を引いた人も多いのではないだろうか。

これは本書の前半でも説明されていた概念だ。この普遍的な真実を、改めてここで思い出しておきたい。

潜在意識は昼夜を問わず働いている。だから、願望を頻繁に伝えていないと、ネガティブな思考が潜在意識の餌になってしまうのである。

物事は、私たちの思考から始まる。潜在意識は特に、感情を伴う思考の影響を受けやすい。

この章に登場した、七つのポジティブ感情とネガティブ感情を書き出してみよう。

・七つのポジティブ感情

①
②
③
④
⑤
⑥
⑦

・七つのネガティブ感情

①
②
③
④
⑤

⑥
⑦

ポジティブ感情とネガティブ感情は、同時に心を占拠できない。必ず、どちらか一方が優勢でなければならないのだ。ポジティブな感情で自分の心を満たすようにしよう。その効果は潜在意識に伝わり、あなたの言動に良い影響をもたらしてくれる。潜在意識は、あなたの祈りの言葉を無限の知性が理解できる言葉に変換する役割も果たしている。それによって、無限の宇宙はあなたの祈りの言葉を形にするための計画やアイデアを与えてくれるようになる。

もう一度繰り返そう。**「潜在意識は完全にはコントロールできないが、実現したい計画や願望、目的を委ねることはできる」**

章のまとめを書き出し、ヒル博士のまとめと比較しよう。内容を深く理解できたと感じたら、次の章に進もう。

第一三章「脳」（豊かさへの第一二ステップ）を読む

例によって、「この章のまとめ」までの本文を読もう。

人間の脳では、一〇〇億から一四〇億個の神経細胞がほぼ無限に組み合わされて作用している。私たちの思考や記憶、調整、自己改善を司っているのは脳にほかならない。コンピューターは、命令に対して処理をするだけだ。人間と違い、自発的に想像力を駆使して何かを創造したりはしない。これまで誰も成し遂げていなかったことについて思考し、それに基づいて何かを成し遂げたりはしないのだ。それができるのは人間だけだ。

潜在意識は脳の発信局であり、創造的想像力という「受信装置」に思考の波動を送信する。デューク大学による科学実験によれば、テレパシーと透視が存在している可能性は高い。つまり、脳は別の脳と交信できるということだ。人間は、目に見えない無形の力に支配されているように見える。だが実際には、私たち自身がこうした超自然的と思えるような能力を持っているのだ。

この章の内容は、富を築くこととは無関係だと思えるかもしれない。しかしこの章にも書かれているように、私たちが理解していない、大自然の無形の力（や知性）こそが、私たちの食べ物や服、お金を生み出しているのである。

この考えは、本書の大きなモチーフである「思考」と結びつけることができる。そのことに気づいていた人も多いはずだ。「**心で思い描けることは、達成できる**」。これは、本書全体を通しての極めて重要なテーマである。

あなたの成功や幸せ、健康、人生全体は、単に仕事や遊びの問題ではない。それは心の問題なのだ。そして、ここでいう「心」には、意識的な思考をはるかに超えた領域が含まれている。

この章のまとめは、内容を別の言葉で言い換えるような形で、簡潔に書いてみよう。内容をよく理解できたと思ったら、次章に進もう。

第一四章「第六感」（豊かさへの第一三ステップ）を読む

本書のクライマックスと呼ぶべき本章の本文を、「この章のまとめ」の手前まで読み進めよう。

ヒル博士の「架空の相談役」は、創造的想像力の産物にすぎない。だがこの相談役たちの力によって、ヒル博士は輝かしい冒険に誘われ、偉大な真実の力を再確認し、創造的な努力を促され、自らの本音を表現することへの決意を持てたのである。

当初、ヒル博士は想像力の乏しい人からの誤解を恐れて、この「架空の相談役」について書くことをためらった。だが本書の内容をよく理解した人なら、創造的想像力があれば、この世にいない偉人と交信できると理解できるだろう。もちろん、それはあくまでも想像上の出来事であるが、現実と同じように有効なのである。偉人たちはその死後も、その偉業だけではなく、彼らが言葉によって残した思考や、人々に与えた強い印象によって、現在の世の中に影響を与え続けているのだ。

あなた自身の、架空の相談役のグループをつくってみよう。ただしそのためには、「自分は内面を磨くことのできる人間だ」と真剣に信じることが大切だ。架空の相談役の力を活用できれば、ライバルに大きな差をつけられる。自分にとってふさわしいメンバーを選ぼう。政治家や実業家、発明家や芸術家などを、慎重に検討してみよう。自分が本当に何を望んでいるかを探っていくことで、どんなメンバーを選べばいいかが見えてくるだろう。

第六感は、他の五感（視覚、味覚、触覚、嗅覚、聴覚）とは違い、常時機能させられるようなものではない。だが、訓練の信念によって第六感を培っていくことで、「守護天使」のような神秘的な力が働き、知恵の神殿への扉が開かれていくのである。

この章のポイントは、ヒル博士の「この章のまとめ」に要約されている。「**これであなたは、いつの時代にも偉人たちとともにあった、未知の〝何か〟の大きな力を借りられるようになったのである**」

この章のまとめをつくるときには、目に見えない力の導きについてよく考えてみよう。あなた自身の、勘や第六感によって何らかの導きを得た経験を思い出してみよう。潜在意識の力を借りることで、記憶を思い浮かべやすくなるだろう。

自分の中に第六感の大きな力があることに気づけば、この章の内容を理解したと言えるだろう。これで、「豊かさへの一三ステップ」は終了だ。

最終章では、恐怖と、それを取り除く方法という重要な情報を見ていこう。この最終章のあとには、実践マニュアルの内容理解を確認するためのテストも用意してある。準備が整ったら、読み始めてほしい。

第一五章「六つの恐怖の原因」を読む

これまでと同じく、「この章のまとめ」の手前までの本文を、ペンで傍線を引き、メモを書き込みながら読み進めよう。ただし、終盤の「自己分析テスト」に答える必要はない。

この章を読むことで、恐怖は心の状態にすぎないことがわかったはずだ。心はコントロールできる。だから、恐怖もコントロールできるのである。自然は人間に唯一、絶対的にコントロールできるものを与えた。それは、思考である。思考をうまくコントロールできている人はほとんどいないが、訓練を重ね、信念を持つことで、それは可能になる。

ではここで、テストをしよう。六つの主な恐怖とは、何のことだろうか？　以下に書き出してほしい。

①
②
③
④

⑤
⑥

本章に戻り、答えを確認しよう。自分の恐怖を分析すると、貧困に対する恐怖という、破壊的な恐怖を抱いていることに気づくかもしれない。人間はお互いを経済的に「食い合う」傾向があり、恐怖はそれを増長させる。貧しさの恐怖を示す特徴的な症状は何だろうか？　以下に書き出してみよう。

①
②
③
④
⑤
⑥

本章に戻り、答えを確認して、この症状についての説明をもう一度読み直そう。

あなたは批判を恐れているだろうか？　この恐怖は、人から自発性を奪い、想像力を壊し、さまざまなダメージを与える。不要な批判によって子どもの心に劣等感を植えつける親は、とても罪深い。あなたは子ども時代の影響に苦しめられているかもしれないが、それは克服できる。批判の恐怖の七つの症状を書き出してみよう。

①
②
③
④
⑤
⑥
⑦

本文で批判の恐怖の正解をチェックしよう。

続けて、病気の恐怖を示す六つの症状をどれだけ覚えているか確認してみよう。

①
②

③
④
⑤
⑥

本文で正解を確認しよう。特定の症状がどのように重なり合っているか、心配といった症状がどのように人生のさまざまな領域で悪影響を及ぼすかがわかったはずだ。

では次に、愛の喪失の恐怖を示す三つの症状を挙げてみよう。

①
②
③

本文で正解を確認しよう。次は、老いの恐怖を示す二つの症状を挙げてほしい。

①

本文で正解を確認しよう。では最後に、死の恐怖を示す一つの症状とは？

②

①

本文で正解を確認しよう。カードを六枚用意し、六つの恐怖とその症状をそれぞれ一枚のカードに書き写していただきたい。これらのカードをテーブルの上に並べて、ランダムに位置を変えながらそれらの関係を考えてみよう。それぞれの恐怖があなたの人生にさまざまな影響を与えながら、関連し合っていることがよくわかるはずだ。主な恐怖が名前や姿を変えてあなたに近づいてくることにも気づくだろう。六枚のカードを見ながら、じっくりと考えよう。

不安は恐怖の一種である。それは、恐怖に基づいた心の状態なのである。決断をすれば、不安から解放される。また、あらゆる種類の不安の習慣をなくすには、「人生で起こることは何であれ特に心配する価値はない」という決断をすることが効果的だ。

また、「負の影響の受けやすさ」という第七の悪魔にも注意が必要だ。自分がネガティブな影響を受けやすいかどうかは、よく分析する必要がある。後述の「理解度テスト」はこの分析に役立つ。ヒル博士が言うように、全人類に共通する弱点は、**「不用意に、負の影響に自分の**

心をさらしてしまうこと」である。

以下に示す自己分析の質問に答える前に、自分自身でこの章のまとめを書き、それをヒル博士のまとめと比較しよう。また、「成功しない人のよくある言い訳」に基づいて、何個か質問をつくってみよう。

では、この章の「自己分析テスト」を行ってみよう。とても重要なこのテストを、特殊な方法で行ってみよう。まずは、本文の中でテストを行い、答えを直接書き込んでおく。次に、三日後にこの実践マニュアルで同じテストを行い、同じく答えを書き込み、本文に書き込んだときの答えと比較してみるのだ。答えが変わったものがあるかもしれない。理由を考えてみよう。どんな気分や心の状態が答えに影響を与えたのだろうか?

というわけで、まず本文の「自己分析テスト」に回答するまでは、以下の「自己分析テスト」は行わないように。まず本文のほうをやってから、三日後に以下の質問に答えよう。

・自己分析テスト

・「気分が悪い」と訴えることがよくありますか? もしそうなら、その原因は何ですか?
・ちょっとしたことで人のあら探しをしますか?
・仕事でよくミスをしますか? もしそうなら、その理由は何ですか?

・誰かと話をしているとき、皮肉を言ったり攻撃的になったりすることが多いですか？
・人と会うのが面倒だと思うことはありますか？　もしそうなら、その理由は何ですか？
・よく消化不良を起こしますか？　もしそうなら、その原因は何ですか？
・人生が無駄だと感じたり、将来に希望が持てないと感じたりすることがありますか？　もしそうなら、その理由は何ですか？
・自分の仕事が好きですか？　好きではないなら、その理由は何ですか？
・自分を哀れに思うことがありますか？　もしそうなら、その理由は何ですか？
・自分より能力が優れた人をうらやましく思うことがありますか？
・成功について考えることと、失敗について考えることのどちらに多くの時間を費やしていますか？
・年を取るにつれて自信は高まっていますか、それとも低下していますか？
・どんな失敗からも価値ある教訓を学んでいますか？
・家族や知人を心配させていますか？　もしそうなら、その理由は何ですか？
・弱気になったり、意気消沈したりすることがありますか？
・一番良い影響を与えてくれるのは誰ですか？　その理由は何ですか？
・負の影響や落胆させられるような影響を受け入れていますか？
・自分の外見に無頓着ですか？　もしそうなら、それはどんなときで、その理由は何ですか？
・悩みを紛らわすために、わざと忙しく過ごすことはありますか？
・他人の意見に流されたとき、自分のことを「意気地のない弱虫」だと思いますか？
・自分を大切にすることで、不機嫌になったり、怒りっぽくなったりするのを防いでいますか？
・防ぐことができる悩みの種はどれくらいありますか？　なぜそれを放置しているのですか？
・神経を鎮めるために酒や麻薬、タバコに頼っていますか？　もしそうなら、これらの代わりに意志力で神経を鎮めようとしない理由は何ですか？
・誰かに煩わされることはありますか？　もしそうなら、その理由は何ですか？
・人生の明確な目的はありますか？　もしそうなら、それは何ですか？　達成のためにどんな計画を立てていますか？
・六つの恐怖のどれかに悩まされていますか？　もしそうなら、それは具体的にどれですか？
・他人の負の影響から自分を守る方法を実践していますか？
・心を前向きに保つために、自己暗示を使っていますか？
・物質的な財産と、自分の思考をコントロールできる能力のどちらに価値があると思いますか？
・自分の判断に影響されやすいほうですか？
・今日、有意義な知識を得たり、心が豊かになるような経験をしたりしましたか？
・苦しい状況に正面から向き合っていますか？　それとも責任から逃れようとしていますか？
・ミスや失敗を分析し、それを糧にしようとしていますか？　それとも、そんなことをする必要はないという態度を取っていますか？
・あなたの最大の弱点を三つ挙げてください。それを正すために、何かをしていますか？
・周りの人の悩みを積極的に聞き、共感を示していますか？
・日々の経験を、自分の成長に役立てていますか？
・他人に悪影響を与えていますか？
・他人のどんな習慣に一番イライラしますか？
・自分の意見を持っていますか？　それとも周りの意見に影響されやすいですか？
・負の影響から自分を守るための方法を持っていますか？
・今の仕事は自信や希望を与えてくれますか？
・さまざまな恐怖から自分の心を守るための精神力を培っていますか？
・宗教を信じていますか？　それはあなたの心を前向きに保つのに役立っていますか？

・他人の悩みを聞くことが自分の務めだと思っていますか？　もしそうなら、その理由は何ですか？
・「類は友を呼ぶ」の考えに基づき、周りの友人たちから自分自身のことを学ぼうとしていますか？
・身近な人から不幸をもたらされたことがありますか？　もしあるとしたら、それは何ですか？
・友人だと思っている人が、実はあなたにひどい悪影響を与えている可能性はありますか？
・有益な人と有害な人を、どんな基準で区別していますか？
・仲の良い友人は、あなたより精神的に優れていますか？　それとも劣っていますか？
・次のことについて、一日のうちどのくらいの時間を割いていますか？
　a．仕事
　b．睡眠
　c．余暇や休養
　d．勉強
　e．無駄な時間
・知人の中で、次のことに一番当てはまる人は誰ですか？
　a．励ましてくれる。

b．注意を促してくれる。
c．落胆させられる。
d．さまざまな形で助けてくれる。
・最大の悩みは何ですか？　なぜそれを我慢しているのですか？
・こちらから求めていないのに他人がアドバイスをくれたとき、それを疑うことなく受け入れますか、それとも相手の動機を探りますか？
・最大の願望は何ですか？　それを実現させようとしていますか？　他の楽しみを犠牲にする覚悟がありますか？　実現のために、毎日どのくらいの時間を費やしていますか？
・よく気が変わりますか？　もしそうなら、その理由は何ですか？
・何事も最後までやり抜きますか？
・他人の肩書きや学歴などに影響されやすいですか？
・他人の考えや言葉に影響されやすいですか？
・相手の社会的地位や裕福さにつられて近づこうとしますか？
・今生きている人の中で、誰が最も偉大だと思いますか？　その人はどんな点であなたより優れていると思いますか？
・これまでの質問について考え、答えるためにどのくらいの時間がかかりますか？（時間をかけてすべての質問の答えを真剣に考えるには、丸一日は必要だ）

すべての質問に正直に答えることで、自分自身についての理解が大きく深まる。これから数カ月間、週に一度、これらの質問に答えることを続けてほしい。質問に正直に答えるという簡単な方法によって、驚くほど有意義な学びが得られることがわかるはずだ。自分では答えにくい質問については、第三者に協力してもらい、客観的に評価してもらってもいい。それは価値ある経験になるはずだ。

理解度テスト

このセクションでは、あなたの「豊かな力」を採点してみよう。
以降のテストは、以下の準備を整えてから実施すること。

① 実践マニュアルの指示に従い、本書の目次を読み、重要だと思われるところに傍線を引く。

② 実践マニュアルの指示に従い、重要だと思われるところに傍線を引いたり、印をつけたり、書き込みをしたり、メモを取ったりしながら本書を一章ずつ読み進める。

これをしっかり行ったうえで、テストを始めていただきたい。

設問には順番通りに答えること。設問の内容には、本書からそのまま引用されたものや、かなり類似している場合もあるが、これは意図的にそのようにしたものである。この理解度テストは、定評のある学習方法に準拠している。初めて読むつもりで各設問に答えていただきたい。設問ごとに、指示に従って回答し、採点をしよう。

・テスト1

本書の全ページをめくり、傍線を引いた小見出しを見つけて、すべてカードに書き出す。カードをテーブルの上に並べる。それらをよく読み、自分が重要だと考えているパターンを探してみる。瞬間的な行動のパターン、思考のパターン、計画のパターンなどが見つかる場合もある。他人の考えに影響されず、自分自身でパターンを探そう。パターンが見つからない場合は、三日後にもう一度試してみよう。

うまくパターンを見つけられないときは、本文に書き込んだ傍線を読み返してみよう。ヒントが見つかるはずだ。

パターンを見つけたら、ノートに書き込もう。カードは今後の参考のために保管しておくこと。

・テスト2

以下の表は恐怖の一〇大原因を示している。不安を抱くのは責められるべきことだと考えたりせずに、正直に答えていただきたい。一〇項目について、1~3の説明文のうち自分に一番当てはまるものは何かを考え、「点数」欄に数字を書き込むこと。「1」と「2」、「2」と「3」の中間だと思えたときは、「1・5」、「2・5」としてもよい。すべてに回答したら、点数を合計してみよう（最高点は30点）。

1. 子どもの頃の 親への恐れ	恐怖の 原因
両親のどちらか、または片方を恐れていた	1
時々恐れていた	2
親は怖くなかった	3
	点数

6. ペット（犬や猫） への恐れ	恐怖の 原因
犬や猫が怖い	1
時々犬や猫が怖いと感じる	2
犬や猫は怖くない	3
	点数

5. 苦手な人への恐れ	4. 他人からの評価への恐れ	3. 失業への恐れ	2. 能力不足への恐れ
苦手な人のことをいつも恐れている	他人の意見がいつも気になる	失業への不安が常にある	問題に直面すると、能力不足を感じる
苦手な人のことはうまく避けるようにしている	時々他人の意見が気になる	時々失業への不安を感じる	問題に直面したときに、能力不足を感じることがある
苦手な人はいない	他人の意見が気になることはない	どんな状況でも仕事を得る自信がある	どんな問題も対処できる自信がある

10. 責任を負うことへの恐れ	9. 決断を下すことへの恐れ	8. 病気への恐れ	7. 愛を失うことへの恐れ
責任は取りたくない	決断を下すことに精神的苦痛を感じる	重病になるかもしれないことをいつも恐れている	大切な人の愛を失うことが常に怖い
自分の責任だと思えば頑張ってそれを全うしようとする	決断を下すのに迷うことがある	病気になるかもしれないという不安を時々感じる	時々、大切な人の愛を失うことが怖いと感じる
ごく自然に責任を取れるし、積極的に責任を探すこともある	迷わずに決断を下せる	健康には自信がある	大切な人から愛されているという確信がある

・テスト3

次の表は、罪悪感の一〇大要因を示している。「テスト2」と同じ要領で回答してみよう。

罪悪感の原因	1. 他人への中傷	2. 約束を破る
1	すぐに他人の悪口を言う	頻繁に約束を破ってしまう
2	時々他人を中傷することがある	時々約束を破ることがある
3	人の悪口は言わない	約束は破らない
点数		

罪悪感の原因	6. 周りの期待に応えられない	7. 家庭を顧みない
1	いつも周りを失望させている	家族への義務を果たそうとしない
2	時々相手ががっかりしていると感じることがある	家族への義務を怠ることがある
3	常に相手の期待に応えている	家族から信頼され、愛されている
点数		

5. 計画の挫折	4. セックスが正しいことと思えない	3. 盗み
計画を立てても、いつも失敗する	セックスは汚らわしいという考えがある	チャンスがあるとつい盗んでしまう
時々計画通りに物事を実現できる	セックスに罪悪感を覚えることがある	たまに盗みをする
ほぼ確実に計画通りに物事を進められる	セックスは健康的なものであり、罪悪感はない	盗みはしない

10. 学ぼうとしない	9. 嘘をつく、人を騙す	8. いい働き口を得る努力をしていない
勉強しても意味がないと思う	頻繁に嘘をつき、人を騙す	転職のいいチャンスがあっても何もしない
学ぼうという気持ちはある	たまに嘘をつき、人を騙す	いい仕事に就くための努力をしている
積極的に学んでいる	嘘をついたり、人を騙したりはしない	常にいい仕事を求めている

テスト4

この表には、敵対心の一〇大要因を示している。これまでと同じ要領で回答してみよう。

敵対心の原因	1. 妬み	2. 嫉妬
1	自分にないものを持っている人がうらやましいと常に感じる	嫉妬心が強い
2	たまに他人にうらやましさを感じる	嫉妬心を抑える努力をしている
3	他人をうらやましいと思うことはない	嫉妬は感じない
点数		

敵対心の原因	6. 不信感	7. 陰口
1	誰も信用していない	よく人の悪口を言う
2	信用できない人もいる	たまに悪口を言う
3	人を信用するほうだ	人の悪口は言わない
点数		

5. 不寛容	4. 怒り	3. 恨み
自分と意見が合わない人とはやっていけない	すぐに怒りを爆発させる	常に誰かに対して恨みを抱いている
相手の考え方を理解しようと努めている	時々癇癪を起こす	人を恨むことはたまにしかない
他人と考え方が違うのは当然だし、そこに価値がある	めったに怒ったりしない	人を恨んだりはしない

10. 皮肉な態度	9. 忍耐力のなさ	8. 言葉遣いの悪さ
皮肉を言ったり、辛辣な態度を取ったりすることが多い	周りから忍耐力がないと思われているが、気にしない	無遠慮な言葉を吐くことが多い
皮肉な態度が表に出ることがある	忍耐力が足りないと思うこともある	たまに乱暴な言葉遣いになる
人に皮肉を言ったり、冷たい態度を取ったりはしない	私は辛抱強い人間だ	いつも丁寧で穏やかに話す

テスト5

この表には、自信のなさの一〇大要因を示している。これまでと同じ要領で回答してみよう。

自信のなさの原因	1. 収入	2. 交友関係	3. 容姿	4. 教養	5. 他人の目
1	なぜか収入が増えない	友人など不要だと考えている	どうせ自分の容姿は良くない	私は無教養な人間だ	他人の目がいつも気になる
2	それなりに頑張っている	多少は友人がいる	容姿は人並みだと思う	それなりに教養はある	時々他人の目が気になる
3	十分な収入がある	友人はたくさんいる	周りからよく容姿を褒められる	教養は豊かなほうだ	他人の目は気にならない
点数					

自信のなさの原因	6. 勇気	7. 人前でのスピーチ	8. 健康	9. 信仰	10. 冷静さ
1	私は臆病だ	人前で話すのが大の苦手である	いつも体調が悪い	信仰は不要だ	すぐに気が動転する
2	必要なときには勇気を出す	苦手だが、やれと言われればやる	時々体調を崩す	たまに信仰心を感じる	ストレスを感じて動揺することもある
3	恐れるものはない	人前で話すのが好きだ	健康でめったに病気にならない	大きな力に導かれていると感じる	大抵の状況には冷静に対処できる
点数					

テスト6

この表には、人が成熟できない一〇大要因を示している。これまでと同様に回答してみよう。

5. 先延ばし	4. 自制心の欠如	3. 被害者意識	2. 利己的な態度	1. 虚勢	人が成熟できない原因
何でも先延ばしにしてしまう	些細なことで我を忘れてしまう	みんなが私に害を与えようとしている	とにかく自分が一番大切だ	いつも虚勢を張っている	1
時々先延ばしにすることがある	時々自制心を失うことがある	時々、私に害を及ぼそうとする人がいる	時々利己的になることがある	時々自分を偽ることがある	2
やるべきことはすぐにやる	決して自分を失わない	私に敵はいない	自分を大切にしたいが、利己的にならないようにしている	私は裏表のない人間だ	3
					点数

10. 言い訳	9. 偏狭	8. 冷酷	7. 自慢	6. 人をけなす	人が成熟できない原因
本書の「言い訳リスト」のほとんどが自分に当てはまる	いつも自分が正しいと考える	私は冷酷な人間だ	いつも自慢話をしている	人をけなしたりはしない	1
つい都合よく言い訳することがある	時々、相手の意見を受け入れたくないときがある	相手に非があれば、容赦のない言葉を浴びせることがある	時々自慢することがある	人を中傷したりはしないが、褒めたりもしない	2
めったに言い訳はしない	議論の結果、相手が正しいと思うこともある	相手を傷つけるようなことは言わないようにしている	自慢はせず、行動で示す	人をけなしたりせず、積極的に褒める	3
					点数

・点数の集計

これで、一〇項目から成るテストに五つ（テスト2～6）回答した。スコアはいくつだっただろうか？　各テストの最大スコアは三〇点、最大で合計一五〇点になる。各テストの中間得点は二〇点で、合計の中間得点は一〇〇点になる。

合計スコアよりも、各テストのスコアに注目しよう。本書の同様の質問の結果とも比較してみよう。大切なのは、自分で合格や不合格といった判断を下すことではなく、自分自身をよく見つめることである。

・自己評価のグラフを作成する

先ほど、この行動マニュアルの中で、第七章「計画」で説明した「良いリーダーになるための一一の条件」の一一の条件を五段階で評価した。その結果を元に、グラフを作成していただきたい。

では、先ほどの五つのテストについても、同様のグラフを描いてみよう。ギザギザとした形のグラフが出来上がるはずだ。平均的な点数ばかりつけていたら、グラフはまっすぐに近くなる。「2」の回答が多かった人は、本音を避けて無難な回答をしていなかったか、自問してみよう。

　これから半年間、一カ月ごとにこのテストを繰り返し、六つのグラフを再びつくってみよう。その時々で、自己評価は変わるはずだ。毎回、違う色のペンを使ってグラフを付け足していこう（点線や破線などを使ってもいい）。六カ月間、六つのグラフを作成し、同じ表の中に書き込んで、一目で違いがわかるようにすること。各グラフの日付も記入すること。この作業には、富を築くための能力を高める大きな効果がある。その効果を実感して、半年後も継続してこの作業を続ける人も多い。

　また、二回目以降は点数の集計は不

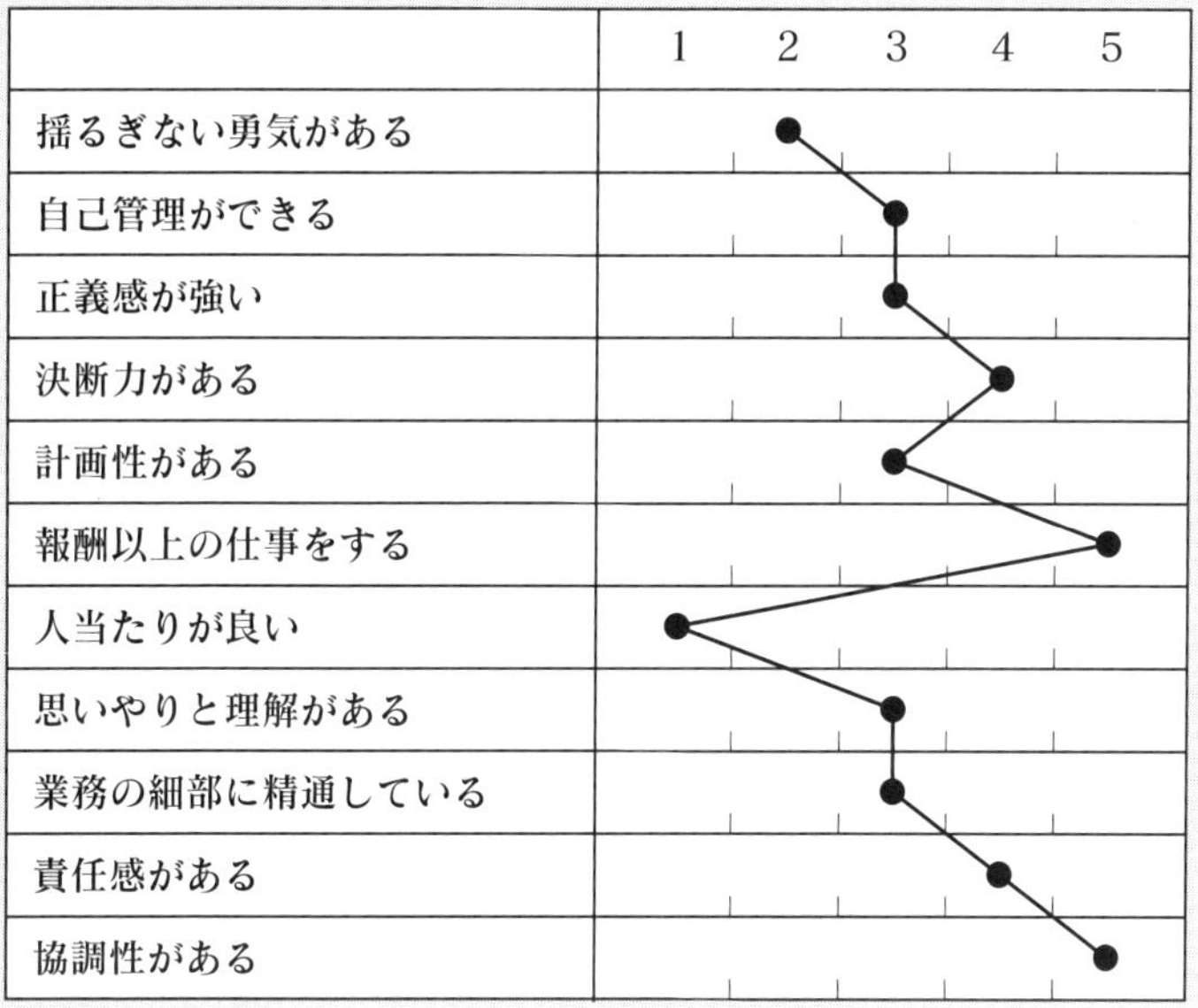

要である。グラフで視覚的に把握すればよい。

・グラフを右側に移行させるには

このグラフはあなたの自画像である。そして、このグラフが、右側に寄っているほど、あなたは前向き、生産的、健康的で、富を築く能力が高いことがわかる。月ごとに各グラフを描き直したとき、それが右側に向かっていれば、それは進歩だと呼べる。

では、どうすればグラフを右側に寄せられるのだろうか？　富を築く能力を高めるために、どんな努力が必要なのだろうか？

以下のリストは、あなたが努力すべき対象を列挙したものである。これらは何百もの項目から選んだものだが、特定の性格や身体的側面、能力に分類していない。項目ごとに、「これは自分に当てはまるだろうか？　当てはまるとしたら、なぜだろう？」と考えさせることを意図しているからだ。

各項目の先頭にはチェック用のボックスが二つある。この項目を実行したいと思ったものには一番目のボックスに印をつけ、実際に実行を開始したら二番目のボックスに印をつけよう。こうすることで、実行したい項目、実行中の項目、未着手の項目を一目で把握しやすくなる。

・自己改善のための行動リスト

□□ 自分の恐怖を分析する。
□□ 自分を悩ませる状況に対処するために、然るべき人に助けを求め、その人から学ぶ。
□□ 賢明な人に相談する。
□□ 思い悩むのをやめて、行動する。
□□ 物事がうまくいかない可能性を見越して計画を立てる。
□□ 自分は忍耐強い人間だと言い聞かせる。
□□ 噂話や陰口、中傷はやめる。
□□ 意見の合わない人とも友達になる。
□□ 怒りをコントロールし、それを笑い飛ばす。
□□ 憎しみに満ちた陰鬱な思いを断ち切る。
□□ 他人のものを欲しがらない。
□□ 嫉妬を克服する。
□□ 憎みを捨て、その人の良いところに目を向ける。
□□ リラックスする方法を学ぶ。
□□ 相手の過ちを許す。

□□ 運動をして体調を管理する。
□□ 自分は必ず成功すると信じ、天に祈る。
□□ 定期的に健康診断を受ける。
□□ 人の身体的な欠点を指摘せず、人がこうした欠点を克服するために努力していることを決して忘れない。
□□ 自分の専門分野の本を読んだり、楽しみのために読書をしたりする。
□□ 不足している専門知識を補うための講座を受講し、成功に役立てる。
□□ 「話し方」など、一般的なテーマの講座を受講する。
□□ 服装や身だしなみにもっと注意を払う。
□□ ディスカッショングループなどのグループ活動に参加する。
□□ グループ活動では、積極的に発言する。
□□ 他の多くの成功者と同様に、目に見えない大きな力を見つけ出し、活用する。
□□ 想像力を働かせ、他の気持ちに同調する。
□□ 予定通りに物事を完成させる。
□□ 物事をうまく成し遂げる。
□□ 虚勢を張らない。
□□ 人を傷つけるような言動を取らず、相手を助ける。

□□ 自慢話はしない。
□□ 自分の意見を相手に押し付けない。
□□ 始めたことは最後までやる。
□□ 自分を尊重する。
□□ 他人を尊重する。
□□ 明確な目標を持ち、その実現のためのしっかりとした計画を立てる。
□□ セックスに対して罪悪感を持たない。
□□ 根拠のない罪悪感は抱かない。
□□ 最高の人生を生きていると思えるように努める。

・役に立つ一般的なスキル

その気になれば習得できるスキルを学ぼうとしないために、成功を逃している人は多い。先ほどの項目を読んだことで、学びたい一般的なスキルがいくつか見つかったのではないだろうか。こうした一般的なスキルとして、ここでは速読と読んだ内容を記憶する方法について注目してみよう。知識は力である。だからこそ、この二つのスキルには計り知れない価値がある。他の一般的なスキルと同様、速読も、身につけても、直接的な効果が見えにくいことがあるかもしれない。だが、こうしたスキルはいつどこでどんなメリットをもたらしてくれるかはわからないものなのである。

ここでは、速読のヒントを紹介する。複数の速読講座に共通する基本的な方法を見ていこう。興味がある人は、こうした講座を受講してみてほしい。

・**下読みをする**――下読みについては、本書でも少し言及した。これは、著者が本の中に示した道しるべ（目次や序文、小見出し、索引など）に目を通すことである。

・**注釈をつける**――傍線を引いたりメモを書き込んだりしながら読むと、あとで必要な情報を拾いやすくなる。また、傍線を引くことによって内容も頭に入りやすくなる。

・**頭や指、唇を動かさないで読む**――頭や指は動かさず、目だけで文字を追う。目は思考の速さについていけるが、頭や指、唇はついていけないので、これらを動かすと読むのが遅くなってしまう。

・**真ん中の部分だけを読む**――どれだけ詳細に読むかにもよるが、テキストの真ん中の部分だけを読んでも、かなり内容が理解できるものである。

・**語句をかたまりとして読む**――これは訓練が必要だ。だが、文章の大半はお決まりの語句でできている。それらは一字一句読まず、まとまりとして認識する。

・**最初と最後を読む**――手紙やレポートなどは、最初と最後に重要なことが書かれている場合が多い。新聞記事の場合、最初の二段落程度で概要は把握できるものだ。なぜなら、本書でも紹介されている「5W1H」が含まれているからだ。新聞の社説の場合、最初の段落で概要が述べられ、最後の段落で執筆者の意見が記されているのが一般的である。

・**疑問を抱き、それに答える形で読み進める**――下読みをしたり、新聞や雑誌の記事の最初と最後の段落を読んだりすると、頭の中に疑問が浮かんでくるはずだ。これらの疑問の答えを探しながら文章に目を走らせよう。不要だと思われる部分は飛ばしながら、答えが見つかるまで読み進めよう。

当然ながら、速読には練習が必要だ。他のさまざまなスキルと同様、訓練によって上達し、必要なときに自然と反応してくれるようになる。

他にも便利なスキルはいくつもある。これらは、時には一〇〇万ドルもの価値をもたらしてくれる。たとえば、以下のようなテーマについての基本的な知識を身につけると役に立つだろう。

タイピング、会計、貿易、心理学、金融、テクノロジー、時事問題、政治、記憶術、パブリックスピーキング、検査術や図書館活用法、外国語、芸術や音楽。

・復習しよう

あなたはこの実践マニュアルの指示に従い、本書を読み終えた。指示に忠実に従い、テストもすべて行ったはずだ。

今後は、ぜひ本書の内容を復習していただきたい。

復習を通じて、成功に必要な学びが身につく。

復習もせず、質問やテストを行わない人もいる。繰り返しテストをして記憶を定着させようともしない。そのような読み方をしていると、この驚異的な成功哲学の力を活かすチャンスを逃すことになる。復習をすれば、人生を変えるような大きな価値が得られるのである。

あなたは自分の運命の支配者である

モチベーションこそが、あなたを前進させていく。

誰もあなたのために考えることはできない。誰もあなたを演じることはできない。誰もあなたのために成功することはできない。そのことは、あなたにとって喜ばしいことだ。

心から信じられることは、達成できる。それを忘れないようにしよう。

人類史上、本書ほど多くの人々を成功に導く原動力になってきた書物はない。

あなたの手の中には、この成功哲学を実践するための秘密があるのである。

訳者のことば

本書は、一九三七年にアメリカで刊行され、現在までに世界での販売総数が一億部に達したとされる世界的なベストセラー、ナポレオン・ヒル著『Think and Grow Rich』の新訳です。この本は日本でも、『成功哲学』や『思考は現実化する』などのタイトルで長年にわたって広く親しまれてきたことから、すでにご存じの方も多いのではないでしょうか。

今回は新しい読者の皆様に同書の魅力を余すところなく伝えるために、一九三七年のオリジナル版を原文に忠実に全訳したことに加え、その後の改訂版で付録として追加された「Action Pack（実践マニュアル）」（同書の内容を復習・実践するための手引き）も翻訳対象としました。九〇年近くにわたって世界中の人々に読み継がれ、「人類史上最も売れたビジネス書」の称号を得ている本書の真髄を、ご堪能いただければ幸いです（なお、「Action Pack」を翻訳対象に加えたことにより、一九三七年のオリジナル版にはなく、改訂版で追加された「この章のまとめ」を各章の末尾に配置しています。また該当箇所にその旨を記載しているように、一九三七年版の原文を忠実に訳しているため、冒頭ではナポレオン・ヒルの前著である『成功の法則』への謝辞が記載されている点にもご注意ください）。

著者のナポレオン・ヒルは、一八八三年にアメリカ・バージニア州で生まれました。新聞記者をしていた一九〇八年、取材をした鉄鋼王アンドリュー・カーネギーから成功哲学についての本を書くように勧められたことが、『Think and Grow Rich』誕生のきっかけになりました。ヒルはそれから三〇年近くの歳月を費やして五〇〇〇人もの成功者の話を聞き、それを基にして本書を書き上げたのです。

ヒルがまとめ上げた成功哲学は、「願望」「信念」「自己暗示」「専門知識」「想像力」「計画」「決断」「忍耐力」「マスターマインド」「性エネルギーの転換」「潜在意識」「脳」「第六感」という一三の原理原則に基づいています。また、最終章となる第一五章では、「六つの恐怖の原因」と題し、成功の妨げとなるさまざまな要因が説明されています。

この一三の原理原則は相互に深く結びつき、それぞれが重要な役割を担っています。とはいえその核心は、原書のタイトルにも示されているように、「考えることで豊かになれる（Think and Grow Rich）」にあるのではないでしょうか。

つまり、私たちが心から強く望めば、願望は実現できるということです。そして、このメッセージがシンプルかつ普遍的だったからこそ、本書はこれほど多くの人々に受け入れられてきたと言えます。

このオリジナルの一九三七年版が刊行された当時のアメリカは、一九二九年に起こった世界恐慌の影響を色濃く受けていました。人々が失業や貧しさに苦しみ、再起を目指して模索を続けていた時代です。そんな背景の中で、成功への道筋を確かなステップと共に説明した本書は、読者の心を強く捉えました。

ヒルの文章は、情熱的で、読み手の心に迫ってくるような迫力があります。ヒルはUSスチールの誕生や、アメリカ独立宣言の秘話、さらには自らの息子が聴覚を取り戻した実例などを挙げながら、強い願望を持つことの価値を、説得力のある方法で強く訴えていきます。まだ自己啓発書というものに馴染みがなかった当時の人々にとって、この熱いメッセージは衝撃的なまでに胸に響くものであったに違いありません。

一九三七年の初版刊行後も、世界は戦争や不況など、数々の問題に直面してきました。しかし人類はこうした試練を乗り越え、豊かな社会を目指して努力を続けてきました。その大きな原動力となったのが、ヒルが本書を通して切り開き、世の中に浸透させていった「自己啓発」という概念なのです。

本書が過去およそ一世紀にわたり、より良い人生を送ろうと努力をする人々の心の糧となり、有形無形の大きな影響を及ぼしてきたという事実自体が、一つの大きなメタ情報となって、読書体験をさらに有意義なものにしてくれるはずです。読者の皆さんは、私たち現代人をとりまく先人たちの努力の結晶の裏に、こうした自助努力の精神があったという事実を感じたのではないでしょうか。

この本の普遍的なメッセージは、色褪せることなく、時代を超えて現代の私たちの心に強く響いてきます。現代社会もまた、さまざまな問題に直面しています。そこに生きる私たちも、それぞれが大きな困難を抱え、同時にさまざまな夢を心に描いていることでしょう。本書に散りばめられた成功哲学や金言の数々は、数十年にわたって世界の人々を励ましてきたのと同じように、今日を生きる私たちにとっての力強くたしかな支えになってくれるはずです。

本書が読者の皆様にとってより良い人生を歩む一助になることを、心より願っています。

最後になりますが、『Think and Grow Rich』への強い思いを持たれ、監訳および序文を執筆してくださったアチーブメント株式会社代表取締役会長兼社長の青木仁志氏、歴史的な名著の新訳という身に余る機会を与えてくださったアチーブメント出版の塚本晴久取締役社長、目指すべき訳文の方向性について非常に的確な指示を与えてくださり、作業中も大変細やかな配慮とサポートをくださった同社の編集者、加藤有香氏に心よりお礼を申し上げます。

児島修

[著者]

ナポレオン・ヒル

1883年10月26日バージニア州生まれ。『ボブ・テイラーズ・マガジン』誌の記者として実業家アンドリュー・カーネギーに取材したことをきっかけに、カーネギーの支援を受けて30年に渡り、成功者の研究を重ねる。1937年本書『Think and Grow Rich!』を出版して、自己啓発という現代の書籍の新しい分野を生み出した。アメリカ大統領の補佐官、顧問を務めたのちに、書籍や教科書を30冊以上執筆した。1970年11月8日に他界。

[訳者]

児島 修（こじま・おさむ）

英日翻訳者。立命館大学文学部卒（心理学専攻）。訳書に『DIE WITH ZERO 人生が豊かになりすぎる究極のルール』『サイコロジー・オブ・マネー ―― 一生お金に困らない「富」のマインドセット』『JUST KEEP BUYING 自動的に富が増え続ける「お金」と「時間」の法則』『成功者がしている100の習慣』『一生「お金」を吸い寄せる 富の方程式』（以上、ダイヤモンド社）などがある。

[監訳者]

青木 仁志（あおき・さとし）

アチーブメントグループ最高経営責任者・CEO　米国ナポレオン・ヒル財団 特別顧問。北海道函館市生まれ。1987年、32歳で選択理論心理学を基礎理論としたアチーブメント株式会社を設立。会社設立以来、延べ50万人の人財育成と、8000名を超える中小企業経営者教育に従事している。著書に「一生折れない自信のつくり方」シリーズ、『松下幸之助に学んだ「人が育つ会社」のつくり方』（PHP研究所）など累計67冊がある。

アチーブメント出版
[X]　@achibook
[instagram]　achievementpublishing
[Facebook]　https://www.facebook/com/achibook

より良い本づくりのために、
ご意見・ご感想を募集しています。
左記QRコードよりお寄せください。

巨富を築く思考法
THINK AND GROW RICH

2025年（令和７年）3月27日　第１刷発行

著　者　ナポレオン・ヒル
訳　者　児島　修
監訳者　青木仁志

発行者　塚本晴久
発行所　アチーブメント出版株式会社
〒141-0031　東京都品川区西五反田2-19-2　荒久ビル4F
TEL 03-5719-5503／FAX 03-5719-5513
https://www.achibook.co.jp

カバーデザイン　トサカデザイン（戸倉 巖、小酒保子）
DTP　株式会社三協美術
校正　有限会社ペーパーハウス
印刷・製本　株式会社光邦

 ISBN978-4-86643-168-0